JN273096

幕末明治期 フランス語辞書の研究

田中貞夫 著

国書刊行会

1．村上英俊の肖像
（真田幸治氏旧蔵）

2．エミール・ラゲの肖像
（パリ外国宣教会本部蔵）

3．ジャン゠マリ・ルマレシャルの肖像
　　（パリ外国宣教会本部蔵）

4．エミール・エックの肖像
　（暁星学園蔵）

まえがき

　周知の如く，我が国の仏語辞書史において，最初に公刊された仏語辞書といえば，『三語便覧』（村上英俊著）であろう。時に安政元年（1854）のことであった。

　これを嚆矢として，しばらくの間，村上英俊の著作が続く。他の著者による辞書も出版されてはいるが，いずれもそれらを凌駕するものではない。そうした中にあって，本格的な仏和辞書といえる『佛語明要』（元治元年，1864）が，同じ著者によって上梓されたことは，特筆にあたいする。そして，幕末までは，こうした状態で推移していく。

　明治維新を経て，フランス人との交流も盛んになってくると，蘭学を基本とした者だけではなく，新しいタイプのフランス学者が誕生してくる。

　例えば，横浜仏語伝習所の修了生。その他，軍関係の学校で，仏語を学修した人達。あるいは，フランスへ留学した，いわゆる洋行帰りの者達。さらには，官学または私塾（仏学塾）等において，仏語を修めた人物。それに，最終の段階では，東京帝国大学佛蘭西文学科を卒業した文学士，等々。

　上記の各グループの中から，それぞれ，辞書を編集する人物が出現するのが，明治期の特徴でもあろう。

　しかしながら，日本人のフランス学者の成長は大いに認められるが，辞書編纂という仕事となると，やはりフランス人の存在は欠かせない。これは，日本語に置き換えても同じことであるが，仏語の辞書作成という問題になると，語学的知識はもちろんのこと，文化的知見も必須のものとなろう。

　それゆえ，フランス人なら誰でもというわけにはいかない。当時，この問題に一番合致するといえば，パリ外国宣教会の会員達といっても過言ではあ

るまい。彼らの活躍の様子は，本文に見る通りである。

　さて，フランス語辞書の充実は，取りも直さず，日仏文化交流の礎となっていく。すなわち，フランス文化の導入，および，日本文化の発信にと，大いに役立っていくのである。その間の事情を物語る仏文の資料を，パリ外国宣教会本部から入手することができたので，原文のままを記載することにした。なぜなら，文章自体が平易なものであり，その上，この資料が貴重なものだからである。

　ところで，日本フランス学史研究に入ってより，筆者が少しずつ集めてきた仏語辞書も，こうして報告するまでの数になった。

　そこで，一応ここらで，「幕末明治期　フランス語辞書の研究」と題して，上木することにした次第である。

　本書を上梓する以前に，筆者は一，二の機関に，研究成果を発表してきた。いずれの論考も本書の基礎となっているが，その間，入手した資料の数もかなりの分量になったので，前稿に訂正加筆を施しながら，部分的には大幅な改訂を行ない，考察を進めてきた。

　それでも，幕末明治期のすべてのフランス語辞書を網羅することは，到底不可能である。筆者の架蔵本，あるいは閲覧した辞書の範囲内でということになる。その点，読者諸賢の寛容をお願いするものである。

　なお，参考までに本書と関係のある，既発表の成稿名を挙げれば，以下の通りである。

1．　補綴・『三語便覧』考――松代藩所蔵の洋書との関連を中心に――（その１）
　　　（創価大学，『一般教育部論集』，第21号。1997年）

2．佛和辞書（幕末明治期）における訳語の変遷
　　（創価大学，『一般教育部論集』，第28号。2004年）
3．鷹見泉石旧蔵の仏語入門書と『三語便覧』（本邦最初の仏語辞書）
　　（古河歴史博物館，『泉石』，第7号。2004年）
4．加藤雷洲『佛語箋』の見出し（邦語）をめぐって
　　（創価大学，『一般教育部論集』，第30号。2006年）

5．Emile-Louis HECK —— Premier professeur de littérature française à l'Université Impériale de Tokyo, et Grand directeur de l'Etoile du Matin ——
　　（創価大学，『一般教育部論集』，第32号。2008年）

6．和佛辞書（明治期）におけるフランス語の変遷——「日本固有のもの」を中心に——
　　（創価大学，『一般教育部論集』，第34号。2010年）

目　　次

まえがき ……………………………………………………………………i

第一章　『三語便覧』(其の一)
　　　　──編纂の基礎── ……………………………………………1
　　第 1 節　辞書の構成 ………………………………………………1
　　第 2 節　成立の過程 ………………………………………………3
　　第 3 節　依拠した資料 ……………………………………………6
　　　　A．オランダ出版の《佛語入門書》 ………………………8
　　　　B．英語に関する資料 ………………………………………14
　　　　C．「見出しの邦語」と蘭系資料 …………………………19
　　　　D．「仮名文字表記」の資料 ………………………………21

第二章　『三語便覧』(其の二)
　　　　──内容の検証── …………………………………………26
　　第 1 節　《佛語入門書》の全項目 ………………………………27
　　第 2 節　『三語便覧』と《佛語入門書》の関連 ………………33
　　第 3 節　両書の全照合 ……………………………………………43
　　第 4 節　英語資料との照合 ………………………………………76
　　第 5 節　蘭系資料との照合 ………………………………………94
　　第 6 節　仮名文字発音の実際 ……………………………………108
　　第 7 節　『三語便覧』(改訂版) の検証 …………………………116
　　第 8 節　『三語便覧』の初版本 …………………………………122

第三章　『五方通語』の解題 ……………………126
　第1節　辞書の構成 ……………………………126
　第2節　『雑字類編』との照合 ………………129
　第3節　門立ての構成内容と単語数 …………136
　第4節　所収の外国語の検証 …………………157

第四章　『佛語明要』の解題 ……………………169
　第1節　辞書の構成と成立過程 ………………169
　第2節　《佛蘭辞書》との照合 ………………174
　第3節　訳語の実例とその参考資料 …………179
　第4節　『明要附録』と《佛蘭辞書》の関連 …203
　　　A．本書の構成内容 ………………………203
　　　B．熟語の実例とその数 …………………205
　　　C．動詞の変化形（活用形） ……………216

第五章　佛和辞書（明治期）の系譜 ……………222
　第1節　『佛語箋』 ……………………………222
　　　A．構成内容と成立過程 …………………222
　　　B．見出しの邦語をめぐって ……………224
　　　C．フランス語の照合と発音の実際 ……235
　第2節　『官許　佛和辭典』 …………………243
　　　A．構成内容と成立過程 …………………243
　　　B．《佛英小辞典》との照合 ……………247
　　　C．訳語の実例とその参考資料 …………255
　第3節　『佛和辭典』 …………………………264
　　　A．辞書の構成内容 ………………………264

B．両書の差違 ……………………………………………266
　　　　　1）訳語の訂正 …………………………………………266
　　　　　2）単語配列の順序 ……………………………………278
　第4節 『佛和字彙』 ………………………………………………286
　　　A．辞書の構成内容 …………………………………………286
　　　B．『佛和辭林』との関連 …………………………………293
　第5節 『佛和會話大辭典』 ………………………………………302
　　　A．辞書の構成 ………………………………………………302
　　　B．編者に関する資料 ………………………………………303
　　　C．本文の内容 ………………………………………………308
　第6節 『増訂　新佛和辭典』 ……………………………………311
　　　A．辞書の構成 ………………………………………………311
　　　B．本文の内容 ………………………………………………313
　　　C．参考資料との関連 ………………………………………315

第六章　和佛辞書（明治期）の系譜 ……………………………………323
　第1節 『和佛辭書』（P. レー） …………………………………323
　　　A．辞書の構成と成立 ………………………………………323
　　　B．著者に関する資料 ………………………………………326
　　　C．本文の内容 ………………………………………………330
　第2節 『和佛辭書』（A. アリヴェー） …………………………336
　　　A．辞書の構成 ………………………………………………336
　　　B．校閲者の略歴 ……………………………………………341
　　　C．本文の内容 ………………………………………………343
　第3節 『和佛大辭典　全』 ………………………………………346
　　　A．辞書の構成 ………………………………………………346

B.　編譯者の略歴 …………………………………351
　　　C.　本文の内容 ……………………………………358
　　第4節　『新和佛辭典』 ………………………………360
　　　A.　辞書の構成 ……………………………………360
　　　B.　エミール・エックの略歴と，佛蘭西文学科の設立 …………363
　　　C.　本文の内容 ……………………………………371

第七章　「佛和辞書」の邦語訳と，「和佛辞書」の仏語訳 ……………374
　　第1節　佛和辞書（幕末明治期）の訳語の変遷 ………………374
　　　A.　佛和辞書一覧 …………………………………374
　　　B.　訳語の変遷 ……………………………………375
　　第2節　和佛辞書（明治期）の仏語訳の変遷
　　　　　　──日本固有のものを中心に── ………………390
　　　A.　和佛辞書一覧 …………………………………390
　　　B.　仏語訳の変遷 …………………………………391

あとがき ………………………………………………………405

索　　引 ………………………………………………………408

欧文書名一覧 …………………………………………………415

第一章 『三語便覧』(其の一)
——編纂の基礎——

第1節　辞書の構成

　周知のように,『三語便覧』(安政元年,1854) は, 本邦最初の仏語辞書である。同時に, 村上英俊の最初の著作でもある。その構成は,「見出しの邦語」に対し, 佛・英・蘭 (後に独語に改訂) を当てた, 三カ国語対照辞典の形をとっている。

　この辞書は「黄色表紙, 和装 (縦26 cm, 横18.2 cm), 右袋綴の三冊本である。題簽にはそれぞれ『三語便覧初巻 (中・終)』と墨書されており, 紙数は初巻が引二丁, 序文二丁, 凡例二丁, 目録一丁, 本文六十丁からなっている。見返しには茂亭村上義茂著, 達理堂蔵と記さ

『三語便覧』(佛英蘭版)
見返し
(真田宝物館蔵)

れている。中巻は本文のみで六十三丁, 終巻は同じく六十二丁である」(『幕末明治初期フランス学の研究』)[1]。

　なお,「見出しの邦語」は25部門に分類されており, 各巻の明細は次の通りである。

「初巻」（単語数，1076語）

天文（63語），地理（95語），身體（185語），疾病（125語），家倫（84語），官職（87語），人品（152語），宮室（56語），飲食（69語），衣服（40語），器用（120語）。

「中巻」（単語数，1131語）

兵語（259語），時令（52語），神佛（89語），徳不徳（107語），禽獸（103語），魚虫（48語），草木（72語），果實（45語），金石（40語），醫薬（29語），采色（23語），数量（36語），地名（228語）。

「終巻」（単語数，1168語）

陪名詞（287語），附詞（244語），前置詞（41語），附合詞（53語），動詞（543語）。

次に『三語便覧』の概略を紹介するために，「天文」の部から数例を引用してみると，以下のようなものである。

なお，記述の都合上，次の要領で進めたことを付記する。

――『三語便覧』は本来縦書きであるが，ここでは横書きとした（以下同じ）。
――村上英俊は綴字記号（オルトグラフ）や，冠詞も省いているが，原文の姿を示すために，そのままの形で記した（以下同じ）。

「天文」

世界（セカイ）
佛蘭西語（フランスコトバ） monde（モンデ）

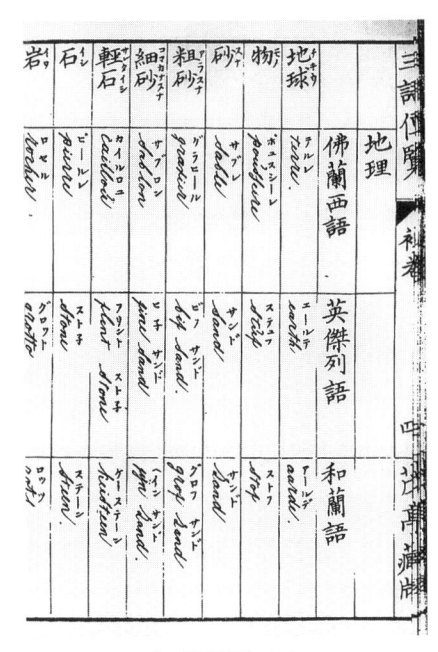

英傑列語（エグレスコトバ）　world（ウヲルド）
和蘭語（ヲランダコトバ）　wereld（ウェーレルド）

星（ホシ）
佛蘭西語（フランスコトバ）　etoile（エトイレ）
英傑列語（エグレスコトバ）　star（スタル）
和蘭語（ヲランダコトバ）　ster（ステル）

月（ツキ）
佛蘭西語（フランスコトバ）　lune（リュ子）
英傑列語（エグレスコトバ）　moon（モーン）
和蘭語（ヲランダコトバ）　maan（マーン）

『三語便覧』本文
（真田宝物館蔵）

(註)

(1)　拙著, pp. 110-111。国書刊行会, 昭和63年（「凡例」及び「奥付」の詳細に関しては, 第二章, 第8節の項, 参照）。

第2節　成立の過程

著作の解説に入る前に, 我が国フランス学の先覚者といわれた, 著者の略歴に触れておくことにする。「幕末・明治時代のフランス学者。幼名を貞介, 諱は義茂・義隆, 字を棟梁といい, 茂亭あるいは棠陰と号した。のちに鶴翁,

さらに松翁と称している。文化八年（1811）四月八日，下野国那須郡佐久山（栃木県大田原市）に生まれる。文政十年（1827），江戸で宇田川榕庵に蘭学を学ぶ。天保十二年（1841），信州松代に移住。のちに松代藩藩医となる。嘉永元年（1848），佐久間象山の勧めと藩主真田侯の援助により仏語学習を開始する。同四年，江戸に出て仏語書の執筆に専念。明治元年（1868）三月十五日から同十年まで仏学塾『達理堂』を開塾。十五年東京学士会院会員。十八年レジン＝ドヌール勲章受章。二十三年一月十日没。八十歳」（『国史大辞典』第13巻）[(2)]。

　さて，この書物の成立過程に関しては，すでに詳しく述べたところだが（『幕末明治初期フランス学の研究』）[(3)]，その時点においては，推定するにとどまり，最終的な結論を出せない個所があった。すなわち，『三語便覧』で使用された三カ国語の単語は，どこに依拠したものであるのか，ということである。

　ところで，筆者が推定の根拠とした点は，英俊が信州松代藩の藩医であり，同藩藩主・真田家とは実妹を通して，縁戚関係にある，という事実に注目したことである。さらに，幕末という時代を考慮に入れるならば，英俊個人が参照すべき洋書を次々と購入することなど，その可能性は極めて低いと言わざるを得ない。別の面からみれば，彼が同藩に所属していたからこそ，あらゆる面で便宜がはかられたのである。それゆえ，洋書購入という問題に関しても，決して例外ではなかった，と解釈できるのである。

　それでは，筆者が一体どのような方法で，村上英俊が利用したと思われる書籍を割り出し，その書名を指摘することができたのか。その問題に関する直接の資料としては，おもに以下の三点ということになる。まず第一の資料としては，松代藩の公式の書類である「政典」（安政三丙辰十月造）に依るものである。次は同藩が架蔵していた，洋書のリストともいうべき「蕃書記年取調帳」。最後の三番目としては，武具方（武器の他に西洋書籍も管理し

ていた）の筆になる文書である。

　蕃書（洋書）目録に関する資料としては，これで十分と思われたが，上記のような調査方法によっても，納得のいく結果は得られなかったのである。村上英俊が『三語便覧』を構成するにあたって，参照した洋書は何か。また，その基本となった辞書は奈辺にあるのか，という疑問が残っていたが，ある報告によると，その依拠した書物は，'Nouvelle méthode familière à l'usage de ceux, qui veulent apprendre la langue française par Charles Cazelles. 1832'（早稲田大学図書館所蔵本。Nouvelle méthode familière, 1832と略称す，以下同じ）[4] であるという。

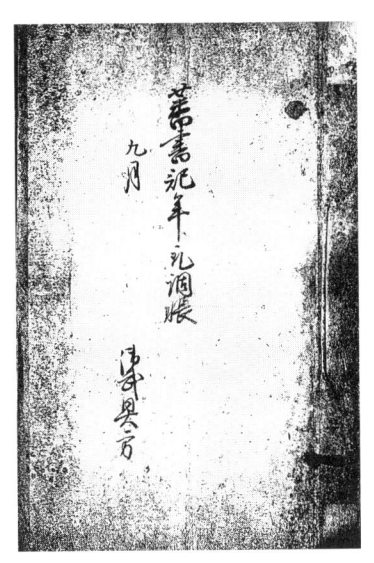

「蕃書記年取調帳」表紙
（真田幸治氏旧蔵）

　さっそく同書を調査してみたが，その関連性は考えられ，ある面では研究を一歩進めたものといえよう。しかしながら，この本のみで総ての事柄を解決したことにはならず，その先に未解決の問題が依然として，大きく存在する。すなわち，村上英俊がいかなる過程を経て，『三語便覧』を作成していったのか，という重要な問題が残っている。'Nouvelle méthode familière'（1832年版）の寄与した割合は高いにしても，その他，どのような洋書を利用して，『三語便覧』を完成させたのか，ということである。特に三カ国語の中の仏・蘭については，上記の書に依った確率は高いと考えられるが，それでは英語の単語はどのような方法によって，採用されたものなのか。実はこの点が最も重要な問題なのである。そこで，その部分に焦点を当て，論考にまとめて発表したのであった（「補綴・『三語便覧』考――松代藩所蔵の洋

書との関連を中心に──」)⁽⁵⁾。

(註)

（2）　拙稿, p. 670。吉川弘文館, 平成4年。
（3）　pp. 105-161。国書刊行会, 昭和63年。
（4）　桜井豪人,「『三語便覧』の編纂過程──仏蘭対訳語彙の利用──」(『国語学』183集, 1995年)。
（5）　拙稿,『一般教育部論集』第21号, pp. 55-73。創価大学総合文化部, 1997年。

第3節　依拠した資料

　鷹見泉石──下総国古河藩の藩士。天明5年（1785），古河に生まれ，通称，十郎左衛門。晩年に泉石と号す。江戸で蘭学修業，のちにはオランダ名も名乗るほどとなり，大勢の蘭学者と交わる。天保2年（1831），47歳で家老職。隠居後は，学問研究に没頭，多くの洋学資料を残した。安政5年（1858），74歳でその生涯を閉じる──が収集した洋書の中に，フランス語関係の書籍も数冊含まれており⁽⁶⁾，現在，古河歴史博物館に所蔵されている。その中の一冊にオランダで出版された，佛語入門書（Nouvelle méthode familière）が現存する。実はこの仏語書が，村上英俊の『三語便覧』の成立に関与していたことは，すでに記述した。

　しかしながら，前稿（『一般教育部論集』，第21号）の調査で使用した書物は，同種本であるが，早稲田大学図書館所蔵本（『洋学文庫目録』──文庫8，C1256。以下，早大本と略称す）であり，1832年出版の第15版であった。それに対し，泉石旧蔵の古河歴史博物館所蔵本（以下，古河本と略称す）は，1834年刊行の第16版のそれである。

なお，前稿執筆当時は，古河本については未見であったが，幸いなことに鷹見本雄氏（泉石直系の子孫），並びに鷲尾政市氏（当時の古河歴史博物館館長），永用俊彦氏（同館学芸員）の格別な協力を得て，泉石関係の史料を参照することができた。

　そこで，早大本，古河本の両書を比較検討した結果，後者は前者の「増補改訂版」であることが認められた。さらに，古河本において増補された単語（佛語・蘭語）の部分が，両書の一番大きな差異であることも判明した。すなわち，その点が『三語便覧』の成立に際して，決定的な違いとなって現れたのである[7]。

（註）

（6）　参考までに，筆者が手持ちの仏語本（複写）を記してみると，以下の通りとなる。ただし，内容が不明な場合，『鷹見家歴史資料目録』（古河歴史博物館編集，古河市教育委員会発行，平成5年）の「洋書の部」を参照させて戴いた。

① 'Le grand/dictionnaire/François & Flamand,/Tiré de l'usage & des meilleurs auteurs,/par/François Halma./Sixieme(ママ) Edition, revue avec soin, corrigée, & considérablement augmentée./In's Hage en Te Leiden. 1781.'

　タイトルページを記してみると，上記の通りであるが，ここではフランス語のみを示した。ただし，オランダ語しか記されていない個所は，そのままの形で示した（以下同じ）。

　この《佛蘭辞書》は，通称ハルマ辞書であるが，その構成を紹介してみると，寸法は大型本であり，縦27.5 cm×横21.5 cm。見返しは1頁（Le grand dictionnaire François & Flamand の記載あり）。次頁はイラストのみで1頁。さらに，上記で紹介したタイトルページが1頁。Préface（序文，sur l'utilité de la langue françoise）が1頁。続いて略語集（Marques dont on s'est servi, pour désigner la nature des mots）ともいえる頁が1頁。なお，この紙面には，下部に Marijama Gensaijmon の署名がある。本文（A-Z までの佛蘭辞書），pp. 1-896。

② まず最初にタイトルページを記してみると，'Eléments de/géographie,/par/demandes & réponses./verbeterd door/J. W. L. F. Ippel./Te Amsterdam, 1819.'

この《地理問答》は，Préface が2段組（左側がフランス語であり，右側がオランダ語）で2頁。2頁目の下部に J. H. Daper という泉石のサインあり。本文（Eléments de géographie）は，これも2段組で，左が仏語，右が蘭語の形式であり，I^e. Leçon から始まり，XXVIe. まで，紙数に直すと，p. 1から p. 92までとなる。寸法に関しては，手持ちの複写本では，正確なサイズが分からないので，『鷹見家歴史資料目録』の記述に従った（15.4 cm×9.5 cm）。

③ 'L'exercice Pueril,/ou la/vrave instruction à bien apprendre/la langue Francoise.$^{(ママ)}$/Dernière Edition, revuë$^{(ママ)}$ & augmentée/de nouvelles Conjugaisons & Dialogues./Amsterdam, 1701.' 寸法は，『目録』によれば，14.8 cm×9.5 cm であるという。

この《佛語初歩》は，上記のタイトルページの他に，La table, 1頁。前文，2頁。本文（Recueil des Mots. Les plus intelligibles & utiles aux Enfans$^{(ママ)}$）が，76頁のものである。

(7) 拙稿，『泉石』第7号，pp. 1-34。古河歴史博物館紀要，古河歴史博物館，2004年。

A. オランダ出版の《佛語入門書》

ここで，問題をより明確にするために，古河本のタイトルページのすべてを記しておくと，以下のようなものである。

'Nouvelle Méthode/FAMILIÈRE,/à l'usage de ceux qui veulent apprendre/la langue française,/par/Charles Cazelles,/d'abord corrigée et augmentée/par/J. Van Bemmelen,/de son vivant maître de pension à leide,/revue et corrigée/par/H. Scheerder./Seizième édition,/à Zalt-Bommel,/Chez J. Noman et Fils./1834.'

次に同書（古河本）の構成内容を紹介しておくと，表紙は現況では仮表装。寸法は縦17cm×横10.2 cm と小さく，いわば袖珍本の体裁である。「前文」ではオランダ語で1頁（内容は早大本とは異なる）。本文の3頁から104頁までは，「名詞」として分類されているが，内容は仏蘭対照の単語集である。しかも同じ種類の単語を集めて，一つの「項目」としている。その数は全部で43をかぞえるものである。この部分を村上英俊は『三語便覧』の中で応用している，というより原典に近い。

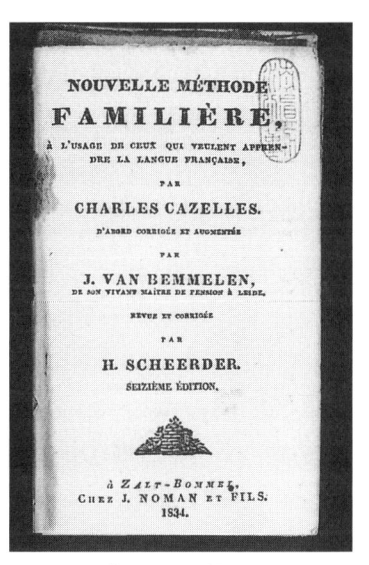

《佛語入門書》扉
（古河歴史博物館蔵）

　なお，104頁以降の内容については，本書には直接関係のないものであるが，この書物の全体を理解するために記してみると，以下の通りとなる。

Déclinaison de l'Article joint au substantif （p. 104）．

Pronoms personnels （p. 105）．

Pronoms possessifs tant absolus que relatifs （p. 105）．

Pronoms démonstratifs （p. 107）．

Pronoms relatifs （p. 107）．

Pronoms interrogatifs （p. 107）．

Pronoms indéfinis （p. 108）．

Conjugaison du verbe auxiliaire avoir （p. 109）．

Conjugaison du verbe auxiliaire être （p. 111）．

Première Conjugaison des Verbes （p. 114）．

Seconde Conjugaison des Verbes (p. 117).
Troisième Conjugaison des Verbes (p. 119).
Quatrième Conjugaison des Verbes (p. 122).
Conjugaison d'un verbe passif (p. 125).
Conjugaison d'un verbe pronominal (p. 128).
Conjugaison d'un verbe neutre (p. 131).
Conjugaison d'un verbe impersonnel (p. 133).
Expressions familières (pp. 134-139).
Dialogues Familières（ママ）(Premier Dialogue 〜 Vingt-troisième Dialogue) (pp. 140-218).

　この後の頁を簡単に紹介しておくと，104頁以降は，「フランス語文法」に紙面を割いている。左側に仏文の用例を置き，右側には同じ意味の蘭文を配して，説明がなされているものである。さらに，「動詞の活用」（動詞変化表）が，それに続く（109頁から133頁まで）。そして，133頁以後は「平易な表現」が数頁。最後に140頁から218頁まで，一種の「会話集」に多くの紙数が費やされている。第1課から第14課まではテーマ別の対話集。第15課から第23課までは，特にテーマ別には分けてはいない。しかし，その内容は第14課までと比べると，かなり難しいものといえる。

　ところで，このオランダ出版の《佛語入門書》（Nouvelle méthode familière, 1834）と村上英俊との接点は，一体どこにあったのだろうか。大変重要な問題でありながら，今まで答えを出せないものであった。
　当然，松代藩の蕃書（洋書）目録の中にその解答を求めたが，書籍の名前，あるいは記年の面で，全面的に合致するものは見つからなかった。
　そこで，方法を替えて，松代藩藩主・真田幸貫（1791-1852）の老中在任

中（天保12年―弘化元年）の伝手を頼ってみることにした。それは同じ時期，先任の老中であった，下総古河藩藩主・土井利位（1789-1848）との線から，解決の糸口を探る方法であった。なぜなら，当時は，洋書不足の理由もあって，他藩から書籍を借覧することが，間々あったからである。しかし残念ながら，両者の関係文書からは，この本の貸借を示す記載はなかった。それに引き続いて，古河藩の鷹見泉石の関係文書，特に泉石の日記[8]を通して，その存在の有無を調べたが，ここでもそれを確認することはできなかった。

それゆえ，さらに進めて，英俊の交友関係を調査の対象としてみた。まず最初は，同じ藩の佐久間象山（1811-1864）[9]の関係から。次は英俊が後年，翻訳書（『佛蘭西答屈智幾』）を上梓する機縁となった，幕臣・下曽根金三郎（西洋砲術家，1806-1874）との関連から，調査を開始した。特に下曽根と鷹見泉石の交友は知られているので，『鷹見泉石日記』の中にと期待したが，《佛語入門書》に触れる資料は，最後まで見出せなかった。

やむなく，出発点に戻って，松代藩の蕃書（洋書）目録の再検討に入った次第である。

「蕃書記年取調帳」によれば，オランダ語で書かれたフランス語の入門書，あるいはフランス語文法書といえば，下記に掲出した2冊しか記載されていない。

「一，フランス文法書　但千八百二十五年之板　一本　ロモンド著」

「フランス国文法学ノ書ヲオランダニテ対訳セシ書ナリ
　一，スフラーカキュンスト　壱本」

両書とも，現在，真田宝物館には見在しない。前者は静岡県立中央図書館葵文庫には所蔵されているが，1848年刊行の第3版である。この文法書は，

村上英俊が仏語学修を始めた時，仏文法を理解するために用いたものであることは，すでに報告した(10)。

他方，後者に関しては，著者名はじめ，必要事項のすべてが記載されていない。こうした形式は，目録の中では少数派に属するものである。

同書はオランダ語で書かれたフランス語文法の本とされているが，果たして純然たる文法書のそれなのか。確かに「スフラーカキュンスト」といえば，spraakkunst（文法）のことを指すのであろう。それなら何ゆえに，他の蘭書（蕃書）と同様，書物の種類，著者の名前，それに出版の年などを明記しなかったのだろうか。その点が解せない。

そこで，泉石旧蔵の《佛語入門書》を再度手にとって，検討してみることにした。

まず表紙から入ると，古河本は，現況では仮表装の状態なので，早大本を用いて説明してみると，現状ではほぼ白地に近く，背の個所のみが茶色となっている。

頁を進めて，タイトルページに目をやると，注目すべきは，フランス語で書かれていることであろう。このフランス語表記こそが，実はこの問題を解く一つの鍵になるのではあるまいか，と思われる。

「蕃書記年取調帳」を作成した武具方の役人は，職務上，オランダ語の知識に少しは通じていたろうが，フランス語となると別問題だからである(11)。

この 'Nouvelle méthode familière' は，内容的には仏語の入門書といった方が，より適切なものなのである。しかし，フランス語を理解しない者が，全体を把握することなく，仏語の文法書と即断したとしても，別に不思議なことではあるまい。

それゆえ，係の役人はごく単純に，この本をしてオランダ語で書かれた，フランス語の「スフラーカキュンスト」と記したもの，と推測されるのである。

第一章 『三語便覧』(其の一) 13

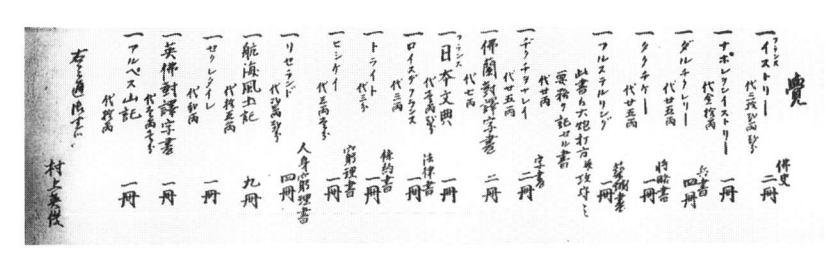

「村上英俊の覚書」
(山崎　元氏旧蔵)

　他にこの問題を解決する史料が出てこない今日，筆者としてはこの本（松代藩旧蔵の「スフラーカキュンスト」）を，泉石旧蔵本（Nouvelle méthode familière, 1834）と同種の書籍，と推定しておくことにする。

(註)
（8）『鷹見泉石日記』（全八巻）。古河歴史博物館編，吉川弘文館，2004年。
（9）調査に際しては，以下の資料を使用した。『増訂象山全集』（全五巻）。信濃教育会出版部（発行），昭和50年。
(10)『幕末明治初期フランス学の研究』，p. 78。
(11) 山崎　元氏（郷土史研究家。松代藩御武具方の子孫）所蔵の史料によれば，蕃書（洋書）の概略を目録に記載する場合，扉紙（タイトルページ）から抜き書きするのが，大部分のようである。
　　例えば，「ネーデルドイッセ。スプラーカキュンスト，壱本。荷蘭文法。プ，ウェーランド撰，千八百三十九年出版」。
　　あるいは，「イキレス。スプラーキュンスト，原書書名著者年紀無シ」，等々。

B. 英語に関する資料

村上英俊が『三語便覧』で用いた仏・蘭の単語は，前述のオランダ出版の《佛語入門書》であった（詳しい検証は後述）。それでは，その他の言語（英語）は，どのような資料に依拠したものなのであろうか。その資料名とは何か。下記に書名を挙げておくことにする。

〈a-1〉

Groot Woordenboek der Nederduytsche en Engelsche Taalen, door W. Sewel. Het Tweede Deel. T'Amsterdam. 1708. 寸法は21cm×17cm。（《蘭英》，と略称する，以下同じ）。

本書を執筆するにあたり，真田宝物館所蔵本を使用させて戴いたが，構成内容について触れてみると，次のようなものである。

The Preface, Explanation に続いて，本文。A・B・C 順であり，本文としては667頁と，辞書としては頁数はすくない。

Errors of the press; and several additions, その他が680頁まで。

〈a-2〉

A Large Dictionary English and Dutch, in two Parts : To which is added a Grammar, for both Languages. the First part. W. Sewel. T'Amsterdam, 1708. 21cm×17cm。（《英蘭》，と略称す，以下同じ）。

前記の《蘭英辞典》と同様，この書も真田宝物館所蔵本を使用させて戴いたが，構成内容は，前文2枚, Epistola Dedicatoria で3頁。Voorreede が15頁。Verklaaring, 1頁。本文が1頁-644頁。Drukfouten として644頁-648

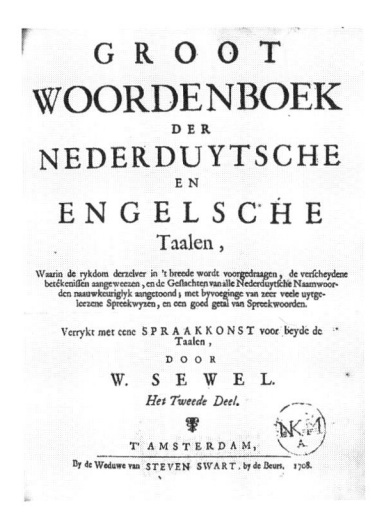

Sewel《蘭英辞典》扉
（真田宝物館蔵）

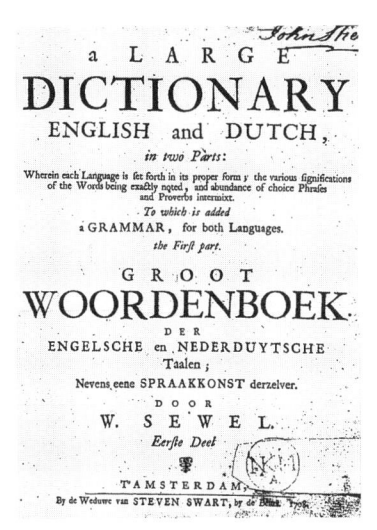

Sewel《英蘭辞典》扉
（真田宝物館蔵）

頁。さらに附録として，Engelsche Spraakkonst (ママ) (pp. 1-36), Dutsch Grammar (pp. 37-84), Korte verhandeling Wegens de Nederduytsche Spelling (pp. 85-92)，と続く。

〈b〉

An English and Japanese and Japanese and English Vocabulary. Compiled from native works, by W. H. Medhurst. Batavia: 1830. 21.5 cm×14cm. (《Med》，と略称す，以下同じ)。

この《英和・和英辞典》については，松代藩の「政典」に「日本片カナヲ洋文ニシテ翻シサ之国語ヲ以テ対譯ス，
一，日本イギリス対譯詞書　但千八百三十年之板　一本　メドヒュルスト著」と記されているが，現在は見在しない。そこで，調査に際しては，国立

国会図書館所蔵本を使用させて戴いた。

　構成について述べていくと、Introduction (pp. iii-vii), Contents (p. viii), そしてその後に献辞が1頁。本文は第一部が英和の単語篇（項目別に分かれている）。紙数は1頁から156頁まで。第二部は和英の単語篇（「イロハ」順ではじまり、最後は「ス」で終了）である。頁数は157頁から344頁となっている。

　なお、村上英俊は著作を進める段階で、上記の資料にかなり忠実に従っている。ところが、オランダ語に関してだけは、彼なりの語学力を示している個所が、散見される。

Medhurst《英和・和英辞典》（英和の部）
本文
（国立国会図書館蔵）

　こうした事例は取りも直さず、『三語便覧』編纂の当時、英俊の基本外国語（第一外国語）が、オランダ語であったという証左に他ならない。これは、彼が若い時分からオランダ語学修を始めているが、フランス語（あるいは英語）のそれは、いわば中年になってからのことである。そうした事実を考慮に入れるならば、オランダ語に頼ることは当然のことといえよう。

　それでは、英俊が手元に置いて、必要に応じて確認していた辞書はといえば、次に掲出した蘭仏辞書、と思われる。

〈c-1〉

　Groot Nederduitsch en Fransch woorden-boek, door P. MARIN. 1728. 26 cm×20cm.（《Mar》、と略称す、以下同じ）。

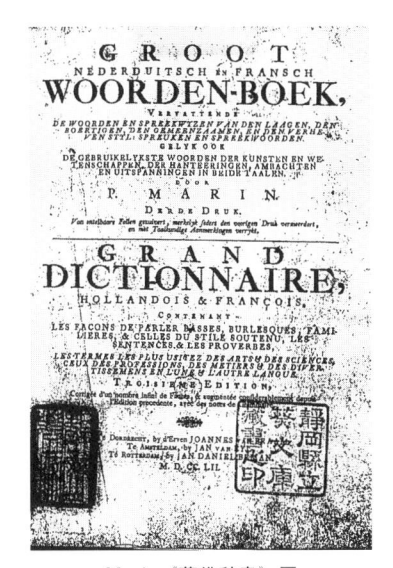

Marin《蘭佛辞書》扉
（静岡県立中央図書館葵文庫蔵）

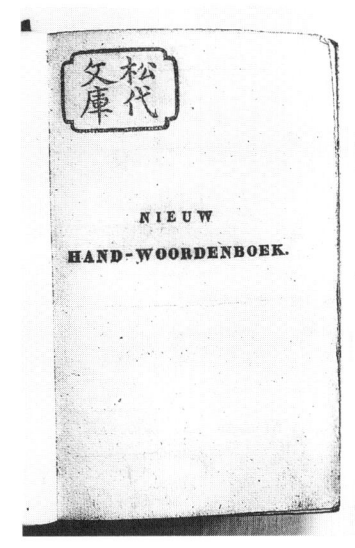

Agron《蘭佛辞書》扉
（真田宝物館蔵）

　この本は松代藩の「政典」（安政三年）に、「オランダ語ニ而注シタル書　一、フランス詞書　但千七百二十八年之板　一本　マーリン著」と記載されているが、現在、真田宝物館所蔵本の中には見在しない。

　そこで、調査するに際して、静岡県立中央図書館葵文庫所蔵本を使用させて戴いた。ただし、同文庫本は1730年刊行の第二版、および1752年刊行の第三版が所蔵されているが、その内の第二版は傷みが激しかったので、やむなく第三版のみを用いた。

　なお、前記〈c-1〉の1728年刊行本（松代藩旧蔵書）は、出版年から考えて、おそらく初版本のそれであろう。

　さて、その構成であるが、まず最初に前文が4頁。そして、本文（A–K）が pp. 1–528まで。同じく本文（L–Z）が pp. 1–604となっている。

〈c-2〉

Nieuw hand-woordenboek, der Nederduitsche en Fransche talen. Agron, P. en Landré, G. N. 1828。18cm×11.7cm。(《Agr》，と略称す，以下同じ)。

　調査にあたっては，真田宝物館所蔵本を使用させて戴いたが，肝心の表紙が不鮮明であり，その上，扉紙が欠損していたので，詳しい書名は判明しなかった。しかし，同書中に「松代文庫」[12]なる押印がなされているので，松代藩旧蔵の辞書であることには，間違いない。そこで，はっきりした書名を明らかにするべく，他の同種本を求めた。幸いなことに鹿山文庫所蔵本[13]，その他から前掲のような辞書であることが，明らかとなった。

　ここで，「同書を簡単に紹介しておくと，頁数は全部で1179頁であるが，その内，本文としての分量は1152頁である。その他に，Liste Alphabétique/des noms le plus en usage d'hommes et de femmes, avec leurs abréviations（オランダ語およびフランス語にて記されているが，煩雑を避けるため前者は省略した）が7頁，次にListe Alphabétique/de différents noms de pays, villes, nations & c（同上）が6頁と続き，最後にListe der ongelijkvloeijende en onregelmatige Werkwoorden（オランダ語のみ記載）として14頁の紙数をさいている」(『幕末明治初期フランス学の研究』)[14]。

(註)

(12)　同じ松代藩購入の書物でも，在国（松代）で架蔵した書籍のみ，「松代文庫」の押印をした，という説もある。真田家の事情に詳しい，郷土史研究家・永井久子氏談。

(13)　『鹿山文庫目録』の「蘭書」篇，「語学」の部 (p. 59) に記載。千葉県立佐倉高等学校，昭和47年。

(14)　pp. 132-133。

C. 「見出しの邦語」と蘭系資料

　すでに紹介したように，『三語便覧』の構成は，最初に日本語を置き，それに対応させて，各々の外国語（仏・英・蘭）を当てるという形式である。すくなくとも一見すると，そうした形式に思われがちである。

　しかしながら，そのような形のみに捕われて，単純に和仏（英・蘭）辞典と決めてかかるのは，早計であろう。なぜなら，この辞典には原典ともいえる書物（《佛語入門書》）が存在し，そこから第一番目に，仏・蘭の単語を配置した事実があるからである。

　それゆえ，『三語便覧』における「見出しの邦語」とは，原文（仏・蘭）からの訳語だというのが，実際のところである。

　それでは，その訳語にも同じように，文献資料が存在したのであろうか。結論から先に述べれば，資料らしきものは当然あるのだが，外国語関係の資料とは明らかに異なる。直截的なものではなく，参考辞度の域を出ないものといえようか。すなわち，英俊が訳語を探すのに，彼なりに工夫を凝らし，今までの経験を踏まえて，決定したものと思われる。

　主要な資料のみ掲出してみると，以下の通りである。なお，ここにいう蘭系資料とは，我が国で出版され，日本語で記された，蘭学関係の書物のことである。

〈1〉『蘭語譯撰』

　この書（和装本）も，真田宝物館所蔵本（紺色表紙，5冊本）を参照させて戴いたが，実際の調査に関しては，次の書籍（『蘭語譯撰』，臨川書店）[15]を使用した。

　なお，同書を簡単に紹介しておくと，奥平昌高（棠亭と号す，豊前国中津藩藩主）によって，文化7年（1810）上梓された，伊呂波引きの和蘭辞書で

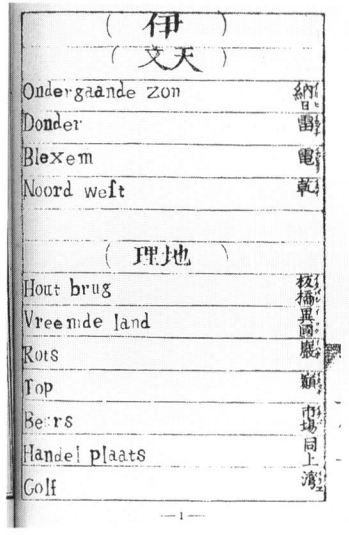

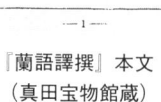

『蘭語譯撰』本文　　　　　　　　『改正増補蛮語箋』見返し
（真田宝物館蔵）　　　　　　　　　（真田宝物館蔵）

ある。部門別の構成としては，以下の19部門に分けられている。

　天門，地理，時令，数量，宮室，人品，家倫，宮職，身体，神佛，器用，衣服，飲食，文書，錢穀，采色，人事，動物，植物。

〈2〉　『改正増補蛮語箋』

　この辞書（和装の二冊本）は，見出しの邦語に対し，蘭語を当てたもので，部門別の構成。当時においては，よく見られる形式である。

　嘉永元年（1848）の刊行，箕作阮甫撰である（調査に際しては，真田宝物館所蔵本を使用）。

「巻一」は天文，地理，時令，人倫，身體，疾病，宮室，服飾，飲食，器財，火器，金，玉石，鳥，獸，魚介，虫，草，木，数量の20部門よりなっている。
「巻二」は，言語（依頼名字，添字，動字，代名字，處前字，接続字，嗟歎字），日用語法，會話一，會話二，の構成。そして，附録として，萬国地名

箋（亜細亜，欧邏巴，亜弗利加，南北米里堅，豪斯多剌利）が加わる。

〈3〉「道布萃爾麻」

　最後は写本（道布萃爾麻＝ドゥーフ・ハルマ。ABC順の本格的な蘭和辞書であり，真田宝物館所蔵）であるが，この写本の筆写には，英俊自身が参加している[16]。

　そんなこともあって，彼が『三語便覧』編纂の際には，蘭語の意味を知る上で，格好な「蘭和辞書」の役割を果たしたに違いない。

（註）

(15)　松村　明監修，鈴木　博解題・索引。昭和43年。
(16)　真田宝物館の「洋書目録」(No. 36)には，「蘭語辞典，十六巻ニテ完本ナルモ（第一，二巻欠本）写本。備考　第四巻題箋（道布萃爾麻）ハ村上英俊ノ書ナリ」，と記されている。

D. 「仮名文字表記」の資料

　さて，ここからは英俊の発音問題に入ることにしよう。彼の『三語便覧』における，仮名文字の発音法（仮名文字表記）は，当時の人々からも，散々酷評されているところである。瀧田貞治氏もまた「その発音法は佛も英も共に和蘭流のものであり，その和蘭流の発音と雖も決して正鵠は得ていない」（『佛学始祖　村上英俊』，中巻9丁表)[17]と述べておられる。他方，「……外国音を国字音化する困難と同様に，外国語に該当する国字採擇の苦心も一方ではなかったであろう」（同上，中巻9丁裏)[18]と，英俊に対して同情的な見解も示しておられる。

　ところで，瀧田氏は上記の著作中において，ややもすれば英俊を，郷土の

INLEIDING
tot het
Woordenboek
door
Hendrik Doeff.

Toen ik voor 5 à 6 jaaren geleden het nedrige werk onder nam om de hollandschen in japansch woorden kort te vormieren met oogmerk om het zelve voor het collegie der tolken (nutties) te van zijn; had ik niet anders gedagt of het Zoude allen bij hier toe gestrekt hebben en ik hielde dus mij selve vergenoegd iets toe makterin te hebben kunn in aanwenden voor de hollandschen tolking, het welk nog niemand voor mij ondernomen had.

Dan onlangs ondergekomen zij dat hetzelfde werk voor zijne Keizerlijke majesteit Meester J.P. eilekt hoe kon zit dat in mijn hart een ongemeene vreugde wekkt, doorgijt nu in g. de dit ook belang in de werk begond te stellen en heeft mij dit toe een onuitsprekelijke beloon ing voor mijne genomen moeigt verstrekt.

Nu het werk voor Zijne Keizerlijke Majesteit af te schrijven, heeft den

「道布萃爾麻」（写本）
緒言（オランダ語）
（真田宝物館蔵）

「道布萃爾麻」(写本)
本文
(真田宝物館蔵)

偉人として描くきらいがあるように見受ける。それでも，英俊の外国語発音法（仮名文字表記），並びに訳語選択の難しさという点に関しては，筆者もまったくの同意見である。

なぜなら，『三語便覧』が上木された頃は，フランス学の黎明期であって，語学研究もようやく緒についたばかりであった。やはり，フランス語の発音を本格的に問題にするのは，徳川の最末期，あるいは明治に入ってフランス人の来日も多くなり，仏語が実際の用に役立つ時期を待たねばなるまい。

ましてや，「ヨーロッパ人と接触する機会に恵まれなかった当時の国内環境を考えてみれば，なおさらのことであろう。それゆえ，彼がフランス語の発音を仮名表記するにあたって，同じヨーロッパの言語という見地から，その言語資料をオランダ語に求めたことは容易に推測される」（『幕末明治初期フランス学の研究』）[19]。

なお，英俊の身近な所にも，簡便な言語資料（発音法）はいくつか存在する。本書では，蘭学系の代表的な言語資料として，大槻玄幹の『西音発徴』——真田宝物館にも架蔵（「洋書目録」，番外 No.8）されているが，調査に際しては，筆者架蔵本を使用した——を挙げておくことにする。

次に，やはり松代藩所蔵の『改正増補蛮語箋』も，村上英俊の手近にあったので，参照していたものと考えられる。

〈1〉 『西音発徴』

『西音発徴』の概要について述べてみると，以下のようなものである。

紺色表紙，右袋綴の和装本である。題簽には「西音発徴　附西洋字原考　國字考」と墨書されている。帙入であり，寸法は縦25.7cm×横17.8cm。文政九年（1826）の刊行。

順序に従って記していくと，序が3丁，凡例は2丁。次は皇国五十音辨（文政庚辰孟春　大槻茂楨玄幹父識）として14丁。さらに本文が15丁。西洋

字原考（後學　大槻茂楨玄幹述），6丁。題字原考後（文政壬午仲秋　蘭窓逸人識）が半丁，著書目次，半丁の構成である。奥付には，三都発行書林として，京都寺町通松原下ル，勝邨次右衛門を筆頭に，その他5名の名が連記されている。

〈2〉『改正増補蛮語箋』

同書の構成については，すでに前項（C.「見出しの邦語」と蘭系資料－〈2〉）で紹介したので，ここでは略す。

そこで，発音に関するものだけに触れると，2丁の紙数を割いているが，英俊が利用できたと思われるのは，その半数の1丁分だけであろう（その内容については，第二章第6節に記す）。

『西音発徴』見返し
（真田宝物館蔵）

（註）

(17)　帙入であり，右袋綴，和装の3冊本（上・中・下巻）。巌松堂書店古典部，昭和9年。
(18)　同上。
(19)　p. 128。

第二章　『三語便覧』（其の二）
——内容の検証——

　さて、いよいよ『三語便覧』の内容を検討することになるが、該当する事例を取り上げて、細部にわたって分析をしていきたい。
　その具体的な方法としては、以下の要領で進めたことを付記する。

——順を追って記すと、第一番目は、『三語便覧』（『三語』と略称す、以下同じ）の外国語（仏・蘭）に影響を与えた、《佛語入門書》（《佛語》と略称す、以下同じ）の「項目」の構成内容を検討。
——次に、第二番目として、『三語』の一部門（ここでは、「宮室」）を取り上げて、《佛語》との関連をさぐる。
——さらに、第三番目としては、『三語』の全部門にわたって、《佛語》との関連を、フランス語（単語）を中心に照合する。
——第四番目として、『三語』で配置された英語（単語）と、英語資料との照合。
——これ以降は、第五番目として、外国語文献から離れて、「見出しの邦語」における所収の日本語と、主要蘭系資料との関係を探る。
——そして、第六番目として、「仮名文字発音法」とその関係資料について検討する。

　最後に『三語』の附属事項として、以下の二点を検証する。
——順序としては、第七番目ということになるが、『三語』改訂版（仏・

英・独）に関する検証。
——第八番目としては，『三語』の初版本について検討する。

第1節　《佛語入門書》の全項目

《佛語》（Nouvelle méthode familière）の「項目」は，すでに報告した通り，43を数えるものである。
『三語』と《佛語》との関連性をより一層明らかにするために，43の総てを，ここに列記することにする。

——原文（《佛語入門書》）には番号は付されていないが，本書では便宜上，通し番号を加えた。さらに，次に記した，（1）の pp. 3-4は原文での頁を指すものであり，単語数はその「項目」の単語の数であることを示している。

（1）Du Monde en général.
pp. 3-4，単語数，108語（ただし，同一の意味で同じ個所に配置された語は，一つと数えた）。

（2）Du Temps, etc.
pp. 4-6，単語数，111語。

（3）Des Nombres.
pp. 6-7，単語数，76語。

（4）Des Monnaies.

(21)

Une bière, *eene doodkist*.
Le deuil (lj), *de rouw*.
Un convoi, *eene lijkstaatsie*.
Des funérailles (lj), un enterrement, *eene begrafenis*.
Le cimetière, *het kerkhof*.
Le drap mortuaire, le poêle, *het doodwti, het lijk-laken*.
Le brancard, *de lijkbaar*.
Le mort, *het lijk*.

Artisans, Ouvriers, Gens de Profession, etc.

Kunstenaars, Ambachtslieden, Beambten, enz.

Un académicien, *een lid eener akademie*.
Un alchimiste, *een goudmaker*.
Un apothicaire, *een apotheker*.
Un apprenti, *een leerling*.
Un architecte, *een bouwmeester, een bouwkunstenaar*.
Un arithméticien, *een rekenaar*.
Un armurier, *een wapensmid*.
Un arpenteur, *een landmeter*.
Un artisan, *een kunstenaar*.
Un assureur, *een verzekeraar*.
Un astronome, *een sterrekundige*.
Un avocat, *een advokaat*.
Un bandagiste, *een breukmeester*.
Un banquier, *een bankier*.
Un barbier, *een baardscheerder*.
Un barbouilleur (lj), *een kladschilder, een grofschilder of vewer*.
Un batelier, *een schipper*.
Un batteur d'or, *een goudslager*.
Un berger, *een herder*.
Un blanchisseur, *een blecker*.
Un bonnetier, *een mutsenmaker, een mutsenverkooper*.
Un botaniste, *een kruidkenner*.
Un boucher, *een vleeschhouwer*.
Un boueur, *een vuilnisman*.
Un boulanger, *een bakker*.
Un bourrelier, *een paardentuigmaker*.
Un boutonnier, *een knoopenmaker*.
Un bouvier, *een ossendrijver*.
Un brasseur, *een brouwer*.
Un brouettier, *een kruijer*.
Un bûcheron, *een houthakker*.
Un cabaretier, *een waard, een herbergier*.
Un caissier, *een kassier*.
Un carrossier, *een koetsenmaker*.
Un cartier, *een kaartenmaker*.
Un changeur, *een wisselaar*.
Un charlatan, *een kwakzalver*.
Un chantre, un chanteur, *een zanger*. (maker.
Un chapelier, *een hoedenbrander*.
Un charbonnier, *een kolenbrander*.
Un charcutier, *een spekslager*.
Un charpentier, *een timmerman*.
Un charretier, *een karreman, een voerman*.
Un charron, *een wagenmaker*.
Un chasseur, *een jager*.
Un chaudronnier, *een koperslager*.
Un chaufournier, *een kalkbrander*.
Un chemiste, *een scheikundige*.
Un chirurgien, *een heelmeester*.

pp. 7-8，単語数，17語。

(5) Des Poids et des Mesures.
pp. 8-9，単語数，57語。

(6) Parties du Corps, etc.
pp. 9-12，単語数，214語。

(7) Accidens^(ママ) et Défauts du Corps, etc.
pp. 12-14，単語数，130語。

(8) De la Parenté, etc.
pp. 14-17，単語数，150語。

(9) États, Dignités, etc.
pp. 17-19，単語数，98語。

(10) Dignités Ecclésiastiques, etc.
pp. 19-21，単語数，130語。

(11) Artisans, Ouvriers, Gens de Profession, etc.
pp. 21-24，単語数，214語。

(12) Habilement d'Hommes, etc.
pp. 24-26，単語数，116語。

(13) Habilement de Femmes, etc.

pp. 26-27，単語数，80語。

(14) Des Étoffes.

pp. 27-28，単語数，38語。

(15) Parties de la Maison, etc.

pp. 28-30，単語数，126語。

(16) Des Meubles, etc.

pp. 30-32，単語数，119語。

(17) La Batterie, les Ustensiles de Cuisine, etc.

pp. 32-34，単語数，144語。

(18) Des Mets, Alimens(ママ), etc.

pp. 34-40，単語数，416語。

(19) De l'École et des objets, qui servent dans les écoles ou pour l'écriture, etc.

pp. 40-44，単語数，198語。

(20) Du Pays, de l'Eau, etc.

pp. 44-45，単語数，88語。

(21) De la Ville, etc.

pp. 45-46，単語数，86語。

(22) Du Jardinage, etc.
pp. 46-49，単語数，156語。

(23) Des Animaux terrestres et aquatiques, des insectes, des Oiseaux, etc.
pp. 49-54，単語数，329語。

(24) Des Métaux, des Minéraux et autres choses que la terre renferme, etc.
pp. 54-55，単語数，69語。

(25) De l'Ecurie.
pp. 55-56，単語数，81語。

(26) De la Marine.
pp. 56-59，単語数，131語。

(27) De la Guerre et de ce qui y a rapport, etc.
pp. 59-64，単語数，294語。

(28) De Dieu, des Cultes, etc.
pp. 64-66，単語数，139語。

(29) Les Dieux et les Déesses de la Fable, etc.
pp. 66-68，単語数，59語。

(30) De la Musique, des Instrumens^(ママ) de Musique, de la Danse, etc.

pp. 68-70, 単語数, 88語。

(31) Des Jeux, des Divertissemens^(ママ), etc.

pp. 70-72, 単語数, 124語。

(32) Vertus, Vices, etc.

pp. 72-73, 単語数, 112語。

(33) Noms de Baptême, etc.

pp. 73-77, 単語数, 298語。

(34) Pays, Villes, Rivières, Peuples, etc.

pp. 78-80, 単語数, 228語。

(35) Diminutifs.

pp. 80-81, 単語数, 43語。

(36) Adjectifs. (Des Couleurs).

pp. 81-82, 単語数, 36語。

(37) Propriétés et Qualités. (この「項目」では, 反意語, その他も同時に配置されている。それゆえ, その単語の総てを数えて,「項目」の単語数とした)。

pp. 82-85, 単語数, 286語。

(38) Substantifs et Adjectifs, avec les Degrés de Comparaison.
pp. 85-86，単語数，54語。

(39) Adverbes.
pp. 86-89，単語数，244語。

(40) Prépositions.
pp. 89-90，単語数，40語。

(41) Conjonctions.
pp. 90-91，単語数，57語。

(42) Interjections.
p. 91，単語数，27語（同じ意味の語は一つに数えた）。

(43) Verbes.
pp. 91-104，単語数，847語。

第2節　『三語便覧』と《佛語入門書》の関連

　すでに述べた如く，具体的な方法としては，『三語』の中から特定の「部門」を選定し，それと《佛語》との関連を，検証する。
　なお，『三語』（「宮室」の部）を検証するに際しては，以下の要領に従った。

――英俊は「見出しの邦語」の右側に，ルビを付しているが，本書では（　）内に記した。
――上記に対応する外国語にも，仮名文字を付しているが，ここでは主題と直接関係がないので，省略した。
――単語（外国語）のスペルに誤記が認められるが，原文の姿を示すため，そのままの形で記した（以下同じ）。
――（　）内の数字は，《佛語》の中の「項目」名（本書では番号で示した）を表わすものである。

「宮室」（単語数，56語）

王城（ミヤコ）
　佛蘭西語（以下同じ），capitale（Une capitale, 20.）
　英傑列語（本節では省略），capital city
　和蘭語（以下同じ），hoofdstad（een hoofdstad）

都會（ツ）
　chef lieu（Le chef-lieu, 20.）
　hoofdplaats（de hoofdplaats）

城郭（クルワ）
　citadelle（Une citadelle, 20.）
　sterkte（eene sterkte）

寺（テラ）

eglise （Une église, 21.）

kerk （eene kerk）

大學校（ガクモンジョ）

universite （L'université, 21.）

hoogeschool （de hoogeschool）

府街（ゼウカマチ）

faubourg （Un faubourg, 21.）

voorstad （eene voorstad）

牢室（ロウ）

prison （La prison, 21.）

gevangenis （de gevangenis）

戲場（シバイ）

comedie （La comédie, 21.）

schouwburg （de schouwburg）

室屋（イエ）

maison （La maison, 21.）

huis （het stadhuis）

塔（トウ）

donjon （不詳）[1]

toren （同上）

橋（ハシ）
　pont　（Un pont, 21.）
　brug　（eene brug）

小寺（コデラ）
　hospice　（Un hospice, 21.）
　kleine kerk　（een klein klooster）

住居（スマイ）
　domicile　（Le domicile, 21.）
　woonplaats　（de woonplaats）

亭（チン）
　berceau　（Un berceau, 22.）
　priel　（een priëel）

門（モン）
　porte　（Une porte, 21.）
　poort　（eene poort）

耳門（クグリ）
　poterne　（La poterne, 21.）
　kleine poort　（de kleine poort）

狭街（セマキマチ）

ruelle（Une ruelle, 21.）
　　steeg（eene steeg）

市店（イチミセ）
　　marche（Un marché, 21.）
　　markt（eene markt）

廟堂（ヲタマヤ）
　　chappelle（Une chapelle, 21.）
　　kapel（eene kapel）

哨堡（バンショ）
　　corps de garde（Le corps de garde, 21.）
　　wachthuis（het wachthuis）

扠権家（ウンジャウトルイエ）
　　douane（La douane, 21.）
　　tolhuis（het tolhuis）

肉肆（ニクミセ）
　　boucherie（La boucherie, 21.）
　　vleeshal（de vleechhal）

鮮魚行（ウヲダナ）
　　poissonnerie（La poissonnerie, 21.）
　　vischmarkt（de vischmarkt）

故衣舗（フルギダナ）
  fripperie （La fripperie, 21.）
  vodde markt （de voddemarkt）

販賣市（ニウリミセ）
  gargote （Une gargote, 21.）
  gaarkeuken （eene gaarkeuken）

坪量行（メカタアラタメドコ）
  poies （Le poids, 21.）
  waag （de waag）

雞茅障（ニワトリドヤ）
  poulaillier （Un poulaillier, 15.）
  hoenderhok （een hoenderhok）

鳩茅障（ハトドヤ）
  colombier （Un colombier, 15.）
  duivenhok （een duivenhok）

居第（ヤシキ）
  palais （Un palais, 15.）
  paleis （een paleis）

殿（ゴテン）

hotel（Un hôtel, 15.）
heerenhuis（heerenhuis）

藩籬（カキ）
muraille（La muraille, 15.）
muur（de muur）

柱（ハシラ）
poteau（Un poteau, 15.）
post（een post）

戸（ト）
porte（La porte, 15.）
deur（de deur）

鎖罟（デウマヒ）
serrure（La serrure, 15.）
slot（het slot）

門栓（クワンヌキ）
loquet（Un loquet, 15.）
klink（een klink）

魚鎖（エビデウ）
cadenas（Un cadenas, 15.）
hangslot（een hangslot）

窓（マド）
  fenetre（Un fenêtre, 15.）
  venster（een venster）

窓格（マドカウシ）
  guichet（Un guichet, 15.）
  traliedeur（een traliedeurtje）

客舘（ザシキ）
  salle（La salle, 15.）
  zaal（de zaal）

話室（ハナシスルマ）
  parloir（Un parloir, 15.）
  spreekkamer（een spreekkamer）

別屋（ベツマ）
  apartement（Un appartement, 15.）
  vertrok（een vertrek）

臥房（子マ）
  chambre a coucher（Une chambre à coucher, 15.）
  slaapkamer（een slaapkamer）

敷居（シキイ）

seuil（Un seuil, 15.）

dorpel（een dorpel）

紐制（テウツガヒ）

couplets（Les couplets, 15.）

hengsels（de hengsels）

鴨居（カモイ）

linteau（Un linteau, 15.）

bovendorpel（een bovendorpel）

書室（ガクモンジョ）

cabinet（Un cabinet, 15.）

studeerkamer（een studeerkamer）

屋（ヤ子）

toit（Le toit, 15.）

dak（het dak）

厨房（ダイドコロ）

cuisine（La cuisine, 15.）

keuken（de keuken）

樓梯（ニカイノハシゴ）

escalier（Un escalier dérobé, 15.）

trap（een geheime trap）

烟窓（ケムダシ）
　cheminee（La cheminée, 15.）
　schoorsteen（de shoorsten）

材（ザイモク）
　poutre（Une poutre, 15.）
　balk（een balk）

梁（ウツハリ）
　solive（Une solive, 15.）
　dwarsbalk（een dwarsbalk）

瓦（カワラ）
　tuiles（Les tuiles, 15.）
　pannen（de pannen）

石灰（イシバイ）
　chaux（De la chaux, 15.）
　kalk（kalk）

舗行（ミセ）
　boutique（La boutique, 15.）
　winkel（de winkel）

薬舗（クスリミセ）

apothicairerie（Un apothicaire, 11.）
artsenijwinkelap（een apotheker）[2]

　調査の結果，『三語』（「宮室」の部）の単語数，56語のうち，《佛語》から採った単語，55語。不詳のもの1語である。それゆえ，百分率にすると98.2％ということになる。

（註）
(1)　この単語は，古河歴史博物館所蔵本には見当たらない。参考までに，早稲田大学図書館所蔵本（1832年版）も調査したが，やはり同様の結果だった。この事例は取りも直さず，村上英俊が他の辞書も参照していたことの，証左となろう。
(2)　《佛語》には，（Un apothicaire, een apotheker）と記されているが，これは，あくまでも「薬剤師」の意味である。そこで，当時，オランダ語が第一外国語であった英俊は，松代藩架蔵の《蘭佛辞書》を頼りに，該当する単語を探したもの，と思われる。
　　　通称・アゴロン辞書によれば，以下のように記されている（p. 46）。Artsenijwinkel, m・pharmacie, apoticairerie, boutique d'apoticaire, f.（Agron, P. en Landré, G. N：'Nieuw hand-woordenboek, der Neder-duitsch en Fransche talen.'）

第3節　両書の全照合

　すでに前節（第2節）において，村上英俊の『三語』が単語選定（仏・蘭）において，オランダ出版の《佛語》（古河本）の影響をいかに受けているのか，検証した。
　この第3節では，その影響をより詳しく証明するため，両書の関係を，《佛語》の「項目」を中心に分析する。

なお，記述上の特記は従前通りであるが，さらに本節では，次の点を追記するものである。

――（　）内は《佛語》の単語（フランス語）を示す。そして，単語を仏語のみに限定したわけは，前節で二カ国語（仏・蘭）に関する検証が，ある程度なされたもの，と考えたからである。
　それゆえ，本書の主題（フランス語辞書の研究）に，より一層焦点を合わせるべく，仏語を重視して検証した次第である。
――分析の方法としては，以下の順序に従った。まず最初に，《佛語》の「項目」（番号も合わせて示した）を記して，その出処を明記した。
――次に，『三語』の中より，代表例を摘出して，その関連性を照合した。
――最後は，当該の「部門」における《佛語》の寄与分を，百分率で示しておいた。

「天文」（単語数，63語）
（１）　Du Monde en général から採った単語，63語。

星辰（ホシ）
　　astres（Les astres）
星（ホシ）
　　etoile（Une étoile）
和風（ヤワラカナカゼ）
　　petit vent（Un petit vent）
雪片（ムツノハナビラ）
　　flacon de neize（ママ）（Un flocon de neize）

雷（イナビカリ）
　foudre（La foudre）

（『三語』のこの「部門」では，単語数，63語。そして，《佛語》——「項目」別では番号（1）のみの単独使用——から採った単語，63語。それゆえ，百分率では100%となる）

「地理」（単語数，95語）
　後述のように，『三語』の中で依拠した「項目」（出処）が複数の場合は，その「項目」の順番に従って列記した。
　例えば，この事例においては，下記の（1）と（20）の間に——を引いて，英俊が引用した個所（項目）を明らかにした。すなわち，上段（粗砂，小潮）は（1）から単語を採った例であり，下段（京師，村市）は，同じく（20）から採ったことを，示したものである。
（1）　Du Monde en général から採った単語，39語。
（20）　Du Pays, de l'Eau から，55語。
〈不詳〉，1語。

粗砂（アラスナ）
　gravier（Du gravier）
小潮（コシヲ）
　basse maree（La basse marée）
————————
京師（ミヤコ）
　capitale（Une capitale. 早大本では，une Ville capitale）
村市（ザイゴマチ）

bourg（Un bourg）

───────────────

〈不詳〉

海（ウミ）

mer[3]

(《佛語》から採った単語，94語。〈不詳〉，1語。よって，98.9%)

「身體」（単語数，165語）

（ 6 ）　Parties du Corps から，161語。

（32）　Vertus, Vices から，4語。

関節（フシブシ）

membre（Un membre）

肥満（コエ）

emponpoint（ママ）（L'embonpoint）

義理（ギリ）

raison（La raison）

───────────────

悲哀（カナシミ）

tristess（La tristesse）

寵愛（カワイガリ）

charite（La charité）

(《佛語》から採った単語，165語。よって，100%)

「疾病」（単語数，125語）
（7） Accidens et Défauts du Corps から，125語。
^(ママ)

間日熱（この「部門」では，大部分に仮名文字は付されていないが，ルビ付きのもあって，一定していない）
  fievre tierce （La fièvre tierce）
結石
  pierre （La pierre）
亀背
  bosse （Une bosse）
中風人（チウキ）
  paralysie （La paralysie）
眇目人（スガメ）
  louche （Un louche）

(《佛語》から採った単語，125語。よって，100%)

「家倫」（単語数，84語）
（8） De la Parenté から，84語。

後昆（シソン）
  posterite （La postérité）
外族（ハヽカタノイッケ）
  parente （Une parente）
公姑（シウト）
  beau-pere （Le beau-père. ただし，早大本では，le Beau-Père）

名母（ナヅケハヽ）
　commere（La commère）
壮年（フンベツザカリ）
　age mur（L'âge mûr）

(《佛語》から採った単語，84語。よって，100％)

「宮職」（単語数，87語）
(9)　Étas, Dignités から，54語。
(27)　De la Guerre et de ce qui y a rapport から，33語。

王（オオキミ）
　roi（Un roi）
上士（ヨキサムラヒ）
　chevalier（Un chevalier）
市長（マチドシヨリ）
　bourguemaitre（Un bourguemaître）
────────────
管陣官（ヂンバブギョウ）
　quartier-maitre（Un quartier-maître. 早大本では，un Quartier maître）
歩卒（アシガル）
　piiton（ママ）（Un fantassin, un piéton）

(《佛語》から採った単語，87語。よって，同じく100％)

「人品」（単語数，152語）

（7） Accidens et Défauts du Corps から，2語。〔ママ〕
（8） De la Parenté から，7語
（10） Dignités, Ecclésiastiques から，5語。
（11） Artisans, Ouvriers, Gens de Profession から，120語。
（19） De l'Ecole et des objets から，3語。
（21） De la ville から，13語。
〈不詳〉，2語。

偉丈夫（セイノタカキヒト）
　geant（Un géant）

―――――――――

収生媼（トリアゲババ）
　sage-femme（La sage-femme）

―――――――――

大和尚（ダイオショウ）
　archeveque（Un archevêque）

―――――――――

賣乳夫（ウシノチチウリ）
　laitier（Un laitier. 早大本には，この単語は見当たらない）

擔夫（ニモチ）
　porte-faix（Un porte-faix. 早大本には，この単語は見当たらない）

―――――――――

門生（デシ）
　ecolier（Un écolier）

―――――――――

街坊人（マチニン）

bourgeois (Un bourgeois)

―――――――――――――

〈不詳〉

人（ヒト）

　homme

囚虜（トリコ）

　prisonnier

(《佛語》から採った単語，150語，〈不詳〉，2語。よって，98.7％)

「宮室」（単語数，56語）

(11)　Artisans, Ouvriers, Gens de Profession から，1語。

(15)　Parties de la Maison から，29語。

(20)　Du Pays, de l'Eau から，3語。

(21)　De la Ville から，21語。

(22)　Du Jardinage から，1語。

〈不詳〉，1語。

薬舗（クスリミセ）

　cpothicairerie (Un apothicaire)

―――――――――――――

臥房（子マ）

　chambre a coucher (Une chambre à coucher)

―――――――――――――

城郭（クルワ）

　citadelle (Un citadelle)

大學校（ガクモンジョ）
　universite（L'université）

────────────

亭（チン）
　berceau（Un berceau）

────────────

〈不詳〉
塔（トウ）
　donjon

（《佛語》から採った単語，55語。〈不詳〉，1語。よって，98.2％）

「飲食」（単語数，69語）
(18)　Des Mets, Alimens（ママ）から，40語。
〈英俊〉（英俊が独自で作成したと思われる単語。〈英俊〉と略称す，以下同じ），29語。

早飯（アサメシ）
　dejeune（Le déjeuné）
甘酒（アマキサケ）
　vin doux（Du vin doux）
頭酒（ヅニノボルサケ）
　vin fumeux（Du vin fumeux）

────────────

〈英俊〉（すこし長くはなるが，参考のために編者による苦心の造語を紹介

しておくと，以下のようなものである。これにより，当時の仏学者の実力も窺えて，甚だ興味深い）。

煮肉（ニタニク）
　bouillichair

炙肉（ヤキニク）
　carbonade chair

蒸肉（ムシニク）
　roti chair

牛肉（ウシノニク）
　boeuf chair

豕肉（ブタノニク）
　cochonchair

犢肉（コウシノニク）
　veau chair

羊肉（ヒツジノニク）
　moutonchair

小羊肉（コヒツジノニク）
　agneauchair

油煎肉（アブラアゲニク）
　fricassee chair

切肉（キリタニク）
　hachis chair

油煎肉（アブラアゲニク）（ママ）
　fricassee poisson

煮魚（ニタウオ）
　bouilli poisson

灸魚（ヤキウオ）
　carbonade poisson
枯魚（ヒウオ）
　sec poisson
温酒（カンサケ）
　vin bouilli
冷酒（ツメタキサケ）
　vin froid
白糖（シロザトウ）
　sucre blanche
飯（メシ）
　riz bouilli
冷飯（ヒヤメシ）
　riz froid
乾飯（ホシイ）
　riz sec
白米（シラケコメ）
　riz blanche
糙米（クロコメ）
　riz noirs
硬飯（コワキメシ）
　riz dur
軟飯（ヤワラカナメシ）
　riz mou
米粉（コメノコ）
　farine de riz

飯湯（メシノトリユ）
   leau de riz
麦飯（ムギメシ）
   mil bouilli

(《佛語》から採った単語，40語。村上英俊が作成したと思われる単語，29語。よって，百分率で示せば，58％)

「衣服」（単語数，40語）
(12)　Habilement d'Hommes から，29語。
(13)　Habilement de Femmes から，11語。

短掛（ハヲリ）
   manteau（Un manteau）
風領（エリマキ）
   cravate（Une cravate）
頸綱（クビニカケルツナ）
   col（Un col）
長袴（ナガバカマ）
   pantalon（Un pantalon. この単語は，早大本には見当たらない）

───────────

常服（ツ子ノキモノ）
   neglige（Un négligé）
女中單（ヲンナノシタギ）
   corps de robe（Un corps de robe）

（《佛語》から採った単語，40語。よって，100％）

「器用」（単語数，120語）

(12) Habillement d'Hommes から，1 語。

(13) Habillement de Femmes から，4 語。

(15) Parties de la Maison から，2 語。

(16) Des Meubles から，26語。

(17) La Batterie, les Ustensiles de Cuisine から，35語。

(19) De l'Ecole et des Objets から，19語。

(22) Du Jardinage から，9 語。

(25) De l'Ecurie から，8 語。

(26) De la Marine から，1 語。

(30) De la Musique, des Instrumens(ママ) de Musique, de la Danse から，4 語。

〈不詳〉 2 語。

〈英俊〉 9 語。

剃刀（カミソリ）

 rasoir (Un rasoir)

————————————

梳匣（クシバコ）

 etui a peignes (Un etui à peignes)

————————————

棒（ボウ）

 chevron (Un chevron)

————————————

書几（ツクエ）

bureau (Un bureau)

硝子（ビイドロ）
verre (Un verre)

両脚規（リヤウキヤクキ）
compas (Un compas)

薙草鎌（クサカリガマ）
serpe (Une serpe)

軔（クルマノトメキ）
essieu (L'essieu)

綯（ツナ）
corde (Une corde)

箏（コト）
harpe (Une harpe)

〈不詳〉

蠟炬（ラウソク）
flambeau

詞書（ジビキ）
dictionnaire

〈英俊〉

提燈（テウチン）
    lanterne（《佛語》には，Une lanterne sourde とある）

飯桶（メシビツ）
    riz boite

瓷鍋（ドナベ）
    poele de terre

瓷壺（ツチツボ）
    pot de terre

石臼（イシウス）
    mortier a pierre

礪（トイシ）
    pierre a aiguiser

風磨（カザグルマ）
    moulin a vent

歌書（ウタノホン）
    livre de chanson

唐紙（トウシ）
    chine papier

(《佛語》から採った単語，109語。〈不詳〉，2語。〈英俊〉，9語。よって，91%)

「兵語」（単語数，259語）

(26)   De la Marine, 90語。

(27)   De la Guerre et de ce qui y a rapport から，167語。

〈英俊〉　1語。
〈見出しの邦語がないもの〉　1語。

行李舩（ニモツブ子）
　　barque marchande（Une barque marchande）
──────────
平防銃堤（タヒラナタマヨケドテ）
　　plate-forme（Un plate-forme. 早大本では，une Plate Forme となっている）
襲敵門（テキヲヲソウモン）
　　porterne（Une porterne）
兵糧袋（ヒウロウイレ）
　　havre-sac（Une havre-sac. 早大本では，これが un Hauvresac と記されている）
──────────
〈英俊〉
造船術（フ子ツクルシカタ）
　　architecture（《佛語》には，L'architecture navale とある）
──────────
〈見出しなし〉
　　fond de cale（Le fond de cale）

（《佛語》から採った単語，257語。〈英俊〉，1語。〈見出しなし〉，1語。よって，99.2%）

「時令」（単語数，52語）

（2） Du Temps から，39語。
(39) Adverbes から，1語。
〈英俊〉 11語。
〈不詳〉 1語。

第一月（ダイイチノツキ）
　janvier（Janvier）
黎明（シノノメ）
　pointe du jour（La pointe du jour）
老大前日（サキヲトゝイ）
　avanthier^(ママ)（Avant-hier）
────────────

毎日（ヒゴト）
　tous les jours（Tous les jours）
────────────

〈英俊〉
閏（ウルウ）
　bessextile^(ママ)（《佛語》には，L'année bissextile）
去月（アトノツキ）
　passe（《佛語》では，La semaine passée なる語は存在する）
来月（キタルツキ）
　prochaine（《佛語》には，前例と同様，La semaine prochaine なる語はある）
徹夜（ヨモスガラ）
　tous nuit long
終日（ヒメモス）

tous jour long

日暮（アケクレ）
　jour et nuit

元日（グワンジツ）
　jour de 1 jour　(ママ)

生辰（タンジャウビ）
　naissance jour

善日（ヨキヒ）
　jour heureux

悪日（アシキヒ）
　jour malheureux

朔日（ツイタチ）
　premier jour

──────────

〈不詳〉

往時（ムカシ）
　antique

(《佛語》から採った単語，40語。〈英俊〉，11語。〈不詳〉，1語。よって，76.9%)

「神佛」（単語数，89語）
(28)　De Dieu, des Cultes から，39語。
(29)　Les Dieux et les Désses de la Fable から，49語。
〈英俊〉　1語。

佛（ホトケ）

 idole （Un idole）

背法教（オシヘニソムクコト）

 heresie （L'hérésie）

歌神（ウタノカミ）

 apollon （Apollon, dieu de la musique et de la poésie）

酩酊神（ナマヨヒノカミ）

 silene （Silène, dieu des ivrognes）

神母（カミノハハ）

 cybele （Cybèle, mère des dieux）

〈英俊〉

泳神（オヨギノカミ）

 palemon （《佛語》には，Palémon et Glaucus, dieux des nageurs と記されている）

（《佛語》から採った単語，88語。〈英俊〉，1語。よって，98.9％）

「徳不徳」（単語数，107語）

(32)　Vertus, Vices から，107語。

不學（モンモウ）

 aveuglement （L'aveuglement）

発明（ハツメイ）

experience（L'expérience）

野鄙（イヤシキ）
gourmandise（La gourmandise）

秀才（スグレタルリコウ）
sagacite（La sagacité）

節飲食（ノミクイノホドヨサ）
sobriete（La sobriété）

(《佛語》から採った単語，107語。よって，100％)

「禽獸」（単語数，103語）
(18)　Des Mets, Alimens（ママ）から，4語。
(19)　De l'École et des objets から，1語。
(23)　Des Animaux terrestres et aquatiques, des Insectes, des Oiseaux から，88語。
〈英俊〉　10語。

雞冠（トサカ）
crette（La crête）
────────────

羽（ハ子）
plume（Une plume）
────────────

鶺鴒（セキレイ）
hoche-queue（Un hoche-queue。ただし，早大本では，un Hoche queue である）

雀（スズメ）
  passereau（Un moineau, un passereau）
子狩犬（カリイヌノコ）
  petit chien（Un petit chien）

――――――――――――

〈英俊〉
雄鳥（オンドリ）
  oiseau masculin
雌鳥（メンドリ）
  oiseau feminin
白鳥（シロトリ）
  oiseau blanc
水鳥（ミヅトリ）
  oiseau a eau
鳳凰（ホウヲウ）
  orne oiseau
金鶏（キンケイ）
  or faisan
麒麟（キリン）
  orne bete
狻猊（カラシシ）
  chine lion
大犬（ヲヽイヌ）
  chien grand
水獺（カワヲソ）
  loutre a riviere

(《佛語》から採った単語，93語。〈英俊〉，10語。よって，90.3％)

「魚蟲」（単語数，48語）
(18)　Des Mets, Alimens(ママ)から，20語。
(23)　Des Animaux terrestres et aquatiques, des Insectes, des Oiseaux から，21語。
〈英俊〉　6語。
〈不詳〉　1語。

鰮（イワシ）
　melette（Un petit sauret, une melette）
青龍（イセエビ）
　homard（Un homard）

──────────────

守宮（ヤモリ）
　lezard（Un lézard）

──────────────

〈英俊〉
鮮魚（ナマウヲ）
　frais poisson
鹽魚（シヲウヲ）
　poisson de sel
海魚（ウミウオ）
　poisson de mer
金魚（キンギヨ）

poisson de or

黒虵（クロヘビ）

　serpent noirs

蚘蟲（クワイチュウ）

　ver de estomac

―――――――――

〈不詳〉

鯨（クジラ）

　whale〔ママ〕

（《佛語》から採った単語，41語。〈英俊〉，6語。〈不詳〉，1語。よって，85.4%）

「草木」（単語数，72語）

(22)　Du Jardinage から，70語。

〈英俊〉　2語。

臭梧桐樹（シウゴドウノキ）

　lilas (Un lilas)

葉（ハ）

　feuille (Un feuille. 早大本では，une Eeuille と誤記されている)

忍冬（ニンドウ）

　chevre feuille　(Du chèvre-feuille. ただし，早大本では，du Chèvre-feuille とある)

―――――――――

〈英俊〉

緑樹（ミドリノキ）
  arbre de vert
蓮（ハス）
  lis de eau

(《佛語》から採った単語，70語。〈英俊〉，2語。よって，97.2％)

「果實」（単語数，45語）
(18)　Des Mets, Aliments（ママ）から，41語。
〈英俊〉　4語。

覆盆子（フクボンシ）
  framboise（Une framboise）
甜瓜（ウリ）
  melon（Un melon）

───────────────

〈英俊〉
蠶豆（ノラマメ）
  feve large
刀鞘豆（ナタマメ）
  feve epee
裙帶豆（サゝゲ）
  feve long
西瓜（スイクワ）
  melon de eau

(《佛語》から採った単語，41語。〈英俊〉，4語。よって，91.1%)

「金石」（単語数，40語）
(24)　Des Métaux, des Minéraux, 40語。

金剛石（コンゴウセキ）
　　diamant（Un diamant）
銅（アカガ子）
　　cuivre（Du cuivre）

(《佛語》から採った単語，40語。よって，100%)

「醫薬」（単語数，29語）
(18)　Des Mets, Alimens（ママ）から，12語。
〈英俊〉　15語。
〈不詳〉　2語。

肉桂（ニツケイ）
　　cannelle（De la cannelle）

────────────

〈英俊〉
薬箱（クスリバコ）
　　caisse de remede
吐薬（トヤク）
　　remede emetique
下薬（ゲヤク）

remede purgatif
鎮痛薬（チンツウヤク）
　　remede anodin
解熱薬（カイ子ツヤク）
　　remede febrifuge
緩和薬（クワンクワヤク）
　　remede palliatif
強壮薬（キヤウサウヤク）
　　remede confortatif
滋養薬（ジヨウヤク）
　　remede puissant
収歛薬（シウレンヤク）
　　remede astringent
利水薬（リスイヤク）
　　remede hydoragone
稀釋薬（キシヤクヤク）
　　remede atenuant
劇薬（ゲキヤク）
　　violant
緩薬（クワンヤク）
　　doux
久功薬（キウコウヤク）
　　lent
即功薬（ソクコウヤク）
　　promt

〈不詳〉

醫薬（イヤク）
　remede

膏薬（カウヤク）
　onguent

(《佛語》から採った単語，12語。〈英俊〉，15語。〈不詳〉，2語。よって，41.4％)

「采色」（単語数，23語）
（36）　Adjectifs（Des Couleurs）から，21語。
〈英俊〉　2語。

淡緑（ウスミドリ）
　vert clair（Vert clair）

―――――――――――

〈英俊〉

桃色（モモイロ）
　peche couleur

藍（アヒ）
　indico　(ママ)

(《佛語》から採った単語，21語。〈英俊〉，2語。よって，91.3％)

「数量」（単語数，36語）
（3）　Des Nombresから，36語。

十五 (この「部門」には，仮名文字が付されていない)
　quinze (XV. Quinze)
第一
　le premier (Le premier, la première)

(《佛語》から採った単語，36語。よって，100%)

「地名」(単語数，228語)
(34)　Pays, Villes, Rivières, Peuples から，226語。
〈英俊〉　1語。
〈不詳〉　1語。

歐邏巴 (この「部門」でも仮名文字が付されていない)
　europe (L'Europe. 早大本には，この単語は見当たらない)
歐邏巴人
　europeen (Un Européen. ただし，この単語も早大本には存在しない)
亜甄
　aix-la-chapelle (Aix-la-Chapelle. 早大本では Aix la Chapelle，となっている)
捕律設児人
　bruxellois (Un Bruxellois. 早大本ではこの単語はない)
古捕廉都
　coblentz (Coblentz. 早大本では，Coblence と記されている)
弟涅瑪爾加
　danemarck (La Danemarck. 早大本では，le Denemarc と記されている)

鉗篤
　gant（Gant. ただし早大本では，Gand となっている）
東印度
　indes-orientales（Les Indes-Orientales. 早大本では，les Indes Orientales ou les Grandes Indes とある）
瞞智亜
　mantoue（Mantoue. ただし早大本では，Mantone）
蘇亦斎人
　suedois（Un Suédois. この単語は早大本には見当たらない）
杜利爾
　treves（Trèves. この単語は早大本にはない）

――――――――――

〈英俊〉
歌爾矢加人
　un corse

――――――――――

〈不詳〉
新和蘭
　australie

（《佛語》から採った単語，226語。〈英俊〉，1語。〈不詳〉，同じく1語。よって，99.1％）

「陪名詞」（単語数，287語）
　(37)　Propriétés et Qualités から，287語。

稱意（コヽロニカナウ）
　agreable（Agréable）
恰好（カッコウヨキ）
　bienfait（Bienfait）
貴價（子ノタカキ）
　cher（Cher）
可疑（ウタガワシキ）
　incertain（Évident, incertain）
窄長（ホソナガキ）
　grele（Gros, grêle）
淺量（ゲコナル）
　sobre（Sobre）
究理以上（キウリノウエナル）
　surnaturel（Naturel, surnaturel）
堪笑（ワロウベキ）
　risible（Risible）

(《佛語》から採った単語，287語。よって，100％)

「附詞」（単語数，244語）
(39)　Adverbes から，242語。
〈見出しなし〉　2語。

自上至下（ウヘヨリシタマデ）
　de haut en bas（De haut en bas. 早大本では，du Haut en Bas と記されている）

何所（ドコヘ）

    quelle part（Quelque part. 早大本では，Quelque-part）

上（ウヘニ）

    en haut（En haut. 早大本では，En-haut とある）

下（シタニ）

    en bas（En bas. 早大本では，En-bas）

彼所（カシコニ）

    la bas（La bas. 早大本では，Là-bas となっている）

不意（フイニ）

    tout a coup 又 subitement（Tout-à-coup, subitement. ちなみに早大本では，Tout à coup と記されている）

早於（ヨリハヤク）

    plas tot（Plus tôt. この単語は早大本には見当たらない）

令（ヨリセシム）

    plus tard（Plus tard. この単語も早大本には存在しない）

序次（シダイシダイニ）

    tour a tour（Tour à tour. ただし早大本では，Tour-à-tour となっている）

二人宛（フタリツゝ）

    deux a deux（Deux à deux. 早大本では，Deux-à-deux と記されている）

然不速（ソウスミヤニナク）

    pas sitot（Pas sitôt. 早大本では，Pas-si-tôt と記されている）

〈見出しなし〉

    tant（Tant）

    absolument（Absolument）

(《佛語》から採った単語，242語。〈見出しなし〉，2語。よって，99.2%）

「前置詞」（単語数，41語）
(40)　Prépositions から，41語。

過横（ヨコヲトウリ）
　a travers（A travers）
次後（ソノノチ）
　depuis（Depuis）
在前（マヘニアル）
　quant（Quant）〔ママ〕

(《佛語》から採った単語，41語。よって，100%）

「附合詞」（単語数，53語）
(41)　Conjonctions から，53語。

如何則（イカントナレバ）
　car（Car）
離乎（ヨリハナレテ）
　loin de（Loin de）
若非（モシアラズバ）
　a moins que（à Moins que）

(《佛語》から採った単語，53語。よって，その百分率は，同じく100%）

「動語」（単語数，542語）

　村上英俊は単語の配列に際して，《佛語》（古河本）の順序にほぼ従っているが，それでも単語の取捨選択に関しては，彼なりの工夫がみられる。なお，A・B・Cの順に列記されているが，Pの部（Piler）が最終となっている。

(43)　Verbesから採った単語，542語。

包攬（ウケコム）
　accepter（Accepter）
相呂（クチスウ）
　baiser（Baiser）
囀（サヘヅル）
　chanter（Chanter）
着舩（フ子ヲツケル）
　debarquer（Débarquer）
入内（ウチニイル）
　entrer（Entrer）
食（クラウ）
　manger（Manger）
游（ヲヨク）
　nager（Nager）
領命（カシコマル）
　obeir（Obéir）
説話（ハナシスル）
　parler（Parler）
搗（ツク）
　piler（Piler）

《佛語》から採った単語，542語。よって，その百分率は上記の用例と同様，100%）

　上述のように，村上英俊が『三語便覧』を編纂するに際しては，オランダ出版の《佛語入門書》を参照していたことは，間違いないところである。
　しかも，仏語および蘭語の単語を選択するにあたって依拠した資料は，1834年刊行の「増補改訂版」（第16版）であることは，論を俟たない。たとえ，同種本であったとしても，1832年出版の第15版でないことは，今まで挙げた数々の事例によっても，明らかであろう。

（註）
（３）　何ゆえに，《佛語入門書》の中で，この単語が見当たらないのか，不明である。そういう意味で，不詳とさせてもらった（以下，同じ）。

第4節　英語資料との照合

　さて，これから英語の単語を中心として，『三語便覧』（「天文」の部）の具体的な検討に入るわけであるが，英俊が参考にした書名については，すでに述べた（第一章，第3節，依拠した資料‐Bの項，参照）。それゆえ，ここでは英語に関連のある資料を，再度，簡単に記すに留める。

〈A‐1〉
Sewel, W.（《蘭英》，と略称す，以下同じ）

Groot Woordenboek der Nederduytsche en Engelsche Taalen. 1708.

〈A-2〉
Sewel, W.（《英蘭》，と略称す，以下同じ）
A Large Dictionary English and Dutch. 1708.

〈B〉
Medhurst, W. H.（《Med》，と略称す，以下同じ）
An English and Japanese and Japanese and English Vocabulary. 1830.

〈C-1〉
Marin, P.（《Mar》と略称す，以下同じ）
Groot Nederduitsche en Fransch woordenboek. 1728.

〈C-2〉
Agron, P. en Landré（《Agr》，と略称す，以下同じ）
Nieuw hand-woordenboek der Nederduitsche en Fransche talen. 1828.

　なお，記述の都合上，次の要領で進めたことを，付記するものである。
　さらに，後方の二点に関しては，『三語』の内容をより一層認識してもらうために，再度ここに付け加えたものである。

——英語資料との関連を，より鮮明にするために，英単語のみではなく，『三語』の構成をそのままの形（仏・英・蘭の三カ国語）で記した。
——各単語の最後に記した（　）の中は，英語資料に関する調査の結果を示したものである。

――原文（『三語』）にはないものではあるが，ここでは，所収の邦語（各単語）に，通し番号を添えた。
――村上英俊は，見出しの日本語，および，それに対応する三カ国語の単語にも，仮名文字を当てているが，本書では直接関係がないので，省略した。

「天文」

1） 天地既成
（佛蘭西語）　　chaos
（英傑列語）　　chaos
（和蘭語）　　mengelklomp
（《蘭英》p. 269, mengelklomp（M）, a Mixt lump, a chaos.
《英蘭》p. 84, chaos, de Mengelklomp, bayerd)

2） 物
（仏）　　matiere
（英）　　stuff
（蘭）　　stoffe
（《蘭英》p. 468)

3） 自然
（仏）　　nature
（英）　　nature
（蘭）　　natuur
（《蘭英》p. 290. ただし，『三語便覧』の真田宝物館所蔵本では，英語の単語に Surely と記しているものもある)

4） 全世界
（仏）　univers
（英）　universe
（蘭）　heelal
(《蘭英》p. 171)

5） 世界
（仏）　monde
（英）　world
（蘭）　wereld
(《蘭英》p. 631には Wereldt（F）, World : see Werreld)

6） 天
（仏）　ciel
（英）　heaven
（蘭）　hemel
(《蘭英》p. 173)

7） 恒星天
（仏）　ciel etoile
（英）　starheaven
（蘭）　sterrehemel
(《蘭英》p. 465, Ster, Sterre（F）, a Star. 同 p.173, Heaven, the sky. ちなみに《Mar》II-p. 369, de sterren Hemel, le Ciel Etoilé.)

8） 大空
（仏）　　firmament
（英）　　firmament
（蘭）　　uitspansel
(《蘭英》p. 521)

9） 星辰
（仏）　　astres
（英）　　star
（蘭）　　gesternte
(《蘭英》p.142, Gesterente (N), the Starrs.〔ママ〕《英蘭》p. 534, Star, een Sterre, star.)

10） 星
（仏）　　etoile
（英）　　star
（蘭）　　ster
(《蘭英》p. 465)

11） 彗星
（仏）　　comete
（英）　　comet
（蘭）　　staartstar
(《蘭英》p. 460, staertstar, a comet)

12） 極星

（仏）　etoile polaire
（英）　pole star
（蘭）　poolstar

(《蘭英》p. 390, de Pool des Hemels, the Pole of heaven. 同 p. 461, star（F）, a Star. 参考までに,《Mar》II-p. 234には, De Pool-Star. L'Etoile Polaire とある)

13）　明星
（仏）　etoile du soir
（英）　evening star
（蘭）　avondstar

(《蘭英》p. 29)

14）　常宿星
（仏）　etoile fixe
（英）　fast star
（蘭）　vaste star

(《蘭英》p. 530, vast, Firm, fast, sure, 同 p. 461, star（F）, a Star : see also Ster.《Mar》II-p. 440, De vaste Sterren. Les Etoiles fixes.)

15）　惑星
（仏）　planete
（英）　planet
（蘭）　dwaalstar

(《蘭英》p. 104.)

16) 銀河
(仏)　voie lacte
(英)　milky way
(蘭)　melkweg
(《蘭英》p. 268)

17) 蝕
(仏)　eclipse
(英)　eclipse
(蘭)　verduistering
(《蘭英》p. 543, Een verduystering der zonne, an Eclips of sun.《英蘭》p. 163, Eclipse, Verduystering)

18) 太陽
(仏)　soleil
(英)　sun
(蘭)　zon
(《蘭英》p. 658)

19) 日光
(仏)　rayons du soleil　(ママ)
(英)　ream of the sun　(ママ)
(蘭)　zoons stralen
(《蘭英》p. 659, zonnestraal（F）, a Beam (or Ray) of the Sun.《英蘭》p. 38, a Beam of the sun, Een straal der Zonne)

20) 月
(仏)　　lune
(英)　　moon
(蘭)　　maan
(《蘭英》p. 261)

21) 半月
(仏)　　demi lune
(英)　　halve moon
(蘭)　　halve maan
(《蘭英》p. 166)

22) 満月
(仏)　　pleine lune
(英)　　full moon
(蘭)　　volle maan
(《蘭英》p. 594)

23) 虹
(仏)　arc-en-ciel
(英)　rain-baw
(蘭)　regenboog
(《蘭英》p. 406)

24) 晩霞
(仏)　　aurore-boreale

(英)　　north light
(蘭)　　noorderlicht
(《蘭英》p. 297, noord, North, 同, p. 246, licht (helder), Light. 参考までに, 《Agr》p. 505 には, noorder licht, aurore boréale, f. とある)

25)　雲
(仏)　　nuee
(英)　　cloud
(蘭)　　wolk
(《蘭英》p. 639)

26)　風
(仏)　　vent
(英)　　wind
(蘭)　　wind
(《蘭英》p. 635)

27)　和風
(仏)　　petit vent
(英)　　gentle wind
(蘭)　　zacht windje
(《蘭英》p. 635, Een Zachte wind, a Gentle wind)

28)　北風
(仏)　　vent de bise
(英)　　north wind

(蘭)　noord wind

(《蘭英》p. 297, noordewind (M), the North-wind)

29)　寒風

(仏)　vent frais

(英)　stiff gale

(蘭)　styve koelte

(《蘭英》p. 219, Een styve koetle, a Stiff gale)

30)　恵風

(仏)　vent favorable

(英)　favorable wind

(蘭)　gunstige wind

(《蘭英》p. 162, Gunsting, Favorable, propitious. 同 p. 635, wind (M), Wind)

31)　逆風

(仏)　vent contraire

(英)　contrary wind

(蘭)　tegen wind

(《蘭英》p. 482)

32)　雨

(仏)　pluie

(英)　rain

(蘭)　regen

(《蘭英》p. 406)

33) 雪
(仏)　neige
(英)　snow
(蘭)　sneeuw
(《蘭英》p. 449)

34) 米雪
(仏)　grele
(英)　hail
(蘭)　hagel
(《蘭英》p. 164)

35) 氷
(仏)　glace
(英)　ice
(蘭)　ys
(《蘭英》p. 645)

36) 氷柱
(仏)　glacon
(英)　drifts of ice
(蘭)　ysschots
(《蘭英》p. 645, ysschotsen（F）, Yschollen, Drifts of ice)

37) 雪片

(仏)　flacon de neige
(英)　flake of snow
(蘭)　sneeuw vlok
(《蘭英》p. 449, Sneeuwvlok（F）, a Flake of Snow)

38)　霰
(仏)　verglas
(英)　ice-rain
(蘭)　ysregen
(《蘭英》p. 645, ys（N）, Ice. 同 p. 406, regen（M）, Rain)

39)　大寒
(仏)　gelee
(英)　frost
(蘭)　vorst
(《蘭英》p. 605)

40)　霜
(仏)　gelee blanche
(英)　hoar frost
(蘭)　rym
(《蘭英》p. 418, rym（F）（ryp）, a Hoary frost)

41)　雪水
(仏)　degel
(英)　thaw

(蘭)　dooi
(《蘭英》p. 93)

42)　露
　(仏)　rose
　(英)　dew
　(蘭)　dauw
(《蘭英》p. 85)

43)　霧
　(仏)　brouillard
　(英)　mist
　(蘭)　nevel
(《蘭英》p. 294)

44)　蒸気
　(仏)　vapeur
　(英)　vapour
　(蘭)　damp
(《蘭英》p. 85)

45)　濃霧
　(仏)　brume
　(英)　thik mist
　(蘭)　dikkemist
(《蘭英》p. 90, dik, Thick. 同 p. 275, mist (M) (nevel), Mist, fog.)

46) 蒸発気
（仏）　exhalaison
（英）　evaporation
（蘭）　uitwaseming
(《蘭英》p. 524, Uytwaasseming (F), Evaporation, exhalation)

47) 晩大気
（仏）　serein
（英）　evening air
（蘭）　avondlucht
(《蘭英》p. 29)

48) 甘露
（仏）　nielle
（英）　hony dew
（蘭）　honig-dauw
(《蘭英》p. 182, Honing-dauw (M), Hony-dew)

49) 細雨
（仏）　bruine
（英）　mizzle rain
（蘭）　stof regen
(《蘭英》p. 468, stofregen (M), a Drizzling rain, a mizzle-rain.)

50) 光

(仏) lumiere
(英) light
(蘭) licht
(《蘭英》p. 246)

51) 暗
(仏) tenebres
(英) darkness
(蘭) duisteris
(《蘭英》p. 104, Duysternis（F）, Darkness）

52) 蔭
(仏) ombre
(英) schadow
(蘭) schaduw
(《蘭英》p. 421, shaduw（F）, a Shadow, shade）

53) 暑
(仏) chaleur
(英) heat
(蘭) warmte
(《蘭英》p. 620, warmte（F）, Warmth.《英蘭》p. 621, Warmth, Warmte）《Med》p. 2 には，Heat とある。

54) 涼
(仏) fraicheur

（英）　　cool
（蘭）　　koelte
（《蘭英》p. 219）

55）　寒
（仏）　　froid
（英）　　cold
（蘭）　　koude
（《蘭英》p. 225）

56）　元素
（仏）　　elemens
（英）　　element
（蘭）　　hoofdstoffen
（《蘭英》p. 183）

57）　大気
（仏）　　air
（英）　　air
（蘭）　　lucht
（《蘭英》p. 254）

58）　火
（仏）　　feu
（英）　　fire
（蘭）　　vuur

59) 水
(仏)　eau
(英)　water
(蘭)　water
(《蘭英》p. 621)

60) 土
(仏)　terre
(英)　earth
(蘭)　aarde
(《蘭英》p. 12)

61) 雷
(仏)　tonnerre
(英)　thunder
(蘭)　donder
(《蘭英》p. 92)

62) 雷
(仏)　foudre
(英)　lightning
(蘭)　bliksen
(《蘭英》p. 67)

63) 急雨
（仏）　averse
（英）　showerrain
（蘭）　plasregin

《蘭英》p. 386, plasregen（M）, a Hardshower of rain）
《Med》 p. 2, ニワカアメ, Do. shower of. 同 p. 176, A violent shower of rain とある。

　上記の事例からも，村上英俊が『三語便覧』で英単語を配置する場合，松代藩所蔵の洋書を参照していた事実は，間違いないところであろう。そこで，英俊が英単語を採択するに際して，いかなる方法を用いたかを，以下に列記してみると，次の通りである。

――《蘭英》から英語の単語を引き出し，そのまま『三語便覧』の「英傑列語」の項に置いたもの，63語中53語。百分率になおすと，84.13％ということになる。
――《蘭英辞典》があくまでも基本であるが，英単語を取捨選択するにあたって，《英蘭》を参考にしているものが，63語中5語。同じく百分率では，7.94％。ちなみに《蘭英》および《英蘭》を合算すると，92.07％になる。
――上述の二辞典，《蘭英》および《英蘭》を用いて検討しても，適当な英単語を採れない場合，蘭佛辞書―《Mar》および《Agr》を参照していた形跡がある。
　用例，7），12），14），24）がそれであり，全体の6.35％ということになる。
――最後に《Med》を用いたものとしては，用例63）が該当し，同じく1.59％がそのパーセンテージである。

第5節　蘭系資料との照合

すでに述べてきたように（第一章，第3節，依拠した資料‐Ｃの項，参照），この節においては，外国語資料の場合と違って，特定の資料というのは見当たらない。おそらく，英俊があれこれ熟考の末，訳語を決定したもの，と思われる。

それでも，あえて蘭系資料を取り上げるならば，以下の3点ということになろうか。

〈1〉　『蘭語譯撰』（『譯撰』，と略称す，以下同じ）
〈2〉　『改正増補蛮語箋』（『蛮語』，と略称す，以下同じ）
〈3〉　「道布萃爾麻」（「道布」，と略称す，以下同じ）

さて，具体的な調査方法としては，前節（第4節）との連続性を考えて，用例として，同じ部門（「天文」）を選んで検討した。さらに，上記3点の資料でも不足の場合は，その他の資料（『譯鍵』[4]，『雑字類編』[5]）も併せ用いて，検討を重ねた。

なお，記述を進めるに際しては，次の事項に従った。

――英俊はこの時期，最も得手な外国語は，学修歴からいっても，当然，オランダ語であったに違いない。そこで，訳語を検索するためにも，蘭語を中心に進めたもの，と推測される。
――それゆえ，『三語』の中からは，オランダ語のみを摘出して，検討の対象とした。
――蘭語の後に付した（　）は，《佛語入門書》（古河本）の単語（オランダ語）を表わすものである。

──ところで，そのオランダ語についてであるが，英俊の記したオランダ語と，「蘭系資料」の単語が，必ずしも同一でない場合がある。その場合は，（単語の）前後の関係から考えて，「蘭系資料」の訳語をそのままの形で使用したことを，付記するものである。

「天文」

1） 天地既成（テンチノハジメ）
　（和蘭語）mengelklomp（een mengelklomp）
　「道布」 天地ヲ分レヌ前ヲ云

2） 物（モノ）
　（蘭）stoffe（de stoffe）
　「道布」 説ノ本体トスルモノ
　『譯鍵』 造レ物。自成ノ物。

3） 自然（シゼン）
　（蘭）natuur（de natuur）
　「道布」 造物者ニ作ラレタルモノ
　『譯鍵』 自然。性質。形状。造化。好欲。本理。捐枯。

4） 全世界（ゼンセカイ）
　（蘭）heelal（het heelal）
　「道布」 全又イツカノ又至テ
　『譯鍵』 總。皆。甚ダ。強キ。痊。不親。無恩。

5）　世界（セカイ）
　　（蘭）wereld（de wereld）
　　『譯撰』（「地理」の部に）世界（セカイ）
　　『蛮語』（(地理」の部に）世界

6）　天（テン）
　　（蘭）hemel（de hemel）
　　『譯撰』　天（ソラ）
　　『蛮語』　天

7）　恒星（コウセイテン）
　　（蘭）sterrehemel（de sterrenhemel）
　　「道布」　恒星天

8）　大空（ヲヽソラ）
　　（蘭）uitspansel（het uitspansel）
　　『譯撰』　大虚（ヲヽソラ）

9）　星辰（ホシ）
　　（蘭）gesternte（het gesternte）
　　「道布」　星ノ出テ居ル天
　　『譯鍵』　同上ノ多キ（前記に，gesternd. 星出タ）

10）　星（ホシ）
　　（蘭）ster（eene ster）
　　『譯撰』　星（ホシ）

11) 彗星（ホウキボシ）
    （蘭）staartstar（eene staartstar）
    『譯撰』 彗星（ホウキボシ）
    『蛮語』 彗星（ホウキボシ）

12) 極星（キョクセイ）
    （蘭）poolstar（de poolstar）
    『譯鍵』 北方ノ星
    『雑字』 極星（子ノホシ）

13) 明星（ヨヒノメウゼウ）
    （蘭）avondstar（de avondstar）
    『譯撰』 明星（ヨアケノメウゼウ）
    『譯鍵』 長庚星
    「道布」 長庚
    『雑字』 明星（ヨイノメウゼウ）

14) 常宿星（サダマリノホシ）
    （蘭）vaste star（eene vaste star）
    『蛮語』 恒星
    「道布」 恒星

15) 惑星（マヨヒボシ）
    （蘭）dwaalstar（eene dwaalstar）
    『蛮語』 planeet，惑星

「道布」 曜星
『譯鍵』 惑星。星月坧。

16) 銀河（アマノガワ）
   （蘭）melkweg（de melkweg）
   『蛮語』 銀河（アマノガハ）
   『譯撰』 銀河（ギンガ）

17) 蝕（シヨク）
   （蘭）verduistering（eene verduistering）
   「道布」 日蝕

18) 太陽（ヒ）
   （蘭）zon（de zon）
   『譯撰』 日（ヒ）
   『蛮語』 日

19) 日光（ヒノヒカリ）
   （蘭）zonnsstralen（de zonnestralen）
   『蛮語』 日光
   「道布」 日ノ光リ

20) 月（ツキ）
   （蘭）maan（de maan）
   『譯撰』 月（ツキ）
   『蛮語』 月

21)　半月（ハンゲツ）
　　（蘭）halve maan（halve maan）
　　『蛮語』　弦月

22)　満月（マンゲツ）
　　（蘭）volle maan（volle maan）
　　『譯撰』　満月（マンゲツ）
　　『蛮語』　満月

23)　虹（ニジ）
　　（蘭）regenboog（de regenboog）
　　『譯撰』　虹（ニジ）
　　『蛮語』　虹

24)　晩霞（ユウヤケ）
　　（蘭）noorderlicht（het noorderlicht）
　　『雑字』　晩霞（ユウヤケ）

25)　雲（クモ）
　　（蘭）wolk（eene wolk）
　　『譯撰』　雲（クモ）
　　『蛮語』　雲

26)　風（カゼ）
　　（蘭）　wind（de wind）

『譯撰』　風（カゼ）
　　　『蛮語』　風

27)　和風（ヤワラカナカゼ）
　　　(蘭) zacht windje（een zacht windje）
　　　「道布」　和カナル風

28)　北風（キタカゼ）
　　　(蘭) noord wind（een noordewind）
　　　「道布」　noord，北。wind，風。両語を別々に引いて，合わせたもの，
　　　　　　と思われる。
　　　『雑字』　朔風（キタカゼ）

29)　寒風（サムキカゼ）
　　　(蘭)　stijve koelte（eene stijve koelte）
　　　『譯鍵』　涼處。冷風。
　　　『雑字』　冷風（ツメタキカゼ）

30)　恵風（メグミノカゼ）
　　　(蘭) gunstige wind（een gunstige wind）
　　　『譯鍵』，「道布」から，gunst と wind を別々に引いて，合わせて訳語に
　　　したのであろう。

31)　逆風（ムカヒカゼ）
　　　(蘭) tegen wind（een tegenwind）
　　　『譯撰』　逆風（ギャクフウ）

『蛮語』　逆風

32)　雨（アメ）
　　（蘭）regen（de regen）
　　『譯撰』　雨（アメ）
　　『蛮語』　雨

33)　雪（ユキ）
　　（蘭）sneeuw（de sneeuw）
　　『譯撰』　雪（ユキ）
　　『蛮語』　雪

34)　米雪（アラレ）
　　（蘭）hagel（de hagel）
　　『譯撰』　霰珠（アラレ）
　　『蛮語』　雹（ヒヤウ）

35)　氷（コウリ）
　　（蘭）ijs（het ijs）
　　『譯撰』　氷（コホリ）
　　『譯鍵』　氷

36)　氷柱（ツゝラ）^{（ママ）}
　　（蘭）ijsschots（eene ijssechots）
　　『雑字』　氷柱（ツラゝ）

37) 雪片（ムツノハナビラ）
    （蘭）sneeuw vlok（eene sneeuwvlok）
    「道布」 雪ノ花ビラ

38) 霰（ミゾレ）
    （蘭）ijsregen（de ijsregen）
    『雑字』 霰（ミゾレ）。霓雪。霓

39) 大寒（ダイカン）
    （蘭）vorst（de vorst）
    『蛮語』 大寒

40) 霜（シモ）
    （蘭）rijm（de rijm；de rijp）
    『訳撰』 霜（シモ）
    『蛮語』 霜

41) 雪水（ユキゲノミヅ）
    （蘭）dooi（de dooi）
    『雑字』（「地理」の部に）雪水（ユキゲノミヅ，ユキドケミヅ）。春滂

42) 露（ツユ）
    （蘭）dauw（de dauw）
    『訳撰』 露（ツユ）
    『蛮語』 露

43）　霧（キリ）

　　（蘭）nevel（de nevel）

　　『譯撰』　Damp，霧（キリ）

　　「道布」　霧

44）　蒸気（ジャウキ）

　　（蘭）damp（een damp）

　　『譯鍵』　霧。（後の語は字が不鮮明）

　　「道布」　蒸気

45）　濃霧（コキキリ）

　　（蘭）dikkemist（de dikke mist）

　　『蛮語』　mist，煙霧

　　「道布」　dikke, mist を別々に訳し，それを合わせて訳語にした，と思われる。

46）　蒸発気（ジャウキ）

　　（蘭）uitwaseming（eene uitwaseming）

　　「道布」　蒸気ノタツ又蒸発サスル

47）　晩大気（ユウガタノキ）

　　（蘭）avondlucht（de avondlucht）

　　「道布」　夕方ノ気

48）　甘露（カンロ）

　　（蘭）honigdauw（de honigdauw）

『譯撰』　甘露（カンロ）
『蛮語』　甘露

49)　細雪（コマカナアメ）
　　（蘭）stof regen（de stofregen）
　　『譯撰』　細雪（コサメ）
　　『譯鍵』　細雪

50)　光（ヒカリ）
　　（蘭）licht（het licht）
　　『譯鍵』　ligt，鮮明。光暉。輕浮。容易。賤弱。淫行。
　　「道布」　ligt，光り
　　　　　　　glans，ヒカリヌツヤ

51)　暗（クラサ）
　　（蘭）duisteris（de duisternis）
　　『蛮語』　donker，暗
　　『譯鍵』　暗
　　「道布」　暗キ

52)　蔭（ヒカゲ）
　　（蘭）schaduw（de shaduw）
　　『譯撰』　蔭（ヒカゲ）
　　『蛮語』　日陰

53)　暑（アツサ）

（蘭）warmte（de warmte）
　『譯撰』　Heet，暑（ショ）
　『蛮語』　heet，暑
　『譯鍵』　温
　「道布」　温サ又温ナル天気

54)　涼（スゞシサ）
　　（蘭）koelte（de koelte）
　『譯撰』　Koel，涼（スゞシ）
　『譯鍵』　涼處。冷風
　『蛮語』　koel，涼
　「道布」　涼キ

55)　寒（サムサ）
　　（蘭）koude（de koude）
　『譯撰』　寒（サムイ）
　『蛮語』　寒
　『譯鍵』　寒冷。涼気。皹裂。無益

56)　元素（グワンソ）
　　（蘭）hoofdstoffen（de hoodstoffen）
　『譯鍵』　四元行
　「道布」　四元行トハ地水火気

57)　大気（タイキ）
　　（蘭）lucht（de lucht）

『譯撰』　気（キ）
　　『蛮語』　気

58)　火（ヒ）
　　（蘭）vuur（het vuur）
　　『譯撰』　火（ヒ）
　　『蛮語』　火

59)　水（ミヅ）
　　（蘭）water（het water）
　　『譯撰』（「地理」の部に）水（ミヅ）
　　『蛮語』（「地理」の部に）水

60)　土（ツチ）
　　（蘭）aarde（de aarde）
　　『蛮語』（「地理」の部に）地又土
　　『譯鍵』　性質。土地。世界。種類。陸地土。

61)　雷（カミナリ）
　　（蘭）donder（de donder）
　　『譯撰』　雷（カミナリ）
　　『蛮語』　雷

62)　電（イナビカリ）
　　（蘭）bliksem（de bliksem）
　　『譯撰』　電（イナビカリ）

『蛮語』　電

63)　　急雨（ニワカアメ）

　　（蘭）plasregen（een plasregen）

　　『譯撰』　Buy，驟雨（ニワカアメ）

　　『蛮語』　buy，驟雨（ユウダチ）

　　『譯鍵』　大粒ノ雨

（註）

（4）　この辞書については，松代藩関係の書類に記載はない。しかしながら，村上英俊が江戸表において，他藩あるいは知合いの蘭学者から，借覧した可能性も否定はできない。そこで，参考のために，ここに『譯鍵』の名も加えたところである。

　　筆者が参照したこの「蘭和辞書」は，復刻版のそれであるが，書名は『譯鍵・附蘭学逕』（蘭学資料叢書5），藤林普山編，青史社発行，1981年刊，というものである。

　　この書籍を簡単に紹介しておくと，西洋式のABC順の構成であり，「乾」（A.-NOP.）は，墨付丁数156丁。「坤」（NORs. -ZY.），同じく137丁（ただし，脱落していた1丁〔表・裏〕を加えたもの）である。

　　次に，「大西葯名」（ここでは，おもに医薬，草木，果實，金石，その他の単語を集めている）として，33丁。なお，同書（復刻版）の「書誌解題」によれば，寸法は，縦25.9 cm×横19.8 cm。さらに，「凡例附録」を記してみると，全体で25丁の紙数であるが，最終頁の25丁の裏には，「文化七庚午年二月　藤林淳道誌印」とある。

（5）　筆者は，『雑字類編』を参照するに際し，京都大学所蔵本を使用させて戴いたが，詳しくは次章（第三章『五方通語』の解題）にて，後述。

第6節　仮名文字発音の実際

　すでに述べたように（第一章，第3節，依拠した資料‐Dの項，参照），村上英俊の手近にあって，発音法（オランダ語）に関する資料といえば，『西音発徴』のそれが筆頭であろう。

　それゆえ，フランス語，英語についても，同じ西洋語という見地から，この書も参考にしたもの，と推定される。しかも，同書に忠実に従うわけではなく，かなり英俊の独自性が目立つ。その点は，以下の実例を見れば，一目瞭然であろう。その上，オランダ語の実例（仮名表記）に限ってみれば，『改正増補蛮語箋』も，参考の対象であったろう，と思われる。

　なお，ここで『西音発徴』に触れる前に，順序として『三語便覧』の実例から紹介してみたい。

――まず最初は，フランス語ばかりではなく，他の言語も同時に記し，英俊の発音力なるものの，実際のところを示した。

――なお，オランダ語の後に付した（　）は，『改正増補蛮語箋』で用いられた，単語及び発音（仮名表記）を表わすものである。

――次の事例として，フランス語のみを取り上げたが，これは，英俊の仏語力（発音に関する知識）がどの程度のものかを，判断するためである。（　）の中は，筆者が使用した『仏和辞典』[(6)]の内容を，記載したものである。

「地理」

地球

（佛蘭西語）　　terre（テルレ）

（英傑列語）　earth ^(エールテ)
（和蘭語）　aarde（aard, アールデ）

石
（佛）　pierre ^(ピールレ)
（英）　stone ^(スト子)
（蘭）　steen（steen, ステーン）

岩
（佛）　rocher ^(ロセル)
（英）　grotto ^(グロット)
（蘭）　rots（rots, ロッツ）

海
（佛）　mer ^(メル)
（英）　sea ^(セー)
（蘭）　zee（zee, ゼー）

湖
（佛）　lac ^(ラック)
（英）　lake ^(ラケ)
（蘭）　meer（meer, メール）

「身體」

（佛蘭西語）

身體　corps（corps, コる） ^(コルプス)

頭　tete（tête, テト）
毛髪　cheveux（cheveu, シュヴ）
面　visage（visage, ヴィザジュ）
眼　oeil（œil, ウュ）
耳　oreille（oreille, オれュ）
鼻　nez（nez, ネ）
唇　levre（levre, レヴる）
口　bouche（bouche, ブウシュ）
歯　dent（dent, ダン）
舌　langue（langue, ラング）
咽　gorge（gorge, ゴるジュ）
肩　epaule（épaule, エポル）
背　dos（dos, ド）
腹　ventre（ventre, ヴァントる）
膝　genou（genou, ジュヌウ）
足　pied（pied, ピエ）
胃　estomac（estomac, エストマ）
心　coeur（cœur, クる）

　さて，これ以降，『西音発徴』の発音に関する主要部分を記してみると，次の通りである。

（廿六頭字音註）

A（ア） B（ベ） C（セ） D（デ） E（エ） F（エッフ） G（ゲ）（ge） H（ハイ） I（イ） J（イエ） K（カ） L（エル） M（エム） N（ン） O（オ） P（ペ） Q（キウエ） R（エルル）
S（エス） T（テ） U（ウ） V（フーヘ） W（エ） X（エクス） Y（エイ） Z（ゼ）

（第一頭字）

ア	エ	イ	オ	ウ
A	E	I	O	U

パ	ペ	ピ	ポ	ブ
Ba	be	bi	bo	bu

カ	セ	シ	コ	ク
Ca	ce	ci	co	cu

ダ	デ	ヂ	ド	ヅ
Da	de	di	do	du

ハ	ヘ	ヒ	ホ	フ
Fa	fe	fi	fo	fu

ガ	ゲ	ギ	ゴ	グ
Ga	ge	gi	go	gu

ハ゜	ヘ゜	ヒ゜	ホ゜	フ゜
Ha	he	hi	ho	hu

ヤ	イエ	イ	ヨ	ユ
ia	ie	ii	io	iu

カ	ケ	キ	コ	ク
Ka	ke	ki	ko	ku

ラ	レ	リ	ロ	ル
La	le	li	lo	lu

マ	メ	ミ	モ	ム
Ma	me	mi	mo	mu

ナ	子	ニ	ノ	ヌ
Na	ne	ni	no	nu

パ	ペ	ピ	ポ	フ゜
Pa	pe	pi	po	pu

キウア	キウエ	キウイ	キウオ	キウゝ
Qa	qe	qi	qo	qu

ラ゚	レ゚	リ゚	ロ゚	ル゚
Ra	re	ri	ro	ru

サ	セ	シ	ソ	ス
Sa	se	si	so	su

タ	テ	チ	ト	ツ
Ta	te	ti	to	tu

ハ	ヘ	ヒ	ホ	フ
Va	Ve	vi	vo	vu

ワ	エ	井	ヲ	ウ
Wa	we	wi	wo	wu

クスア	クスエ	クスイ	クスオ	クスウ
Xa	Xe	Xi	Xo	Xu

ザザ	ゼゼ	ジジ	ゾゾ	ズズ
Za	ze	zi	zo	zu

(第二頭字)

アム	エム	イム	オム	ウム
am	em	im	om	um

バム	ベム	ビム	ボム	ブム
bam	bem	bim	bom	bum

ダム	デム	ヂム	ドム	ヅム
dam	dem	dim	dom	dum

ガム	ゲム	ギム	ゴム	グム
gam	gem	gim	gom	gum

カム kam	ケム kem	キム kim	コム kom	クム kum
ラム lam	レム lem	リム lim	ロム lom	ルム lum
マム mam	メム mem	ミム mim	モム mom	ムム mum
ナム nam	子ム nem	ニム nim	ノム nom	ヌム num
パム pam	ペム pem	ピム pim	ポム pom	プム pum
サム sam	セム sem	シム sim	ソム som	スム sum
タム tam	テム tem	チム tim	トム tom	ツム tum

(第三頭字)

アン an	エン en	イン in	オン on	ウン un
バン ban	ベン ben	ビン bin	ボン bon	ブン bun
ダン dan	デン den	ヂン din	ドン don	ヅン dun
ガン gan	ゲン gen	ギン gin	ゴン gon	グン gun
ハン han	ヘン hen	ヒン hin	ホン hon	フン hun

カン kan	ケン ken	キン kin	コン kon	クン kun
ラン lan	レン len	リン lin	ロン lon	ルン lun
マン man	メン men	ミン min	モン mon	ムン mun
ナン nan	ネン nen	ニン nin	ノン non	ヌン nun
パン pan	ペン pen	ピン pin	ポン pon	プン pun
サン san	セン sen	シン sin	ソン son	スン sun
タン tan	テン ten	チン tin	トン ton	ツン tun
ワン wan	エン wen	ヰン win	ヲン won	ウン wun

(第四頭字)

アウ au	エウ eu	イウ iu	オウ ou	ウウ uu
バ゜ウ bau	ベ゜ウ beu	ビ゜ウ biu	ボ゜ウ bou	ブ゜ウ buu
ダ゜ウ dau	デ゜ウ deu	ヂ゜ウ diu	ド゜ウ dou	ヅ゜ウ duu
ガ゜ウ gau	ゲ゜ウ geu	ギ゜ウ giu	ゴ゜ウ gou	グ゜ウ guu
ハ゜ウ hau	ヘ゜ウ heu	ヒ゜ウ hiu	ホ゜ウ hou	フ゜ウ huu

カ。ウ	ケ。ウ	キ。ウ	コ。ウ	ク。ウ
kau	keu	kiu	kou	kuu

ラ。ウ	レ。ウ	リ。ウ	ロ。ウ	ル。ウ
lau	leu	liu	lou	luu

マ。ウ	メ。ウ	ミ。ウ	モ。ウ	ム。ウ
mau	meu	miu	mou	muu

ナ。ウ	子。ウ	ニ。ウ	ノ。ウ	ヌ。ウ
nau	neu	niu	nou	nuu

パ。ウ	ペ。ウ	ピ。ウ	ポ。ウ	プ。ウ
pau	peu	piu	pou	puu

サ。ウ	セ。ウ	シ。ウ	ソ。ウ	ス。ウ
sau	seu	siu	sou	suu

タ。ウ	テ。ウ	チ。ウ	ト。ウ	ツ。ウ
tau	teu	tiu	tou	tuu

(第五頭字)

アイ	エイ	イ・イ	オイ	ウイ
ay	ey	iy	oy	uy

バイ	ベイ	ビイ	ボイ	ブイ
bay	bey	by	boy	buy

ダイ	デイ	ヂイ	ドイ	ヅイ
day	dey	dy	doy	duy

ハイ	ヘイ	ヒイ	ホイ	フイ
fay	fey	fy	foy	fuy

ガイ	ゲイ	ギイ	ゴイ	グイ
gay	gey	gy	goy	guy

| カイ | ケイ | キイ | コイ | クイ |
| kay | koy | ky | koy | kuy |

| ライ | レイ | リイ | ロイ | ルイ |
| lay | ley | ly | loy | luy |

| マイ | メイ | ミイ | モイ | ムイ |
| may | mey | my | moy | muy |

| ナイ | 子イ | ニイ | ノイ | ヌイ |
| nay | ney | ny | noy | nuy |

| パイ | ペイ | ピイ | ポイ | プイ |
| pay | pey | piy | poy | puy |

| サイ | セイ | スイ | ソイ | スイ |
| say | sey | sy | soy | suy |

（註）

（6）『現代フランス語辞典』（第2版），山田　爵・宮原　信，監修，白水社，1998年発行。

第7節 『三語便覧』（改訂版）の検証

　ここで，簡単に「改訂版」の概略を紹介しておくと，次の通りである。
　構成内容については，従来の『三語便覧』に比べて，特に変更した個所は見当たらない。一言でいえば，『三語便覧』の改訂版（佛語，英語，独語）は，従来の『三語便覧』（佛語，英語，蘭語）の単語の配置を，オランダ語からドイツ語に替えたものである。
　なお，外国語（三カ国語）に付されていた仮名文字の発音は，「改訂版」

からは消却されている点も，変更部分といえよう。

次に「見返し」には，「村上松翁撰，村上義徳校[7]，三語便覧，再刻」とあるのが目につく。それに，旧版に記されていた「凡例」二丁が，姿を消している。さらに，『三語便覧』の「中巻」及び「終巻」の最初に記載されていた，「松代茂亭村上義茂著」の文字が，「改訂版」では「日本　村上松翁撰，村上義徳校」となっている点も，付記しておくことにする。

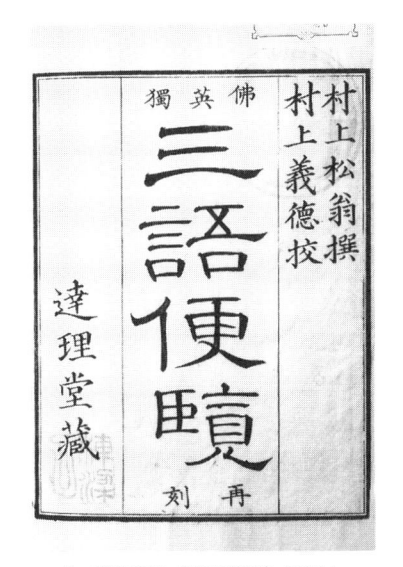

『三語便覧』（佛英独版）見返し
（真田宝物館蔵）

それでは何ゆえに，オランダ語をドイツ語に替えたのであろうか。これは，英俊が時勢を敏感にとらえて，当世風のドイツ語に置きかえたもの，と考えるのが妥当であろう。

最後に残る問題点といえば，以下の二点に絞られる。
〈1〉　「改訂版」の出版された年は，いつのことか。
〈2〉　英俊が参照したと思われる，参考資料の名称は。

まず問題の〈1〉に関してであるが，すでに筆者の見解は報告してある。すなわち，「『三語便覧』の改訂版（佛・英・独）の刊行年を明治五年（1872年）の下期か，明治六年（1873年）の交と推定したい。なぜなら，明治五年の壬申戸籍（一月に戸籍簿作成と思われる）では村上英俊と記されていたものが，同年稟准の『三國會話』には村上松翁撰と墨書されている。さらに翌六年の『家塾開業願』（九月作成）でも松翁と明記されているからである」（『幕末明治初期フランス学の研究』）[8]。

なお，問題〈2〉の件であるが，「改訂版」では蘭語を独語に替えただけなのであるから，当然のことに，必要となるのは〈蘭独辞書〉のそれであろう。そこで，この基本を踏まえて，調査を始めた。

　まず最初は，松代藩関連の資料から検討に入った。「蕃書記年取調帳」には，「一，ドイツ詞書　貳本　ドイツ語ヲオランダ語ニテ注シオランダ語ヲドイツ語ニテ注シタル書」とある。この辞書は，山崎　元氏所蔵の史料によれば，「ハンドウォールデンブック。テル。ホークドイツセ。エンネールドイツセ。ターレン，弐本。袖珎独乙荷蘭二國詞書。イ，フ，フレイシカウエルニウ，イ，オリフィール撰，千八百三十四年出版」と記されているものである。残念ながらこの書は，真田宝物館には現在，見在しないので，調査には静岡県立中央図書館葵文庫所蔵本を使用させて戴いた。ただし，同書は，同じく〈独蘭・蘭独辞書〉であるが，松代藩旧蔵書のものとは，同種のものではない。

　しかしながら，「改訂版」が刊行された，明治初期という時代を考えるならば，松代藩の旧蔵書に固執する必要はあるまい，と思われる。それに，「改訂版」といえども，従来の『三語便覧』との主要な違いは，単語の入れ替えだけなので，同じ〈独蘭・蘭独辞書〉という意味合いから，下記の書籍を利用した次第である。それと同時に，その他，《蘭佛独英辞典》（真田宝物館所蔵本）も合わせて参照させて戴いたことを，付記する。

　以下に記したのが，その二冊の名称である。

〈A〉　Calisch, I. M.

Nieuw volledig nederduitsch-hoogduitsch Woordenboek. Tweede deel. Amsterdam, 1851. (22.5 cm×14cm。本文，pp. 1-1084。附録，pp. 1085-1096。《蘭独》と略称す，以下同じ)。《独蘭・蘭独辞典》のうち，第二巻の《蘭独辞典》を使用した。

第二章 『三語便覧』(其の二)　119

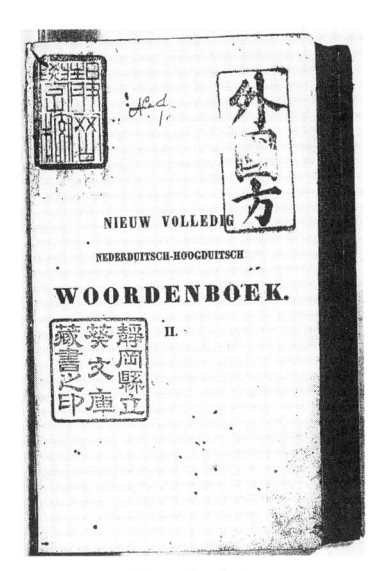

《蘭独辞典》扉
(静岡県立中央図書館葵文庫蔵)

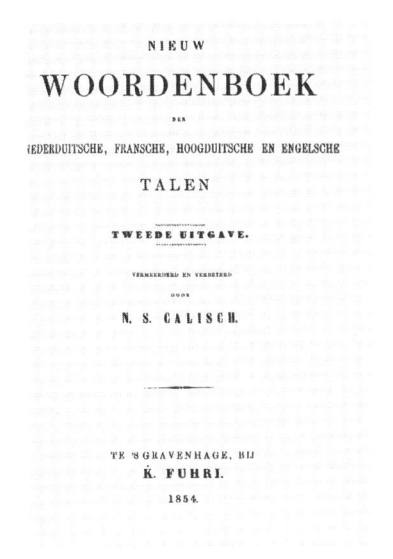

Calisch《蘭佛独英辞典》扉
(真田宝物館蔵)

〈B〉　Calisch, N. S.
Nieuw-woordenboek der Nederduitsche, Fransche, Hoogduitsche en Engelsche talen, 1854. (18.6 cm×14.3 cm。本文, 922頁, その他, 28頁。《Cal》と略称す, 以下同じ)。

　さて, 『三語』の改訂版(佛・英・独)の実際のところを示すことになるが, 記述を進めるにあたっては, 次の要領に従った。

——( )の中は, 旧版におけるオランダ語を表わすものである。
——〔 〕は, ドイツ語の資料に関する(特に《蘭独》を示す)調査の結果を記したものである。

実例の検討の数は少数であったが，これによっても，英俊が「改訂版」の編集に際して，旧版と同様，単語（ドイツ語）の選択には，ずいぶん苦労している様子が，随所に見られる。

「天文」
天地既成（テンチノハジメ）
（獨逸語）　chaos（mengelklomp）
〔《蘭独》p. 439。Mengel, —— klomp, m. der Mengelhaufen, das Chaos.〕

物（モノ）
（獨）　stoff（stoffe）
〔《蘭独》p. 822。Stof, o. der Staub ; der Stoff, —— fe, zie Stof in der 2. Bedeutung.〕

自然（シゼン）
（獨）　natur（natuur）
〔《蘭独》p. 492。Natuur, v. die Natur ;〕

全世界（ゼンセカイ）
（獨）　welt（heelal）
〔《蘭独》p. 244。Heel, —— al, o. Weltall, Universum, o.〕

世界（セカイ）
（獨）　welt（wereld）
〔《蘭独》p. 1041。 Wereld, v. die Welt（das Weltall, …）〕

天(テン)

(獨)　hemel (himmel)

〔《蘭独》p. 249。Hemel, m. Himmel, m. Luft,〕

恒星天(コウセイテン)

(獨)　sternnhimerel (sterrehemel)

〔《蘭独》p. 819。Sterrenbeeld, … hemel, m. der Sternenhimmel, das Firmament.〕

大空(ヲゝソラ)

(獨)　firmamet (uitspansel)

〔《蘭独》p. 897。Uitspannen…, … sel, o. das Firmament, der Himmel.〕

星辰(ホシ)

(獨)　gestirn (gesternte)

〔《蘭独》p. 209。Gesternd, b. n. zie Gestarnd.* … sternte, o. Sternen, v. mv. Gestirn, o.;〕

星(ホシ)

(獨)　stern (stern)

〔《蘭独》p. 818。Ster, v. der Stern in den verschiedenen Bedeutungen :〕

(註)

(7)　村上英俊の子であり，栄太郎ともいう。彼の将来を考えた英俊は，この本のように，自分の名と並べて，義徳の名も載せたほどであった。しかし，明治14年(1881)頃，

ある女性と出奔して，父親の期待に背き，その後，姿を現わすことはなかった。
（8）　pp. 126-127。

第8節　『三語便覧』の初版本

　さて，これまで『三語』の内容に関して，様々な角度から検討を進めてきた。最終を迎えるにあたって，この辞書の初版本とは，どういう特徴を有しているのか。また，この書物は現在，どこに所蔵されているのかを，述べておきたい。

　この問題については，すでに結論を出して，報告してある(9)。しかしながら，重要な問題なので，ここで再び触れるが，「屋上屋を架す」ことを避けて，ただ要点のみを記してみたい。

──ところで，この問題を解く鍵は二方法あり，その一つは，「凡例」からの解明である。『三語』の「凡例」には，「長文」（紙数が2丁）のものと「短文」（同じく，1丁）の二種類があることを，まず最初に紹介しておきたい。それを以下に示すと，次のようなものである（長文，短文の順序で記した）。

一　近代西學大開。諸家譯書爲初學楷梯者頗多。然爲原書楷梯者尚稀。余因述此書以便讀原書者。初學因此書。闇記 佛 語則 佛 籍可得而讀。闇記 英 語則 英 籍可得而讀。闇記 蘭 語則 蘭 籍可得而讀。進而兼二邦兼三邦。唯在學者精力如何耳。
　　　　　　　（フランスコトバ）　　（フランスホン）
　　　　　　　（エゲレスコトバ）　（エゲレスホン）
　　　　　　　（ヲランダコトバ）　（ヲランダホン）

一　三邦語以彼國字記之。且以我邦字記其字音。固不能得其穩當亦示大畧而己。強欲其字音至精而用字細密則猶媿女傚西施不得其美祇足益其媿耳。

何益之有。故余於此書。非不要其字音至精也。惟不要用字細密而已。
一　佛英二國之字音。少異于喝蘭之字音。故因于佛英之音法。而記其字音。學者莫惟其文字同而其字音異。若欲知其詳。則讀二國之文典。斯了然。
一　學者闇記英語。則讀米(アメリカホン)籍亦不甚難。是無他。米(アメリカ)固學英語故也。余嘗閱米籍。皆以英語記之。學者欲讀米籍。則諳記于英語。斯為捷径。
一　編輯此書。雖知佛英二語。不知蘭語。則不得載錄。雖知佛蘭二語。不知英語。則不得載錄。雖知英蘭二語。不知佛語。則不得載錄也。故各門少可有不備。君子察焉。
一　余著此書也。欲使後進博學洋書也。學者勉強而通達于諸洋學。然後應大益于天下。是余自隗始之意也。

一　近代西學大開。諸家譯書。為初學楷梯者。頗多。然為原書楷梯者。尚稀。余因述此書。以便讀原書者。初學因此書。闇記佛語。則佛籍可得而讀。闇記英語。則英籍可得而讀。闇記蘭語。則蘭籍可得而讀。進而兼二邦。兼三邦。唯在學者精力如何耳。
一　三邦語。以彼國字。記之。且以我片仮名字。記其字音。雖然佛英之字音。余未得其詳。故仮添于和蘭之音。而以為目不知洋字者也。
一　學者闇記英語。則読米籍亦不甚難。是無也。米固學英語故也。學者欲読米籍。則諳記于英語。斯為捷径。
一　余著此書也。欲使後進博學洋書也。學者勉強而通達于諸洋學。然後。応有大益于天下。是余自隗始之意也。

――第二の方法は，「奥付」に焦点を当てることである。この「奥付」にも，筆者が認識しているものだけで，5種類が見在する。その実例を以下に記しておくと，次の通りである。

『三語便覧』（安政三年版）奥付　　　　　　　　『三語便覧』（安政四年版）奥付
（作新館大関文庫蔵）　　　　　　　　　　　　　（早稲田大学図書館蔵）

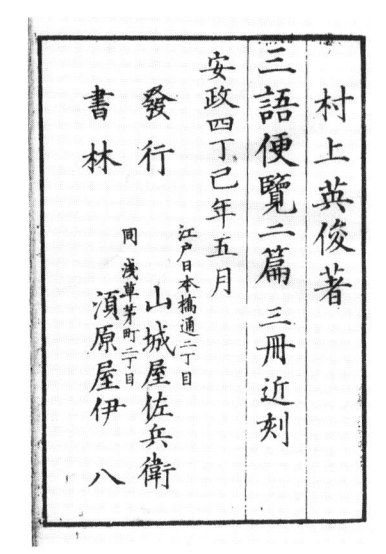

〈1〉　真田宝物館所蔵本（「洋書目録」、五十一ノい）。「凡例」は長文、「奥付」はなし。

〈2〉　作新館大関文庫所蔵本（「旧蔵図書仮目録」、洋書 C-58，整理番号-950）。「凡例」は長文。「奥付」には，安政三丙辰年正月刊行。発行書林は二店（山城屋佐兵衛，須原屋伊八），と記載。

〈3〉　早稲田大学図書館所蔵本（「洋学文庫目録」、文庫 8-E88）。「凡例」は長文。一般に「奥付」は終巻にあるのが通常であるが，同書はかなり特殊である。初巻には発行書林の四店（山城屋佐兵衛，須原屋伊八，和泉屋吉兵衛，岡田屋嘉七）が記されているのみで，出版年の記載はない。中巻では発行書林は二店（山城屋佐兵衛，須原屋伊八）であるが，刊行年は安政四丁巳年五月と明記されている。終巻の「奥付」は，初巻と同

〈4〉 個人蔵（吉田英夫氏所蔵本）。「凡例」は長文。「奥付」は, 安政四丁巳年五月刊行。発行書林は二店（山城屋, 須原屋），と記載。

〈5〉 真田宝物館所蔵本（「洋書目録」, 五十一ノロ）。及び, 早稲田大学図書館所蔵本（「洋学文庫目録」, 文庫 8 -C843）。「凡例」は短文。「奥付」は, 発行書林四店（山城屋, 須原屋, 和泉屋, 岡田屋）, とある。その他, 広告文（（茂亭村上先生著述とあって），「三語便覧前篇三冊, 三語便覧後篇三冊近刻, 五方通語初篇三冊, 五方通語二篇三冊近刻, 英語箋前篇三冊, 英語箋後篇四冊, 佛語明要八冊, 佛蘭西字典十六冊寫本」を載せているが, 出版年月の記載はない。

　そして, 解明の論点となったのは, 上記の「凡例」と「奥付」とのある種の組合わせが, 『三語』の初版本を導く結果となったのである。すなわち, 「凡例」が「長文」のものであり, その上, 「奥付」が白紙（当然のことに, 刊行年を版元も記載されていない）ものが, この辞書の初版本ということである。

　上述の条件に合致した『三語』は, 現在, 真田宝物館（「洋書目録」, 五十一ノい）に所蔵されており, 村上英俊が藩主・真田侯に献上したものである。それゆえ, 真田幸治氏（12代真田家当主）旧蔵の書籍であったが, 戦後, 長野市に寄贈され, 今日に至ったものである。

（註）

（9）『幕末明治初期フランス学の研究』, pp. 121-125。

第三章 『五方通語』の解題

第1節　辞書の構成

　著者は同じ村上英俊であり（第一章，第2節，参照），安政3年（1856）の禀准である。
　この「見出し」の邦語に対照させて，各々の外国語を当てるという方法（五カ国対照辞典）は，前著の『三語便覧』の延長ともいうべき性質のものである。
「一　佛蘭西語。英傑列斯語。和蘭語。羅甸語。ヲ集メ記シ。且漢説アル者ハ。引擧シテ。語後ニ之ヲ附録ス。故ニ覽者。其檢セント欲スル所ノ語ヲ。國語ニ依テ。檢査スルキハ。西洋ノ四邦語ヲ知ル而已ナラズ。傍ラ漢ノ故事物原ヲ。粲然トメ。明ニ知ルベシ」（凡例1丁裏―2丁表），と同書に記されていることからも，明らかである。
　さらに，上梓の目的として，「一　近頃洋學。日月ニ盛ニシテ專ラ世ニ行ル。顧ニ後進ノ者。必ス洋文ヲ作ルニ至ランカ。然シテ學者。其洋文ヲ作ルニ臨テ。一二語ヲ遺忘スルキハ。必ス其洋文ヲ作リ得ル丁能ハザル可シ。誠ニ遺憾ニ非スヤ。其時ニ當テ。此書坐右ニ在ルキハ。國語ニ因テ。其語ヲ探リ得ル丁。最モ易シ。故ニ其文作リ得ベシ。若シ彼字書ニ因テ。求ルキハ。其語ヲ探リ得ル丁。容易カラズ。徒ニ時日ヲ費ンカ。是ニ由テ。此書ヲ作リテ以テ。洋學者作文ノ一助ト爲ス。余ガ著述ノ意ハ。全ク此ニ存スト云爾」（凡例2丁表―2丁裏）。

第三章 『五方通語』の解題　127

『五方通語』見返し
（真田宝物館蔵）

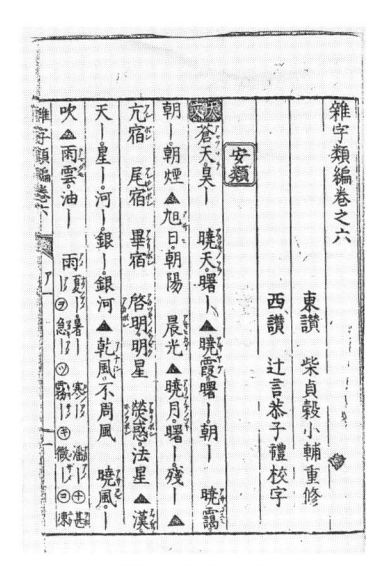

『雑字類編』本文
（京都大学図書館蔵）

　『五方通語』は真田宝物館所蔵本によれば，紺表紙，和綴の3冊本である。縦26.3cm，横18.3cmがその寸法で，紙数は巻之一が序（井上源時朝撰）2丁，題辞（宕陰塩谷世弘撰）2丁，凡例2丁，本文は「巻之一」が38丁，「巻之二」が36丁，「巻之三」が40丁からなっている。奥付には，「村上英俊著　三語便覧二篇　三冊近刻　安政四丁（ママ）己年五月　発行書林　江戸日本橋通二丁目　山城屋佐兵衛　同浅草茅町二丁目　須原屋伊八」という文字が見られる。

　各巻の題簽には，「五方通語一（二・三）」と記されており，見返しは「巻之一」のみ，「安政三年禀准　茂亭村上義茂著　五方通語　達理堂藏」と墨書されている。

　さらに，この本の構成を簡単に述べておくと，次の通りである。「…伊呂波四十八字ノ順次ニ倣テ。序次ヲ為ス。因テ毎字ニ。門ヲ別ツ丁…」（凡例1丁表），と説明がなされ，天文，地理，時令，宮室，人品，家倫，宮職，

身體，神佛，器用，衣服，飲食，文書，錢穀，采色，人事，動物，植物，言語の19部門に分類されている。

　なお，『五方通語』における門立ての名称と邦語の順序については，英俊自身が述べているように，柴野栗山[(1)]の『雑字類編』[(2)]を参考にしたものである。

『雑字類編』の門立ては18部門に分けてあり，次のような門立てである。天門（本文では「天文」），地理，時令（本文では「時運」とも記されている），宮室，人品，家倫，宮職，身體，神佛，器用，衣服，飲食，文書，錢穀，采色，人事，動物，植物。

（註）

（1）　栗山について要約すると，「江戸時代後期の儒学者。諱は邦彦，彦輔と称し，栗山・古愚軒と号す。元文元年（1736），讃岐国三木郡牟礼村に生まれる…はじめ高松の後藤芝山に学び，十八歳より江戸に出て林家に従学した。三十歳の時京都に移り高橋宗直（図南）に国学を学び，三十二歳で徳島蜂須賀藩に儒臣として出仕した。天明八年（1788）五十三歳の時，幕府に招かれて江戸に赴き，寄合儒者となる。寛政二年（1790）からは聖堂制度の改革にあたり，…林述斎を輔けて尾藤二洲・古賀精里らとともに昌平坂学問所の発足など学政にあたった。当時，栗山・二洲・精里は『寛政の三博士』と称せられた。文化四年（1807）江戸駿河台にて死去」（『国史大辞典』第7巻，51頁，山本武夫執筆。吉川弘文館，昭和61年）。

（2）　七巻二冊。刊行年に関しては，「森岡健二氏は明和元年（1764）の板であろうとされた（『国語と国文学』，昭和42年4月）。佐村八郎氏の『増訂国書解題』・新潮社の『日本文学大辞典』・平凡社の『大辞典』はいずれも明和6年の刊行とし，岩波書店の『国書総目録』は刊本としては天明6・天明9・文化7・文政7・弘化4・安政3・刊年未詳の諸版の存在を報ずる」（『蘭語譯撰』，解題15頁。鈴木　博，臨川書店，昭和43年）。

第2節 『雑字類編』との照合

　村上英俊は『五方通語』を編纂するに際しても、『三語』のときと同様、松代藩の架蔵本に大きく依存していた。そこで本章においても、真田宝物館所蔵本、および、松代藩旧蔵書の中から、関連のある書籍を選び出し、調査を始めた。

　その結果、「見出しの邦語」に関しては、前述の『雑字類編』の他に、同藩架蔵の書籍の影響が看取された。書籍名を記すと、以下のようなものである。

〈1〉 『蘭語譯撰』（『譯撰』、と略称す、以下同じ。詳細については、第一章、第3節、参照）。

〈2〉 『改正増補蛮語箋　完』（『蛮語』、と略称す、以下同じ。詳細については、第一章、第3節、参照）。

〈3〉 'An English and Japanese and Japanese and English Vocaburary'（《Med》、と略称す、以下同じ。詳細については、第一章、第3節、参照）。
　『五方通語』では、「見出しの邦語」の項目において、特に「和英の部」が利用されている。

　第一段階として、まず「見出しの邦語」の検討から入ることにする。『五方通語』と『雑字類編』との関連は、著者自身が「凡例」の中で、「一　此書。名物ノ稱。多クハ柴小輔が雑字類編ニヨレリ。…」（2丁表）と指摘している通りであろう。しかし、その実際のところとなると、果たしてどの程

度のものであるのか。さらに,『雑字類編』に単語が存在しない場合,他の参考資料との関連の度合は,いかがなものであったのか。ここに一例を示しておきたい。

　なお,記述の都合上,以下の要領で進めたことを,付記するものである。

——『五方通語』は本来縦書きであるが,ここでは横書きとした（以下同じ）。
——『五方通語』は『五方』,と略称す,以下同じ。
——『五方』では,邦語の用例が複数の場合,最初の単語のみを記し,他は省略した。例えば,芒（ホシノヒカリ）。光芒。星芒。星彩。

〔保之部〕

『五方通語』	『雑字類編』
「天文」	「天文」
星（ホシ）	星（ホシ）
芒（ホシノヒカリ）	芒（ホシノヒカリ）
北斗（ホクト）	（なし。ただし《Med》にあり）
北極星（ホツキョクセイ）	（なし。ただし《Med》にはホツキョク）
黎明（ホノボノ）	《Med》ホノボノ
焔（ホノヲ）	《Med》ホノヲ
「地理」	「地理」
洞（ホラアナ）	洞（ホラアナ）

塹（ホリ）	塹（ホリ）
細徑（ホソミチ）	細徑（ホソミチ）
遏濶（ホドトヲシ）	遏濶（ホドトヲシ）
無多路（ホドチカシ）	無多路（ホドチカシ）
方向（ホウガク）	方向（ホウガク）
流塵（ホコリ）	流塵（ホコリ）
「時令」	「時運」
豊年（ホウネン）	豊年（ホウネン）
「宮室」	「宮室」
池（ホリ）	池（ホリ）
中軍（ホンヂン）	中軍（ホンヂン）
書店（ホンヤ）	書店（ホンヤ）
「人品」	「人品」
賣書（ホンヤ）	賣書（ホンヤ）
大方醫（ホンダウイシヤ）	大方醫（ホンダウイシヤ）
本草家（ホンゾウカ）	草家（ホンゾウシヤ）
僧（ボウヅ）	僧（ボウヅ）
彫木匠（ホリモノシ）	彫木匠（ホリモノシ）
庸夫（ボンプ）	庸夫（ボンブ）
「家倫」	「家倫」
先考（ボウフ）	先考（ボウフ）
本生父（ホンノチゝ）	本生父（ホンノチゝ）

真母（ホンノハヽ）	真母（ホンノハヽ）
親子（ホンノコ）	親子（ホンノコ）
親女（ホンノムスメ）	親女（ホンノムスメ）
嫡妻（ホンサイ）	嫡妻（ホンサイ）
亡妻（ボウサイ）	亾妻（ボウサイ）
「身體」	「身體」
腮（ホウ）	腮（ホウ）
膀胱（ボウカウ）	(『譯撰』にあり，膀胱)
臍（ホゾ）	臍（ホゾ）
驫（ホクロ）	(『譯撰』，ただし黒痣)
骨（ホネ）	骨（ホネ）
痘瘡（ホウソウ）	痘瘡（ホウソウ）
痘班（ホウソウノアト）	痘班（ホウソウノアト）
「神佛」	「神佛」
佛（ホトケ）	佛（ホトケ）
「器用」	「器用」
書箱（ホンバコ）	書箱（ホンバコ）
字紙（ホウグ）	字紙（ホウグ）
拂塵（ホコリハライ）	拂塵（ホコリハライ）
飛火槍（ボウビヤ）	飛火槍（ボウビヤ）
矛（ホコ）	矛（ホコ）
帆（ホ）	帆（ホ）

櫓楷（ホバシラ）
帆架（ホゲタ）
桅縛（ホヅナ）
茶焙（ホイロ）
沙鍋（ホウロク）
厨刀（ホウテウ）
発火（ホクチ）
木彫（ホリモノ）

「衣服」
鈕（ボタン）
細絹（ホソギヌ）
細縷布（ホソヌノ）
綻（ホコロビ）

「飲食」
粸糒（ホシイヽ）
乾魚（ホシウヲ）
縷切（ホソギリ）
酪（ボウトル）

「文書」
本（ホン）
書口（ホンノコグチ）
書脳（ホンノノド）

櫓楷（ホバシラ）
帆架（ホゲタ）
桅縛（ホヅナ）
茶焙（ホイロ）
沙鍋（ホウロク）
厨刀（ホウテウ）
発火（ホクチ）
木彫（ホリモノ）

「衣服」
鈕（ボタン）
細絹（ホソキヌ）
細縷布（ホソヌノ）
綻（ホコロビ）

「飲食」
粗糒（ホシイヽ）
（《Med》ホシウヲ）
縷切（ホソギリ）
酪（ボウトル）

「文書」
本（ホン）
書口（ホンノコグチ）
書脳（ホンノノド）

「錢穀」
俸禄（ホウロク）
賞金（ホウビキン）

「錢穀」
（《Med》ホウロク）
賞金（ホウビキン）

「采色」
大紅（ホンコウ）
真紫（ホンムラサキ）

「采色」
大紅（ホンコウ）
真紫（ホンムラサキ）

「人事」
奉仕（ホウコウニデル）
觀書（ホンヲヨム）
求書（ホンヲアツムル）
藏書（ホンヲタクワエル）
著書（ホンヲツクル）
撿書（ホンヲセンギスル）
書癖（ホンズキ）
埋葬（ホウムリ）
埋（ホウムル）
法式（ホウシキ）
稱美（ホウビ）
塗抹（ボウカケテケス）
起程（ホツソク）
揚帆（ホヲアゲル）
落帆（ホヲヲロス）
周鋤（ホリマワス）
名譽（ホマレ）

「人事」
奉仕（ホウコウニデル）
觀書（ホンヲヨム）
求書（ホンヲアツメル）
藏書（ホンヲタクワエル）
著書（ホンヲツクル）
撿書（ホンヲセンギスル）
書癖（ホンズキ）
（《Med》ホウムリ）
（『譯撰』葬ル）
（『譯撰』法式）
（『譯撰』稱美）
塗抹（ボウカケテケス）
（『譯撰』起程）
揚帆（ホヲアゲル）
落帆（ホヲヲロス）
周鋤（ホリマワス）
名譽（ホマレ）

第三章 『五方通語』の解題　135

叛逆（ホンギヤク）
心酔（ホレル）

「動物」
鳳凰（ホウヲウ）
杜鵑（ホトヽギス）
螢火（ホタル）

「植物」
木欒樹（ボダイジユ）
穂（ホ）

「言語」
節（ホドヨシ）
觧（ホドク）
施（ホドコス）
殆（ホトンド）
堀出（ホリイダス）
彫（ホル）
揚帆走（ホヲアゲテワシル）
他（ホカノ）
外（ホカ）
外（ホカノ）
豁朗（ホガラカ）
細（ホソキ）
発言（ホツゴン）

(『譯撰』叛逆)
心酔（ホレル）

「動物」
鳳凰（ホウヲウ）
杜鵑（ホトヽギス）
螢火（ホタル）

「植物」
木欒樹（ボダイジユ）
穂（ホ）

「言語」(3)
(《Med》ホドヨシ)
(《Med》ホドク)
(《Med》ホドコス)
(《Med》ホトンド)
(《Med》ホリイダス)
(《Med》ホル)
(《Med》ホヲハリテハシル)
(《Med》ホカノ)
(《Med》ホカ)
(《Med》ホカノ)
(《Med》ホガラカ)
(《Med》ホソ)
(《Med》ホツゴン)

欲（ホツス）	(《Med》ホツス)
脱臼（ホ子チガウ）	(《Med》ホ子チガウ)
報（ホウズル）	(《Med》ホウヅル)
綻（ホコロフ）	(《Med》ホコロブ)
伐（ホコル）	(《Med》ホコル)
吠（ホユル）	(《Med》ホユル)
讃（ホムル）	(《Med》ホメル)
恣肆（ホシイマゝ）	(《Med》ホシイマ)
乾（ホス）	(《Med》ホス)

　上記の事例で明らかなように，『五方通語』の成立（「見出しの邦語」に関して）には，『雑字類編』の存在は確かに大きいが，その他，『蘭語譯撰』ならびに'An English and Japanese and Japanese and English Vocaburary'の関与が認められる。この傾向は他の部門においても，ほぼ同じ推移を辿る。

（註）
（３）「言語」部門のみは例外である。なぜなら，『雑字類編』には，この部門がまったく存在しないからである。

第３節　門立ての構成内容と単語数

　順序を追って紹介していくと，〔巻之一〕が「伊之部」，「呂之部」，「波之部」よりの構成である。
　〔巻之二〕が，「仁之部」，「保之部」，「邉の部」，「土之部」。さらに〔巻之

三）は「知之部」,「利之部」,「奴之部」,「留之部」,そして「遠之部」で終了している。すなわち,伊呂波順（四十八文字）といっても,最後まで揃っているわけではない。門立てにおいても,存在しないものもある。

なお,記述の都合上,以下の要領で進めたことを付記する。

――門立てごとに,一単語を載せて,参考とした。
――（　）の中は,『五方』において,前掲の単語の同列に記載されていたものである。

〔伊之部〕　合計208語

「天文」　5語
納日　イリヒ（落日）

「地理」　12語
外蕃　イコク（外國,蕃國,殊域）

「時令」　9語
上古　イニシヱ（往古,前古,昔時,前世）

「宮室」　5語
柱礎　イシズヘ（石礎,石礩,柱磉）

「人品」　12語
皇長子　イチノミヤ

「家倫」 5語
従父姉妹　イトコヲンナ

「身體」 8語
痛楚　イタミ（撃痛）

「神佛」 1語
闘戦神　イクサガミ

「器用」 22語
孤軸　イツフクモノ（獨軸）

「衣服」 2語
孝服　イロ（衰衣，素衣）

「采色」 1語
鉛霜　イセヲシロイ（鉛粉）

「人事」 25語
地望　イエガラ（門望，門地，門胄）

「動物」 13語
龍盤魚　イモリ

「植物」 4語
無花果　イチジク（映日果）

「言語」 84語
倥偬　イソガワシキ（促衿，忙鬧）

〔呂之部〕　合計11語

「地理」　1語
平地　ロクチ

「宮室」　2語
樓閣　ロウカク

「家倫」　1語
六親　ロクシン

「身體」　1語
癆瘵　ロウサイ

「器用」　1語
規車　ロクロ（陶車，運鈞）

「錢穀」　1語
路費　ロギン（裏費，道費）

「采色」　1語

銅青[4]（石緑，緑青）

「動物」 2語
鹿　ロク

「人事」 1語
六藝　ロクゲイ

〔波之部〕 合計227語

「天文」 7語
東風　ハルカゼ（條風，谷風）

「地理」 9語
壠圃　ハタケ

「時令」 13語
晚間　バンカタ

「宮室」 5語
哨堡　バンシヨ（舖舍，舖司，邐所）

「人品」 22語
牙醫　ハイシヤ

「家倫」 9語
裔孫　バツヨウ

「宮職」 4語
旗将　ハタブギヨウ

「身體」 24語
蹠跣　ハダシ

「神佛」 1語
花姑　ハナノカミ

「器用」 30語
掀鼻紙　ハナガミ

「衣服」 4語
短掛　ハヲリ

「文書」 2語
字尾　ハゝジ（切脚）

「采色」 1語
天藍色　ハナイロ

「人事」 22語
俚歌　ハヤリウタ

「動物」 8語
駿馬　ハヤムマ

「植物」 10語
榛　ハシバミ

「言語」 56語
果敢取　ハカドル

〔仁之部〕　合計75語

「天文」 5語
日規　ニチリン（日輪）

「地理」 2語
園池　ニワ

「時令」 2語
亭午　ニツチウ

「宮室」 7語
櫻梯　ニカイノハシゴ

「人品」 6語

遙夫　ニンソク（脚力）

「身體」　2語
肉　ニク

「器用」　10語
行李　ニモツ

「飲食」　4語
煮肉　ニタニク

「錢穀」　3語
假銀　ニセギン（偽銀）

「采色」　1語
肉紅　ニクシヨク

「人事」　3語
入學　ニウガク

「動物」　4語
赤螺　ニシ

「植物」　6語
接骨木　ニワトコ

「言語」 20語
煮　ニル

〔保之部〕　合計113語

「天文」　6語
黎明　ホノボノ

「地理」　7語
塹　ホリ

「時令」　1語
豊年　ホウデン（豊稔，上年，登年，稔歳）

「宮室」　3語
中軍　ホンヂン（幕府）

「人品」　6語
本草家　ホンゾウカ

「家倫」　7語
親子　ホンノコ

「身體」　7語
膀胱　ボウカウ

「神佛」 1語
佛　ホトケ

「器用」 14語
沙鍋　ホウロク

「衣服」 4語
細絹　ホソギヌ

「飲食」 4語
乾魚　ホシウヲ（枯魚）

「文書」 3語
本　ホン（巻冊，書籍）

「錢穀」 2語
俸禄　ホウロク

「采色」 2語
大紅　ホンコウ

「人事」 19語
褒美　ホウビ

「動物」 3語

螢火　ホタル

「植物」 2語
穂　ホ

「言語」 22語
彫　ホル

〔邉之部〕　合計62語

「天文」 2語
雹　ヘウ

「地理」 3語
糯米圡　ヘナツチ

「時令」 1語
平生　ヘイゼイ（生平，平昔，平日，平時）

「宮室」 6語
別屋　ベツヤ

「人品」 6語
剣士　ヘウホウツカイ

「身體」 10語
平愈　ヘイユ

「器用」 6語
兵仗　ヘウカ

「錢穀」 1語
軍食　ヘウロウ（軍穀，餱粮，粮食）

「采色」 1語
紅　ベニ

「人事」 15語
謙　ヘリクダル

「動物」 3語
豹　ヘウ

「言語」 8語
便利　ベンリ

〔圡之部〕　合計194語

「天文」 1語
曇天　ドンテン

「地理」 9語
隄足　ドテシタ（隄脚）

「時令」 17語
毎時　トキドキニ

「宮室」 16語
土庫　ドゾウ

「人品」 21語
隣翁　トナリノヲヤヂ（舎翁，旁舎翁）

「家倫」 8語
同姓　ドウメウ（宗姓，同族）

「宮職」 4語
時宰　トキノサイシヤウ

「身體」 10語
心動気　ドウキ

「器用」 21語
磁鐏　トクリ

「衣服」 2語

緞子　ドンス（段子，閃緞）

「飲食」　3語
吐剤　トザイ

「人事」　20語
熟視　トクトミル

「動物」　10語
泥鰌　ドゼウ

「采色」　1語
緑色　トクサ（正水緑）

「数量」　1語
十　トヲ

「言語」　50語
風説　トリサタ

〔知之部〕　合計151語

「天文」　1語
鎮星　チンセイ

「地理」 19語
茗園　チヤバタケ（茶園）

「時令」 4語
仲秋　チウシウ

「宮室」 3語
茗肆　チヤヤ

「人品」 16語
町人　チヤウニン

「家倫」 7語
血屬　チノワカレ（血親，血嫡）

「宮職」 2語
天使　チヨクシ（勅使，制使）

「身體」 16語
力　チカラ

「神佛」 1語
土神　ヂジン

「器用」 18語
軍幕　ヂンマク（征幕）

「衣服」 2語
重密絹　ヂノヨキキヌ

「飲食」 3語
午飯　チウジキ

「文書」 3語
異典　チンシヨ（異書，僻書）

「錢穀」 4語
雇賃錢　チンセン

「人事」 27語
納禄　チギヤウヲアゲル

「動物」 4語
畜生　チクシヤウ

「植物」 1語
茶茗　チヤノキ

「言語」 20語
着岸　チヤクガン

〔利之部〕　合計43語

「地理」　6語
比境　リンキヤウ

「宮室」　3語
銀店　リヤウガヒヤ

「人品」　4語
厨人　リヤウリニン

「家倫」　4語
哲婦　リハツナヲンナ（巧妻）

「身體」　6語
両手　リヤウテ

「神佛」　1語
立像　リウゾウ

「器用」　2語
龍吐水　リウドスイ

「錢穀」　5語
子金　リキン（息錢，利錢）

「人事」 7語
貴仕　リツシン（官達）

「飲食」 2語
糧食　リヤウシヨク

「動物」 1語
栗鼠　リス（鼬鼠）

「植物」 2語
甘藷　リウキウイモ（甘蔗）

〔奴之部〕　合計43語

「天文」 1語
微星　ヌカボシ

「地理」 3語
沼　ヌマ

「宮室」 1語
塗屋　ヌリイヘ

「人品」 8語
繡匠　ヌイハク

「身體」 1語
板齒　ヌカバ

「器用」 7語
戀書　ヌレブミ（艶書）

「衣服」 2語
布　ヌノ

「飲食」 3語
温湯　ヌルユ

「人事」 6語
奸闌　ヌケニ

「言語」 11語
塗　ヌル

〔留之部〕 合計7語

「時令」 3語
流配人　ルニン（流移人，流人）

「器用」 1語

坩鍋　ルツボ（甘鍋）

「人事」　3 語
貶謫　ルザイ（流罪）

〔遠之部〕　合計287語

「天文」　4 語
甚雨　ヲホアメ（大雨，豊注）

「地理」　12語
遠郡　ヲンゴク（遠国）

「時令」　4 語
大前日　ヲトトヒ（再昨）

「宮室」　11語
大第　ヲホヤシキ

「人品」　29語
旦正旦　ヲンナガタ

「家倫」　32語
令尊　ヲヤゴサマ

「宮職」 10語
重臣　ヲモキヤクニン（大臣）

「身體」 18語
記性　ヲボエ（記臆）

「神佛」 1語
鬼　ヲニ

「器用」 17語
粉匣　ヲシロイバコ（粉盒）

「衣服」 1語
帶　ヲビ

「飲食」 3語
大麥　ヲホムギ

「文書」 6語
掌記冊　ヲボヘノチヤウ（手冊）

「錢穀」 3語
黃金　ヲウゴン

「采色」 1語
鉛粉　ヲシロイ（鉛莝）

「人事」 43語

勤王　ヲミカタスル

「言語」 92語

遠近　ヲチコチ

　上記の如く，各部門を加算していくと，総合計は1421語となる。これでは，いかなる外国語でも，洋文を作るには困難であろう。例えば，仏作文を書くにしても，およそ実戦の用には役立つまい。やはり，時代がもう少し先に流れて，明治期になるまでを待つ必要があろう。

（註）

（4）「呂之部」のこの門立てには，読み仮名が付されていない。

第4節　所収の外国語の検証

　さて，ここからは，「見出しの邦語」に対して，どのような方法で，外国語（佛・英・蘭・羅）を配置したものか，ということになる。実際に検討していくにつれ，ある程度，共通の傾向が見えてきた。そこで，次の順序をもって，調査を進めて行くことにする。

　その前に，ここで，村上英俊が依拠した参考資料──松代藩の旧蔵書──について述べておく必要があろう。しかしながら，それら書籍の大部分は，すでに報告してある。それゆえ，煩雑さを避けて，ごく簡単に紹介するに留

めたい。

〈1〉 『蘭語譯撰』(『譯撰』，と略称す，以下同じ)。

〈2〉 『改正増補蛮語箋』(『蛮語』，と略称す，以下同じ)。

〈3〉 'An English and Japanese and Japanese and English Vocaburary' (《Med》，と略称す，以下同じ)。

〈4〉 'Agron, P. en Landré, G. N. Nieuw hand‐woordenboek, der Nederduitsche en Franche talen' (《Agr》，と略称す，以下同じ)。

〈5〉 'Groot Nederduitsch en Fransch woordenboek door P. MARIN.' (《Mar》，と略称す，以下同じ)。この書籍は，オランダ語の説明が詳しくなされているので，〈4〉の補足に用いられたものと思われる。

〈6〉 'Groot Woordenboek der Nederduytsche en Engelsche Taalen' (《蘭英》，と略称す，以下同じ)。

〈7〉 'A Large Dictionary English and Dutch' (《英蘭》，と略称す，以下同じ)。

〈8〉 'Nieuw Nederduitsch‐Latijnsch Woordenboek, door H. FRIESEMAN' (《蘭羅》，と略称す，以下同じ)。

本書の執筆に際し，真田宝物館所蔵本を使用させて戴いたが，その構成

内容を簡単に紹介してみると，以下の通りである。同書によれば，「前文」がp. viiiまで。本文Ⅰ（A–M）がpp. 1–608，同じく本文Ⅱ（N–Z）が，pp. 609–1448となっている。そして，寸法は17.3 cm×21cm。刊行は1810年。

〈9〉 'Lexicon latino-belgicum. J. P. Jungst. 1806'（《羅白》，と略称す，以下同じ）。

真田宝物館所蔵本，「洋書目録」のNo. 32。本文のみを記すと，pp. 1–945。

さて，順序に従って，記述を進めてみよう。
——英俊は，まず最初に我が国で出版された，蘭和辞書を参考にしているということである。特に『譯撰』の名前が挙げられよう。時には，『蛮語』も参考資料の中に加えられる。
——すぐに『譯撰』から，すんなりとオランダ語が見付かったときは，《Agr》を駆使して，フランス語を取り出している。
——しかし，適宜な単語が見当たらないときは，《Med》の（「和英の部」イロハ順）から，英単語を引き出し，それを起点としている場合もある。
——なお，英単語から開始した場合は，《英蘭》を使って，オランダ語を摘出している。英俊が納得できない単語であれば，逆に《蘭英》から，再度，オランダ語を選び直している。
——時としては，その他の書籍（例えば，『三語』の原典ともいうべき，《佛語入門書》，《佛語》と略称す）を起点としている場合もある。
——さらに，オランダ語が決まると，それを基本にして，《蘭羅》を用いて，ラテン語を採用している。なお，納得のいかないときは，《羅白》〔ラテン・ベルギー（白耳義）〕を用いて，確認している。

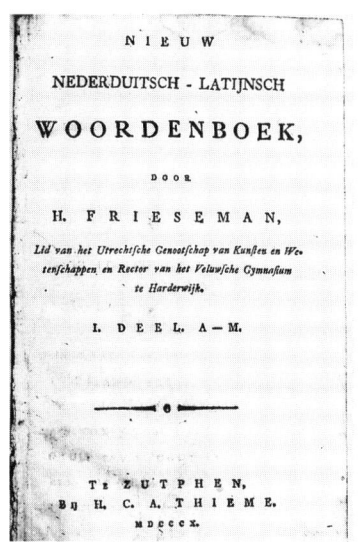

Frieseman《蘭羅辞書》扉　　　　　　　　『五方通語』本文
　　　　（真田宝物館蔵）　　　　　　　　　　（真田宝物館蔵）

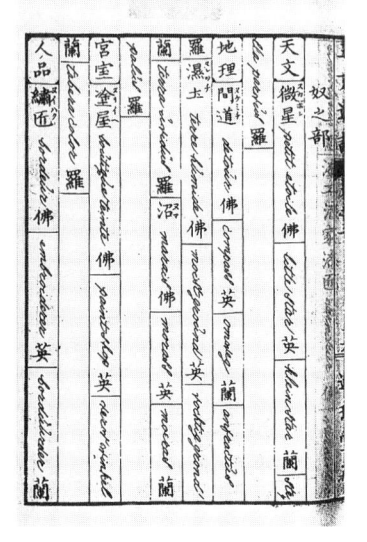

——順序は少し違うが，英語から入ったときでも，オランダ語を基にして，《蘭羅》が最終段階となる。再調査が必要なときは，《羅白》を利用するのは，前項の場合と同じである。とにかく，いずれの方法を採ったとしても，随所に，英俊なりの工夫が見られるところである。同時に，彼の苦労のほどは並大抵ではなかったであろう，と推測される。残念ながら，間違いの個所も，散見される。

　それでは，実例を挙げて検討してみよう。本節では，伊呂波順としては，「伊之部」を取り上げた。そして，各「部門」から一単語を選択して，それぞれ検証してみたい。
　なお，記述の便宜上，以下の通りにしたことを，追記するものである。

——①→，②→等の印は，筆者が調査中において行った順番を示すものであ

〔伊之部〕

「天文」
雷　イカヅチ（雷公）
tonnerre ／佛
thunder ／英
donder ／蘭
tonitru ／羅

〔漢説〕(5)

①→『譯撰』，Donder，雷イカヅチ。(p. 1)
②→《Agr》，Donder, m. tonnerre, m. (P. 147)
③→《蘭英》，Donder (M), Thunder. (p. 92)
④→《蘭羅》，Donder, m. tonitru. (p. 156)

「地理」
外蕃　イコク（外國。蕃國。殊域）
pays etranger ／佛
foreign countries ／英
vreemde lande ／蘭
terra alienus ／羅

①→『譯撰』，Vreemde land，異國イコク。(p. 1)

②→《Agr》, Vreemd land → pays étranger. (p. 1051)
③→《蘭英》, Vreemd land; Heete landen → Hot countries. (p. 236)
④→《英蘭》を使用したが,『五方』に記された, foreign countries の単語は, 結局, 見付からなかった。
⑤→そこで,《Med》を使用。イコク異國→ Foreign countries. (p. 1336)
⑥→《蘭羅》, Land → terra. (p. 487) Vreemd →…alienus. (p. 1336)

「時令」
終歳　イチ子ンヂウ（畢歳）
annee entiere ／佛
whole year ／英
gantsch jaar ／蘭
annus integer ／羅

①→『譯撰』に, 該当する単語なし。
②→《Med》, イチ子ンチウ→ The whole year. (p. 159)
③→《英蘭》, Whole → Gebeel, gansch. (p. 631)。Year → een jaar. (p. 742)
④→《Agr》, Gansch → bijv. n. entier. (p. 194)。Jaar → année. (p. 286)
⑤→《蘭羅》, Gansch → bijv. n. integer. (p. 208)。Jaar → o. annus. (p. 346)

「宮室」
室　イエ（家。屋）
maison ／佛
house ／英
huis ／蘭
domus ／羅

①→『譯撰』，Huys，家イエ。（p. 7）
②→《Agr》，Huis,…maison, f.（p. 282）
③→《蘭英》，Huys (N) → a House.（p. 187）
④→《蘭羅》，Huis → o. domus.（p. 341）

「人品」
石工　イシヤ（鍥工）
tailleur de pierre ／佛
stone cutter ／英
steenhouwer ／蘭
lapicide ／羅

①→『譯撰』，Steen houwer，石匠イシキリ。（p. 8）
②→《Agr》，Steen, steenen, m. pierre, f.（p. 818）。ただし，『五方』で使用された単語なし。Houwer, m. sabre, coutelas, m.（p. 281）。ただし，これも『五方』で使用された単語なし。
③→《佛語》，Un tailleur (lj) de pierres, een steenhouwer.（p. 24）
④→《蘭英》，Steenhouwer (M), a Stone-cutter.（p. 463）
⑤→《蘭羅》，Steenhouwer → lapicida.（p. 1041）

「家倫」
從父姉妹　イトコオンナ
cousine ／佛
she cousin ／英
nicht ／蘭

neptis ／羅

①→『譯撰』，Nicht，従弟女イトコ。（p. 9）
②→《Agr》，Nicht → cousine, f.（p. 501）
③→《蘭英》，Nicht（F）→ a She cousin, …neece.（p. 294）
④→《蘭羅》，Nicht →…neptis,（p. 644）

「身體」
痛楚　イタミ（撃痛）
douleur ／佛
pain ake ／英
pijn ／蘭
dolor ／羅

①→『譯撰』，該当する単語なし。
②→《Med》，イタミ Itami → Pain, painful.（p. 162）
③→《英蘭》，Pain → Pyn, strasse, peene.（p. 385）
④→《蘭英》，Pyn（F）→ Pain, ake, …（p. 396）
⑤→《Agr》，Pijn → v. ligchaamssmart, douleur, peine…（p. 662）
⑥→《蘭羅》，Pijn of pijne → dolor,（p. 843）

「神佛」
鬪戦神　イクサガミ
dieu de la guerre ／佛
god of war ／英
god des oorlog ／蘭

deus belli ／羅

①→『譯撰』，該当する単語なし。
②→《佛語》，Mars, dieu de la guerre → Mars, god des oorlogs.（p. 67）
③→《蘭英》，God（M）→ God.（p. 154）。Oorlog（M）→ War.（p. 350）
④→《蘭羅》，God → Deus.（p. 261）。Oorlogsgod → deus belli.（p. 761）

「器用」
椅子　イス（方椅。圓椅）
chaise ／佛
chair ／英
stoel ／蘭
sella ／羅

①→『譯撰』，Stoer，(ママ) 椅子イス。（p. 10）
②→《Agr》，Stoel → chaise, f.（p. 828）
③→《蘭英》，Stoel（M）→ a chair.（p. 476）
④→《蘭羅》，Stoel → sella.（p. 1051）

「衣服」
孝服　イロ（衰衣。素衣）
habit de deuil ／佛
mourning cloths ／英
rouwkleed ／蘭
vestis pulla ／羅

①→《佛語》, Un habit de deuil (ij) → een rouwkleed. (p. 24)
②→《蘭英》, Rouwkleed (N) → a Mourning sute. Rouwkleederen → Mourning cloths. (p. 414)
③→《蘭羅》, Rouw, …De kleeding waarmede men zijnem rouw aan den legt, heeten ook rouw, vestis pulla, … (p. 923)

「采色」
鉛霜　イセヲシロイ（鉛粉）
cerue ／佛
ceruss ／英
loodwit ／蘭
cerissa ／羅

①→《佛語》, De la céruse → loodwit. (p. 55)
②→《Agr》, loodwit → céruse, f., blanc de plomb. (p. 423)
③→《蘭英》, Loodwit (N) → Ceruss. (p. 252)
④→《蘭羅》, Loodwit → cerussa. (p. 527)

「人事」　イヒナヅケ（許字。許配）
fiance ／佛
betrothed ／英
verloofd ／蘭
abjurratus ／羅

①→《佛語》, Les fiancés → de verloofden. (p. 16)
②→《Agr》,『五方』に記された単語なし。Verloofde → accordé, promis, …

(p. 976)
③→《蘭英》, Verloofd → Betrothed.（p. 554）
④→《蘭羅》, Verloogchenen →…Bij eede, abjuratus, a, m.（p. 1236）

「動物」
鳩　イエバト（勃鴿）
pigeon ／佛
dove ／英
duif ／蘭
columba ／羅

①→『譯撰』, Duyf, 鳩イエバト。（p. 25）
②→『蠻語』, duif, 鳩（「上巻」, 53丁表）
③→《佛語》, Un pigeon → een doffer, eene duif.（p. 53）
④→《Agr》, Duif → pigeon, m.（p. 168）
⑤→《蘭英》, Duyf（F）→ a Dove, pigeon.（p. 103）
⑥→《蘭羅》, Duif → columba.（p. 180）

「植物」　無花果　イチジク（映日果）
figue ／佛
fig ／英
vijg ／蘭
fecus ／羅

①→『譯撰』, Vyge boom, 無花果イチヂク。（p. 26）
②→『蕃語』, vijgeboom, 無花果。（「上巻」, 68丁裏）

③→ 《Agr》, Vijg → figue, f. (p. 1016)
④→ 《蘭英》, Vyg (F) → a Fig. (p. 612)
⑤→ 《英蘭》, Fig → een Vyg. (p. 191)
⑥→ 《蘭羅》, Vijg →…ficus, f. (p. 1292)

「言語」

発言　イゝダス

Prononcer／佛

to pronounce／英

uitspreeken／蘭

pronuntiare／羅

①→ 《Med》, イイダス To pronounce. (p. 157)
②→ 《英蘭》, to Pronounce → Uytspreeken. (p. 432)
③→ 《蘭英》, Uytspreeken → to Speak out : to Pronounce. (p. 521)
④→ 《Agr》, Uitspreken → prononcer, proférer, dire. (p. 919)
⑤→ 《蘭羅》, Uitspraak →…uitspreken, b. w. pronuntiare, … (p. 1164)

(註)

(5) 本書の主題とは直接関係がないので, 省略した。なお,「漢説」がない単語もあるので, ここに付記する。

第四章　『佛語明要』の解題

第1節　辞書の構成と成立過程

　著者は上述の二書と同じく，村上英俊であり，元治元年（1864）の上木である。
　『佛語明要』の編纂の目的は，冒頭の部分に記されている通りであろう。すなわち，「一，佛蘭西ハ。欧羅巴洲中ニ於テ。最モ大國ナリ。生民有テヨリ以来。聖賢遞ニ興リ。世々又タ聡明賢知ノ士。出テゝ。各其材力ヲ竭シ。國家ノ為ニ裨益ヲ發明シテ。是ヲ書ニ著ワス。故ニ其他ノ國ニ比スレハ。有用ノ善書。最モ多シ。然レトモ皇朝ニ於テ。佛蘭西書ヲ讀者アル﹁ヲ聞カス。誠ニ隔轆ノ思ヲ為セリ。是ニ由テ。余憤然トシテ志ヲ立テ。佛蘭西書ヲ讀ント欲ス。自ラ以為ク。資性淺薄ナリト雖ﾓ。學テ倦スンハ。必ス其書ヲ讀得ヘシト。（中略）…故ニ余。資性ノ淺薄ヲ省セス。此書ヲ作テ。少ク後進ノ勞苦ヲ。省カント欲ス。若シ同志ノ後進。此書ニ因テ。佛蘭西書ヲ讀得テ。國家ノ裨益ヲ發明セハ。誠ニ余カ。本意ト謂ツヘシ。」（凡例1丁表-2丁表)

『佛語明要』見返し
（筆者蔵）

次に，この佛和辞書の特徴は，『三語便覧』および『五方通語』と異なり，日本語対照のものではなく，西洋式（ABC配列）の順序に従ったものである。それゆえ，単語数も前書の二冊に比べて圧倒的であり，我が国で最初の本格的な「佛和辞書」といえよう。

　なお，この書の構成内容について，簡単に紹介しておくと，以下のようになる。

　まず最初に，書籍の大きさから述べてみると，縦25.7 cm，横18cm。和装左袋綴，黄色表紙の四冊本である。題簽は各冊に付され，「佛語明要一（二，三，四）」と墨書されている。見返しには，「元治元年」禀准　村上英俊著　佛語明要　達理堂藏」と記されている。

　次に自序が3丁，凡例が2丁。さらに続けて本文を記してみると，第一分冊は丁数，117丁。第二分冊は，83丁。第三分冊は，84丁。最終の第四分冊は，84丁の構成，単語数は，総計35021語を数える。そして，この第四冊目には，「跋文」が付されている[1]。

　『三語』，『五方』と同様，この書の編纂に際しては，外国出版の参考資料が存在する。ただし，この資料を割り出すには，今までの方法とは違って，次の順序に従って，調査を進めた。

　第一に，本格的な「佛和辞書」（ABC配列）は，この時期には，我が国はもちろんのこと，外国でも出版されていない点を重視。

　第二に，当時，村上英俊が得意とする外国語から考えて，参考本としては〈佛蘭辞書〉のそれであろう，と推測した。

　第三には，『佛語明要』がABC配列の形式なので，ある面では，〈佛蘭辞書〉なら大抵の辞書が，これに該当してしまうように思われた。それゆえ，その時点では，参考資料を一つに限定することは不可能である。

第四章 『佛語明要』の解題　171

　そして，最後にあれこれ考えた末，ふと『佛語明要』には附録として，『明要附録　全』（詳細は後述）があることに，気がついた。

　その結果，調査の順序を逆にして，『明要附録』から再び調査を開始してみた。すると問題は自ずと氷解していくように思われた。その解決の糸口となったのは，以下の方法によるものであった。

　この『明要附録』は，「熟語編」，「動詞の変化表」，並びに「度量衡法」等によって構成されているが，これこそが，次に記したある〈佛蘭辞書〉の構成内容と，一致する。その書籍名を挙げてみると，以下の通りである[(2)]。

'Nieuw hand-woordenboek der Fransche en Nederduitsche talen, door G. N. Landré en P. Agron. 1823.'

　上記の辞書の構成内容について触れてみると，「表紙はいわゆる大理石模様のついた厚表紙であり，背と隅（三角形）の部分は濃い茶色のものである。寸法は縦18cm，横12cm。その内容は，まず Préface の部が 9 頁，Explication des abréviations dans premier tome に 1 頁。本文は897頁。そして，Table des nom d'hommes et de femmes が 4 頁，Table de quelques pays, villes, nations, rivières, montagnes, &c の部分が10頁，さらに Table des nouvelles mesures, poids et monnaies, du royaume de France として 2 頁。最後に Table des verbes irréguliers に 9 頁の紙数をさいている」[(3)]。

　それでは，村上英俊はこの参考資料を，どのような形で『佛語明要』の中で生かしたのであろうか。両書の単語数には差違が認められるので，英俊が原典のある部分を利用したものと考えるのが，普通であろう。

　しかしながら，実際のところとなると，一概にそうとばかりは言えない面もある。なぜなら，『佛語明要』（『明要』，と略称す，以下同じ）の中に掲載

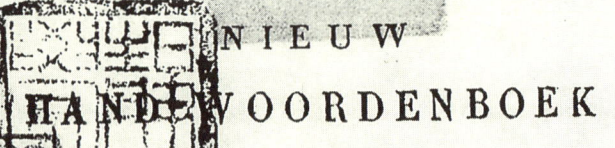

NIEUW
HANDWOORDENBOEK
DER
FRANSCHE EN NEDERDUITSCHE
TALEN,
DOOR
G. N. LANDRÉ EN P. AGRON.

FRANSCH—NEDERDUITSCH.

Tweede verbeterde en aanmerkelijk vermeerderde druk,

DOOR

G. N. LANDRÉ EN P. WEILAND.

EERSTE DEEL.

In 's Gravenhage en te Amsterdam,
BIJ DE GEBROEDERS VAN CLEEF.
1828.

Landré《佛蘭辞書》扉
(静岡県立中央図書館葵文庫蔵)

wordt, o. *spijl, spie, y.; span van eene zaag, y.*
Clavicorde, m. *clavicordium, o. soort van klavier met omwoelde snaren, o.*
Clavicule, f. T. *sleutelbeen, o.; (weleer) kleine sleutel, m.*
Claviculé, *met sleutelbeenen voorzien.*
Clavier, m. *sleutelring, m.; klavier aan een orgel, o. klavecimbaal enz., y.*
Claye, v. Claie.
Clayer, m. *groote horde, y.*
Clayon, m. *gevlochten korf, waarop men iets draagt; kaaskorf, m.*
Clayonnage, m. *teenwerk op de wijze van eene horde, o.*
Clef, f. (pron. Clé) *sleutel, m.*
— fig. *grondvesting, y.*
T. *pin, spil, y.; sleutel van een roer; sluitsteen, m.; slothout, o.*
clef-de-meute, m. fig. *belhamel, raddraaijer, m.*
clef-des-champs, f. *verlof of vrijheid om uit te gaan, o.*
pl. *allerhande nagels of spijkers, meery.*
fausse clef, *nachtsleutel, dievensleutel, m.*
à clef, ad. *met den sleutel.*
sous la clef, ad. *weggesloten, opgesloten.*
Clématite, f. *meelbloem, y.*
Clémence, f. *zachtmoedigheid, goedertierenheid, y.*
Clément, ente, a. *zachtmoedig, goedertieren.*
Clenche, v. Clinche.
Clepsydre, f. *wateruurglas, o.*
Clerc, m. (pr. Cler) *geestelijke; schrijfknecht, klerk; (voormaals) geleerde, m.*
pas de clerc, *misslag, m. feil, y.*
compter de clerc à maitre, *met zijn' meerderen afrekenen; voor niets dan voor ontvangst en uitgaaf instaan.*
Clergé, m. *geestelijkheid, y.*
Clérical, ale, a. *geestelijk.*
Cléricalement, ad. *geestelijk.*
Cléricature, f. *geestelijke staat, m.*
Client, m. ente, f. *bescherming,*

kliënt, *hij of zij, die zich in regtszaken van eenen advokaat laat bedienen, m. en y.*
Clientélaire, a. *de kliënten betreffend.*
Clientèle, f. *de gezamentlijke kliënten van een' patroon, m. meery.* fig. *bescherming, y.*
Clisoire, f. *spuit van vlierhout, y.*
Clignement, m. *blikking met de oogen, y.*
Cligne-mussette, f. *schuilhoekje, schuilewenk, schuilewinkeltje (zeker kinderspel), o.*
Cligner, v. a. *knipoogen, met de oogen blikken.*
Clignotement, m. *bestendige blikking met de oogen, y.*
Clignoter, v. n. *dikwijls knipoogen.*
Climat, m. *luchtstreek, y. landschap, gewest,* klimaat, *o.*
Climatérique, a. an climatérique, année climatérique, *het zevende jaar, klimmende jaar, moordjaar, o.*
Clin, m. *klinkwerk, o.*
Clin, m. clin d'oeil, *oogwenk, m. oogenblik, o.*
Clincaille, Clincaillerie, &c. v. Quincaille, &c.
Clincart, m. T. *soort van platgebodemd schip, o. (in het Noorden).*
Clinche, f. *knipje aan den klink eener deur, o.; drukker, m.*
Clinique, a. *bedlegerig.*
T. médecine clinique, *geneeskundige behandeling van bedlegerige zieken, y.*
Clinquant, m. *gouddraad, m.; klatergoud, o.*
fig. *valsche glans; ijdele pronk, m.*
Clinquanter, v. a. p. u. *met klatergoud bezetten of beleggen.*
Cliquart, m. *soort van vul- of stopsteen, m.*
m. *haringbuis, y.*
Clique, f. fa. *bende, r. rot, pak, o.*
Cliqueur, m. *gaauwdief, m.*
Cliquet, f. v. Claquet.
Cliqueter, v. n. *klappen, klakken.*
Cliquetis, m. *gerinkel, geraas, ge-*

されている単語（フランス語）が，上記の《佛蘭辞書》（《佛蘭》，と略称す，以下同じ）には存在しない例も，少なくはないからである。この事実は，英俊がこの辞書のみを使用していたのではなく，他の資料をも参照していたことを物語るものであろう。

（註）
（1） 調査にあたっては，真田宝物館所蔵本（「洋書目録」，NO. 50）を使用させて戴いたが，同時に筆者架蔵本も併せて用いた。
（2） 静岡県立中央図書館葵文庫所蔵本（『江戸幕府旧蔵洋書目録』，SN-131。昭和42年）を使用させて戴いた。同時に，千葉県立佐倉高等学校鹿山文庫所蔵本（『鹿山文庫目録』の「蘭書」篇,「語学」の部（p. 59）に記載。昭和47年）も参照させて戴いた。
（3） 『幕末明治初期フランス学の研究』，p. 196。

第2節 《佛蘭辞書》との照合

さて，ここで実例を検討することになるが，できるだけ多くの単語を掲出して，その実態を探ってみたい。

―― （ ）は，『明要』あるいは《佛蘭》において，単語が記載されていない個所を示すものである。

《佛蘭辞書》	『佛語明要』
(A) の部	
Avocat, m.	avocat, m.
Avocate, f.	avocate, f.

Avocatoire, a.	avocatoire, adj, et, f.
Avocette, f.	（　　　）
Avoine, f.	avoine, f.
Avoinerie, f.	avoinerie, f.
Avoir, v. a.	avoir, v. a.
Avoir, m.	avoir, m.
Avoisinement, m.	avoisinement, m.
Avoisiner, v. a.	avoisiner, v. a.
Avorté, p. et a.	（　　　）
Avortement, m.	avortement, m.
Avorter, v. n.	avorter, v. n.
Avorton, m.	avorton, m.
Avoué, a. m.	avoué, m.
Avouer, v. a.	avouer, v. a.
Avouerie, f.	avouerie, f.

(E) ——《佛蘭》	(E) ——『明要』
Ecole, f.	ecole, f.[4]
（　　　）	ecolete, ée, adj.
Ecoleter, v. a. T	（　　　）
Ecolette, f.	ecolette, f.
Ecolier, m. fig.	ecolier, iere, m. et f.
Ecolier, m.	（　　　）
Econduire, v. a.	econduire, v. a.
Economat, m.	economat, m.
Econome, a.	econome, adj et s.

Economie, f.	economie, f.
Economique, a.	economique, adj.
Economiquement, ad.	(　　　　)
Economiser, v. a.	economiser, v. a.
Economiste, m. n. c.	economiste, m.
Ecope, f.	ecope, f.
Ecoperche, f. T.	ecoperche, f.

(I) ―― 《佛蘭》　　　　(I) ―― 『明要』

Impèrial, ale, a.	impèrial, ale, adj.[5]
Impèriale, f.	impèriale, f.
Impèrialiste, m.	impèraliste, m.
Impèriaux, m. pl.	impèriaux, m. plur.
Impérieusement, ad.	imperieusement, adv.
Impérieux, euse, a.	impèrieux, euse, adj.
Impèrissable, a.	impèrissable, adj.
Impèrit, m.	impèrit, m.
Impèritie, f.	impèritie, f.
Imperméabilité, f.	impermèabilité, f.
Imperméable, a.	(　　　　)
Impermutable, a.	impermutable, adj.
Impersonnel, a. m. T.	impersonnel, elle, adj.
Impersonnellement, ad. T.	impersonnellement, adv.
Impertinemment, ad.	impertinemment, adv.

(O) ―― 《佛蘭》　　　　(O) ―― 『明要』

第四章 『佛語明要』の解題　177

Oncle, m. oom.	oncle, m.
Oncre, m.	(　　　)
Onctueusement, ad. fig.	onctueusement, adv.
Onctueux, euse, a.	onctueux, euse, adj.
Onctuosité, f.	onctuosité, f.
Ondatra, m.	ondatra, m.
Onde, f.	onde, f.
Ondé, ée, a.	ondé, ée, adj.
Ondécagone, m.	ondécagone, m.
Ondée, f.	ondée, f.
Ondin, m. ine, f. T.	ondin, ine, m. et f.
Ondoiement, m.	(　　　)
Ondoyant, ante, a.	ondoyant, ante, adj. et part.
Ondoyer, v. n. fig.	ondoyer, v. n.
Ondulation, f.	ondulation, f.
(S) ——《佛蘭》	(S) ——『明要』
Sel, m.	sel, m.
(　　　)	sélèction, f.
(　　　)	sélène, f.
(　　　)	sélènique, adj.
Sélénite, f.	sélènite, f.
Séléniteux, euse, a.	séléniteux, euse, adj.
Sélénographie, f.	sélénographie, f.
Sélénographique, a.	sélénographique, adj.
Selle, f.	selle, f.

Seller, v. a.	seller, v. a.
Sellerie, f.	sellerie, f.
Sellette, f.	sellette, f.
Sellier, m.	sellier, m.
Selon, prp.	selon, prep.
Semailles, f. pl.	semaille, f.
Semaine, f.	semaine, f.
Semainier, m.	semainier, ière, adj. et s.
Semaque, m.	semaque, f.
(U) ——《佛蘭》	(U) ——『明要』
Union, f.	union, f.
Unique, a.	unique, adj.
Uniquement, ad.	uniquement, adv.
Unir, v. a.	unir, v. n.
Unisson, m. T.	unisson, m.
Unitaires, m.	unitaires, m.
Unité, f.	unité, f.
Unitif, ive, a. T.	unitif, ive, adj.
Univalve, a. T.	univalve, adj. et s.
Univalves, m. pl.	( )
Univers, m.	univers, m.
( )	universalisme, m.
Universaliste, m. T.	universaliste, f.
Universalité, f.	universalité, f.
Universaux, m. pl.	universaux, pl. m.

Universel, elle, a. 　　　　　｜　universel, elle, adj.

　上記の事例からも分かるように，前述の辞書（『三語』，『五方』）刊行当時に比べて，英俊のフランス語力には，格段の差が認められる。それゆえ，この著作においても，フランス語の単語を配列するに当たって，彼なりの工夫と取捨選択の点は，かなり見られる。

（註）

（4）　村上英俊はこの「佛和辞書」においても，いまだにアクサン記号〔綴り字記号，（ ´ ）（ ˋ ）〕を付け忘れている。それとも，参考にした《佛蘭辞書》が，活字体の大文字（Ecole）で書き始めているので，アクサン・デギュ（ ´ ）を省略してある。その点を英俊は知らなかったのであろうか。

（5）　アクサン・テギュ（ ´ ）とアクサン・グラーヴ（ ˋ ）の間違いが，かなり多い。やはり，木版本ではフランス語の単語を，うまく印刷できなかったのか，疑問として残る。

第3節　訳語の実例とその参考資料

　さて，これから『明要』の訳語の検討に入るわけであるが，従来の英俊の方法を踏襲するならば，まず手始めに，《佛蘭辞書》からオランダ語を摘出する。その単語を基本にして，我が国で出版されている「蘭和辞書」の中から，邦語を探ったものである。

　しかし，このたびもオランダ語を頼りとしての，訳語探しであったのか。ここ十数年来の彼の仏語力を考慮に入れるならば，やはり疑問である。

　それでは，実際のところはどのようなものであったのであろうか。そこで，まず第一に，『明要』の具体例として，AからZまでを掲載する。次に第二

drôle de corps,	キ 面 奴 白 ナ	nager entre deux eaux	互ニ 懸ル
dur à la desserre,	二 雞 吝 シ 嗇	à l'écart, ad,	脇ニ
		en échange, ad.	其上迯レテ 反其シ
		à l'échappée, ad.	料ニ
E		en écharpe, ad.	斜ニ怒ル
par eau, ad.	二 舩 テ 路	échauffer la bille,	怒ル
tout en eau,	チ 濕 タ レ	tenir en échec,	我ニ係ルニヤスシ
faire eau,	漏ル 水ノ	passer comme l'éclair,	飛迅ニ去
faire de l'eau,	用ス 水ノ 意ル	faire une école,	利ニ忘ルナキ
eau-de-vie,	燒酒ノ	faire l'école buis- sonnière,	遊ヒニルケ
eau bénite de cour,	約無 東益 ノ	à écorche-cu, ad.	嫌ヒ惡キ
fondre en eau,	泣ニ ムジ	écorcher la gorge,	陳モツト
eau claire,	仕掛 ジ	le plais,	
eau-forte,	硝石精	écorcher les oreilles,	耳ニ惡ク聞フル
eau grasse,	水タ溶 ルノ酒 シ水	écorcher une langue,	
eau mère,	王水	une écoute s'il pleut,	天章テ待ツ人ヲ
eau régale,	淡溂金ヲノ黃	être aux écoutes,	天章テ待ツ
battre l'eau,	ルヲ 益 ス	écumer les mers, les côtes,	海賊ルヲ
nager en grande eau,	ニ 多 ア 幸 リ 運 中ニ		
à vau l'eau,		écumer les nouvelles,	新聞ヲ傳キ酒屋ニヲ ヘ通目的此ニ行的ノ目
mettre de l'eau dans son vin.	ナル 穩ニ		
tenir le bec dans l'eau,	欺クナガキ吉	à effet, à l'effet, ad. pour cet effet, ad.	目的此ニ 為的ノ
revenir sur l'eau,	ス 仕 直	à cet effet, ad.	的此

『佛語明要』本文
（筆者蔵）

第四章　『佛語明要』の解題　181

として，訳語の選択方法は，いかなるものであったのか。それとも，あくまでも英俊独自の手法によるものか，検証してみたい。なお，記載した単語（フランス語）の分量が，いささか多いように思えるが，その実際のところを，より一層理解してもらうために，ここに記したものである。

(A)　単語数（2703語）[6]

abaiser, v. a.[7]	御ス。下ス
abaisse, f.	パンの下皮
abaissement, m.	御スコ。下スコ
abaisseur, m.	眼ノ下轉筋
abalourdir, v. a.	鈍クスル
abandon, m.	見捨ルコ
abandonne, m.	ヤリバナシナ人
abandonee, f.	同上ノ女
accompagnateur, trice, m.	調子ニ合セテ能ク歌フ人。女
adieu,	能ククラセ
agenda, m.	覺帳
ambassadeur, m.	使臣
amollir, v. a.	和カニスル。女好ニスル
anarchiste, m.	共和政治ノ頭領
anthropopathie, f.	人體ハ神ナリ説キシ書
aphelie, m.	太陽ヨリ地球ノ距離
archichancelier, m.	第一ノ奥右筆
atome, m.	分子
aubade, f.	早朝ニ色女ノ窓前ニテ為ス楽。叫ヒ

auditoire, m. 　　　　　　　　　學校中ノ讀書スル所。聽人ノ集會

(B)　単語数（1873語）

baccalaurèat, m. 　　　　　　　学級ノ位
bacchanal, m. 　　　　　　　　馳走
bacchanale, f. 　　　　　　　　飲食シテアルク女
bacchanales, f. pl. 　　　　　　飲食シテアルク人
bacchas, m. 　　　　　　　　　酒神。酒
bachelier, m. 　　　　　　　　及第進士
baronne, f. 　　　　　　　　　領主ノ夫人
bataillon, m. 　　　　　　　　バタイロン隊卒
batelage, m. 　　　　　　　　舩頭ノ給金
bedeau, m. 　　　　　　　　　大學校ノ小使。寺ノ僕
bènèdictin, m. 　　　　　　　　僧
bitume, m. 　　　　　　　　　ヨーデンレイム
bohèmien, m. 　　　　　　　　諸国ヲ廻ル人
boité, f. 　　　　　　　　　　入レ物箱
bonne, f. 　　　　　　　　　　小児ヲヨク守ル女
bonnetier, m. 　　　　　　　　帽子ヲ作ル人
brande, f. 　　　　　　　　　原野
brandebourg, m. 　　　　　　　雨合羽。旅衣
brigade, f. 　　　　　　　　　軍隊ノ名。中間
brigadier, m. 　　　　　　　　騎士。騎長

(C)　単語数（4255語）

caisse, f.	金箱
caissetin, m.	小箱
caisser, m.	金ヲ預ル人
caisson, m.	小箱。軍士ノ兵糧入レ
camériste, f.	側役。側女中
camerlingue, m.	法王ノ勘定奉行
campagnard, m.	田夫
canal, m.	堀。港。管。海門
canapé, m.	両三人ヲ坐スル椅子
capote, f.	古風ノ女ノ雨合羽
castagnette, f.	モール人ノ踊ノ序ニ用ル木
cédille, f.	Cノ字ノ下ニアル点
cérémonie, f.	禮儀
chabots, m. pl.	魚名
chausson, m.	足袋。踊ニ用ル鞜
chimie, f.	舎密
chuchoter, v. n.	耳ニ吹キ込ム
cinglage, m.	二十四時ノ内ニ舟ニテ行得ル道
clairement, adv.	明カニ
classe, f.	類。位階。書生
collégial, e, adj.	學校風ノ。寺風ノ
comédien, m.	役者
comédienne, f.	女役者
compilateur, m.	諸説ヲ集ル人

concapitaine, m.	隊長の助
connétable, m.	大将軍。大銃手
constitutionnel, le, adj.	公法ニ同様ナル
couchette, m.	臥床
couple, m.	一對夫婦
courrier, m.	飛脚
curateur, m.	後見スル人 孤ノ。學校ノ世話人

(D)　単語数（2415語）

dame, f.	貴婦人
dame, adv.	慥ニ
dame-dame, m.	カース
dame-jeanne, f.	狩ニ行ク時ニ用ル硝子
dauphin, m.	魚名。王族。宗室
dauphine, f.	宗室夫人
dècade, m.	佛蘭西ノ一週日
décembre, m.	第十二月
déchirement, m.	心痛
déchirer, v. a.	心ヲ痛メル。疵ツクル
déclamatiur, m.	論者。多言スル人
déclamation, f.	文ノ高上。論者ノ志
décognoir, m.	硝子口ヲ開ク具。桶ノ輪ヲハムル具
démocratie, f.	合衆政府
démocratique, adj.	合衆政治ノ
demoiselle, f.	貴婦人ノ臥床ヲ温ムル錫ノ徳利

第四章　『佛語明要』の解題　185

demoiselle, f.	娘
département, m.	郡
dominicalier, m.	日曜日ノ神使。説法者
dondon, f.	肥テヲル女。愛ラシキ下女
duane, f.	運上所

(E)　単語数（2740語）

ecrille, f.	魚トメニ用ル金網
ecrin, m.	寶玉入レノ小箱
ecrire, v. a.	書ク
ecrisée, f.	ギヤマン石ノ粉
ecrouter, v. a.	パンノ周リヲ切リトル
egyptien, enne, m. et p.	諸国ヲ廻ル人。女
enfissure, f. pl.	横綱
entendement, m.	才智
entendeur, m.	早ノ合点スル人
epicurien, m.	エピキュレ宗人。榮曜ノ人
epicurisme, m.	エピキュレ宗教
estaminet, m.	麦酒屋。煙草呑ミ仲間
estragon, m.	草名
etoffe, f.	織物
etoilé, ée, adj.	星多キ
etonnement, m.	仰天
etude, f.	出精
etudiant, m.	出精スル人

etymologie, f.	語ノ根本ヲ説クコ
etymologiste, m.	語學者
exigence, f.	望ミ
exiger, v. a.	望ム
exigible, adj.	望ムベキ
exploiteur, m.	評定所ノ小使。耕作人

(F)　単語数（1598語）

facile, adj.	容易キ
facilement, adv.	容易ク
facilité, f.	容易キコ
farfadet, m.	モゝンガ／子供ヲ威ス語
faufiler, v. a.	脇差ニテ戰フ
fidélité, f.	忠実。信誠
figue, f.	無花果
fleuve, m.	大川
flibustier, ou flibutier, m.	西印度ノ貴人
floréal, m.	佛蘭西共和ノ時ノ八月
fondamental, ale, adj.	根本ノ
fondué, f.	砂糖入ノパン
forain, aine, adj.	外国ノ
force, f.	力。勇武
formulaire, m.	差図書。法令書
franciscaine, m.	佛蘭西ノ僧
futaie, f.	高木ノ森

(G)　単語数（1296語）

gage, m.	質。證。賃錢。役料
gagnable, adj.	勝チ得ベキ
gaiement, adv.	面白ク。嬉ク
gallicisme, m.	佛蘭西ノ用語法
garde-boutique, m.	店ノ番人
garde-côte, m.	濱ノ番人
garde-malade, m et f.	看病人
gaulois, oise, adj.	佛蘭西古語ノ
gentilhomme, m.	貴人
globe, m.	毬
gobelet, m.	酒杯
goût, m.	味
gouvernance, f.	政府
gouvernant, m.	橋政
gouvernante, f.	国司ノ妻。公子ノ後見女
grand' chambre, f.	上評定所
grenouille, f.	蟇。拙詩人。舌下ノ腫
gymnaste, m.	角力ヲ養フ人

(H)　単語数（812語）

hebdomadaire, adj.	一週ノ
hebdomade, f.	一週

hebdomadier, m.	一週ノ内寺ニ勤ヲスル人
hébreau, m.	ヘブライ語
héliotrope, m. et. f.	向日葵
herbette, f.	小草
herbière, f.	野菜ウリノ女
hier, v. a.	柱ヲ打チ込ム
hier, adv.	昨日
historien, m.	史ヲ書ク人
historique, adj.	史ノ
historiquement, adv.	史ノ如ク
homme, m.	人。男
hôpital, m.	病院
humanite, f.	人情
hutte, f.	小屋
hydrogéne, m.	水素
hydrographie, f.	水ノ夏ヲ書シ﹁

(I) 単語数（1406語）

ici, adv.	此ノ所ニ
idée, f.	考ヒ。思念
ilot, m.	小嶋
image, f.	肖像。思念。譬ヘ
imaginaire, adj.	想像ノ
imitation, f.	似セル﹁
impèrial, ale, adj.	帝国ノ

incivilement, adv.	無作法ニ
indiction, f.	寺ノ會合ニ集ムル㋙
individu, m.	動物
infinitif, m.	不定法
instructeur, m.	師匠
intelligence, f.	才智。學問
intelligent, ente, adj.	才智ノアル。達シテヲル
interprètatif, ive, adj.	鮮キ明メタル
interprètativement, adv.	鮮キ明メテ
interprète, m. et f.	同上ノ人。通詞
isoler, v. a.	特立ニスル

(J) 単語数（307語）

japon, m.	日本陶器
jappe, f.	吠ヘ
jappement, m.	吠ヘル㋙
jarninage, m.	庭作ノ仕支
joint, m.	関節
joujou, m.	小供遊
jour, m.	日。生活。生レ
journalier, ière, adj. et s.	日々ノ。替リ易キ。日雇
juda, m.	国名
jupe, f.	女服

(K)　単語数（19語）

kermes, m.	結児面斯
kiastre, m.	股引ニ附テヲル膝ノ部ヲ結フ紐
kilomètre, m.	一千エル。一里ニ當ル
kiou, m.	京
kyrielle, f.	神ヲ拝ム⁀

(L)　単語数（950語）

labour, m.	耕シ。堀リ起ス⁀
labourable, adj.	耕スベキ
labourage, m.	耕作
labre, m.	舌平目
lagon, m.	海水ニテ成ル湖
lait, m.	乳汁
landgrave, m.	大名
levant, adj.	日出ノ
levant, m.	朝。東
lexicon, lexique, m.	字書
licencié, m.	神學ノ先生
loi, f.	法。威。支配
loisible, adj.	自由ナル
loisir, m.	閑ナル時
lorgner, v. a.	色目使フ
lucubrer, v. n.	仕支ニテ夜ヲ明ス

lutte, f.	角力
lycanthrope, m.	惰弱ナル人
lycée, f.	學校

(M)　単語数（2038語）

mâchiavellisme, m.	不信ナル政治
machine, f.	器械
madame, f.	貴婦
mademoiselle, f.	貴娘
magistère, m.	マルタ嶋ノ大先生役
magistrat, m.	支配人
mahomètisme, m.	マホメ宗
maintenant, adv.	當時。今
maisonnette, f.	小家
maître, m.	先生。大人。旦那
maman, f.	母
manteau, m.	合羽
marabout, m.	コーピー入レ。小舟ノ帆。僧
maréage, m.	船長ト水夫トノ約
marjolot, m.	女メキタル男
mathématique, adj. et s. f.	度學ノ
méditerrané, ée, adj.	池中海ノ
mélodie, f.	美音
merluche, f. ou morlus, m.	雪魚
mètre, m.	佛尺三尺三寸三分餘

métropolitain, aine, adj. et s.	大和尚
microscope, m.	顯微鏡
milicien, m.	農兵
ministre, m.	宰臣。使節
monastère, m.	寺
mulâtre, adj. et subst. m. et f.	黒人ト白キ女トノ子
munitionnaire, m.	兵糧奉行
muscadin, m.	伊達者
mythologie, f.	神教

(N)　単語数（525語）

nabot, ote, s. m. et f.	侏儒
nacelle, f.	小悪者
natal, ale, adj.	生国ノ
nation, f.	人民
nid, m.	巣。陳所。住所
noblesse, f.	大守。大度量
noël, m.	祭日
nord, m.	北。夜中
nostalgie, f.	生国ヲ戀ガルコ
noviciat, m.	試ノ時。新参人ノヲル所　寺ノ
nul, nulle, adj.	無キ。零。例ニソムイテヲル

(O)　単語数（746語）

oasis, m.	豊饒ノ島
occidental, ale, adj.	西方ノ
océan, m.	大洋
octidi, m.	十日一週ノ八日目
oculiste, m.	眼科
odeur, f.	香
odontalge, m.	口中科
odontalgie, f.	歯痛
officier, m.	役人。大家ノ金番人
on,	人
opératif, ive, adj.	ハタライテヲル。強キ
opération, f.	ハタラキ。外科ノ術
oriental, ale, adj.	東方ノ
ottomane, f.	トルコノ女
ouverture, f.	口。穴
ouvreur, m.	門番。芝居ノ木戸番

(P)　単語数（3153語）

panthéon, m.	神社
panthéoniser, v. a.	神ヲ崇メル
papauté, f.	法王ノ位。其領地
pape, m.	法王
pélerin, in, m. et f.	順礼人女

pélerinage, m.	順礼
pélérine, f.	順礼ノ娘。旅合羽。性悪ノ女
pensionnat, m.	月俸金ヲ出ス學校
périodiste, m.	月々ノ叓ヲ記ス人
petit, ite, adj.	小ナル。僅ノ。賎キ。弱キ
petit, m.	獸ノ子。平民
pianiste, m. et f.	楽器ニテ慰ム人。女
pluviose, m.	雨月第一月二十日ヨリ第二月十八日マデ
préadamite, m.	アーダム前ノ人
présentement, adv.	今
prétorien, enne, adj.	国奉行ニ属スル。親兵
principalité, f.	羅甸學校ノ支配人
professeur, m.	教頭
provenu, m.	利益
proverbe, m.	言ヒ方

(Q)　単語数（223語）

quart, m.	四分ノ一
quartation, f.	歌ノ調子
quartier-maître, m.	陣奉行。海軍ノ
quincaillerie, f.	鉄商ヒ
quinquille, m.	博奕

(R)　単語数（2558語）

radical, ale, adj.	根本ノ
radical, m.	根本
ranger, v. a.	並ベル。片付ル
recette, f.	請取。差圖書。助言。手立
recommandaresse, f.	奉公人ノ口入レスル女
reconnaître, v. a.	再ヒ知ル。白状スル。謝ス。譽ル
renaissance, f.	再生
ripaille, f.	宴楽
rive, f.	濱
rizière, f.	米田
roc, m.	暗礁。城。塔。橋
rôle, m.	人別帳。目録。圓柱
royalisme, m.	勤王家
royaliste, m.	王族
rue, f.	街市。芸香
ruisseau, m.	小川。井。町ノ樋
rural, le, adj.	野ノ

(S)　単語数（2438語）

sabbatariens, m.	使魔人
saboteur, m.	下駄ヲ作ル人
sac, m.	袋
sage, m.	才智。員正

sagesse, f.	材智
salique, adj.	王位ヲ女ニ傳ヘザル法　フランスニテ
salle, f.	客間
sans-culotte, m.	共和政治ヲ始シ人　フランスニテ
savoir, v. a.	知ル。知セル
savoir, m.	學問。理會
savon, m.	石鹼
science, f.	學問
scotisme, m.	スコットノ語
semaine, f.	一週日。一週日ノ雇錢
sensibilité, f.	感ジ。知覺
serf, serve, m. et f.	一生奉公人。身ヲ賣リタル人
sherif, m.	英吉利ノ国政ヲ執ル人
siècle, m.	一期　百年ヲ云フ
soleil, m.	大陽
soleillé, ée, adj.	大陽ノ
sorboniste, m.	ソルボンノ學者
sorbonne, f.	同上ノ神學仲間
sous-commis, m.	商人ノ手代
sur, prep.	上ニ。從テ。附テ
sûr, ûre, adj.	慥ナル。無難ノ

(T)　単語数（1774語）

tabatière, f.	煙草入レ

第四章 『佛語明要』の解題　197

tabellion, m.	裁判所ノ書役
table, f.	卓子。雑費。目録
talmud, ou thalmud, m.	法律書　猶太ノ
taverne, f.	居酒屋
terre, f.	土。田地。原野。地球
théâtre, m.	芝居
theme, m.	文作。組立。上書
thermal, ale, adj.	温泉ノ
thym, m.	武者リンドウ
tourière, f.	寺ヲ世話スル女
tout, toute, adj.	全キ。諸ノ。各ノ
tout, adv.	全ク
se transplanter, v. r.	住居ヲ替ル
trentain, m.	三十
troupe, f.	軍隊。軍兵
trouvaille, f.	發明
tube, m.	管

(U)　単語数（136語）

unanimité, f.	同意。一對
union, f.	一ツニナル⌐。一致。一和。睦サ
unique, adj.	唯一人ノ。獨ノ
univers, m.	全世界
université, f.	大學校
usage, m.	用ヒ。要用。果物

user, v. a. et n.	用ル。弱レル
usine, f.	諸細工
usité, ée, adj.	用ユヘキ
utilité, f.	要用。利益

(V)　単語数（967語）

vacation, f.	職業。店商ヒ
vache, f.	牛。牛皮
vacillant, ante, adj.	ユラユラスル
vagabond, onde, adj.	漂泊シタル
vague, adj.	廣キ。慥ナラヌ
vague, m.	大空
vaillant, te, adj.	勇武ナル
vaincu, m.	勝ツ┐
vairon, m.	川魚の名
val, m.	谷
valeur, f.	價。位。勇武
vantard, m.	大言スル人
vapeur, f.	蒸気
variabilité, f.	替ル┐
vatican, m.	法王ノ宮
veau, m.	犢牛
végétal, ale, m. pl.	植物ヨリ生スル者
vendre, v. a.	賣ル
venir, v. n.	来ル。生長スル。生レ出ル。生スル

verbe, m.	動詞
vergeron, m.	異国ノ鶯
veritable, adj.	誠ノ。廉直ノ
version, f.	譯スル﹁
vielle, f.	楽器
vin, m.	酒
vipère, f.	蝮虵
vision, f.	視ル﹁
vital, ale, adj.	生活ノ
vocabulaire, m.	字書
voie, f,	道。乗物。運賃。足跡。水道。手立
volcan, m.	火山
voyage, m.	旅行
vue, f.	視。目。見込。目前。目的

(W)　単語数（11語）

wallon, onne, adj. et s.	ワーロン国ノ
watergang, m.	水ノ流レ道

(X)　単語数（12語）

xylologie, f.	樹藝書
xyste, m.	逍遥所

（Y）　単語数（12語）

y, adv.	爰ニ。其叓ニ就テハ
yeux, m. pl.	眼目
ypreau, m.	樹名

（Z）　単語数（54語）

zèbu, m.	野牛
zèle, m.	凝リ固リ
zèro, m.	零。空位
zine, m.	亜鉛
zizanie, f.	雑草。不和
zodiaque, m.	黄道

　この節の冒頭に述べた如く，《佛蘭辞書》（本章，第1節の項，参照）を中心として，この辞書を編纂したことは間違いないところである。その他としては，従来からの経験（『三語』や『五方』の辞書出版，及びそのために用いた参考文献等の知識）を総動員していることも，事実であろう。

　しかしながら，この書籍（『明要』）では，それらの知識を随所に生かしながらも，訳語選定の主体となったのは，やはり，この《佛蘭辞書》と，次に《蘭佛辞書》（第一章，第3節の項，参照）の名を挙げねばなるまい。それゆえ，《佛蘭》の中から単語（フランス語）を選択し，そのオランダ語訳を読んで訳す。こうした作業一つをとっても，オランダ語一辺倒だった，今までの英俊とは違っている。

　なぜなら，この十数年来の仏語研鑽はとても貴重で，フランス語の実力も

大いに増している。例えば，《佛蘭》を引きながらも，目当ての単語ばかりではなく，その前後も十分に検討する余裕ができたことであろう。そして，納得のいかない場合は，《蘭佛》によって確認しているほどである。

　そうは言っても，現代から見ると，明らかな誤訳，それに珍妙とも思える訳語があることは事実だ。しかし，これは先行の「佛和辞書」（本格的な）も存在しない当時にあっては，やむを得ないことだといったら，庇い過ぎであろうか。

　それでは，主力となった《佛蘭》との関連を検討するために，数例ではあるが，ここに記して，検証してみたい。

　なお，（　）の中は《佛蘭》を示すものである。

○　dauphin, m. 魚名。王族。宗室（Dauphin, m. dolfijn; titel der Fransche Kroonprinsen, m. p. 267）

○　démocratie, f. 合衆政府（Démocratie, f. volksregering, demokratie, p. 287）
《蘭佛》，Volksregering, v. démocratie, f., gouvernement populaire, m. p. 1033。

○　mulâtre, adj. et subst. m. et f. 黒人ト白キ女トノ子（Mulâtre, a. et m. f. mulat, m. mulattin, v.〔van eenen neger en eene blanke vrouw, of omgekeerd, geboren〕. p. 579）

○　noël, m. 祭日（Noël, m. kersnacht, m.; kerslied, o. p. 589）
《蘭佛》，Kerstijd, m. temps de noël, temps des fêtes de noël, m. p. 330。

○　pluviose, m. 雨月第一月二十日ヨリ第二月十八日マデ（Pluviose, m. n. c.

regenmaand〔…20 sten Januarij tot den 18 den February〕. pp. 660-661)

○　sans-culotte, m. 共和政治ヲ始シ人，フランスニテ（Sans-culotte, m. n. c. aanhanger der Republikeinsche regering in Frankrijk, m. sans-culotte. p. 774)

(註)

(6) 『佛語明要』は，他の和装本同様，1丁は表裏で構成。和紙（半丁分）には，中央に縦の罫線が入って，左右に分離。各行は墨付横線によって，25段に区分されている。それゆえ，通常ならば半丁分の単語数は，左右合わせて50段，すなわち50語ということになる。しかし，『明要』では例外も多い。そこで，仏単語の計算方法としては，以下の要領に従ったことを，付記する。

　──『明要』に訳語が存在しない場合は，1語として数えなかった。
　──ただし，訳語の個所に，「未詳」と記されているときは，英俊が訳語を思案中，と考えて，1語と数えた。
　──訳語は記されていないが，左側のフランス語の部分に，「voyez」とある場合は，仏単語（1語）として，計算してある。
　──ただし，「voyez」とあるときでも，フランス語の部分が（説明などのため），2段分を占めているものは，これを1段分（1単語）とした。
　──なお，時にはオランダ語を用いて，左側の部分で，「zie」と記入されているものもある。これも，「voyez」と同様と考えて，上記の通りに1語として計算した。例えば，「gabet, zie girouette」がその一例であるが，こうしたことは，まだこの時点においても，英俊は蘭語を頼りにしていたのだろうか。
　──さらに，訳語は存在するが（1段の中に），フランス語の部分が2段にわたっていることがある（当然，同じ意味であり，多くは，「ou」でつなぐなど）。このような場合は，訳語を中心として，1語と数えた。
　──それとは反対に，仏単語は1段の中に収まっているのだが，訳語の部分が2段に

わたっている場合もある。これも，1語として計算した。
（7）この辞典においても，フランス語の綴り字に誤記が見られる。しかし，そのままの姿を示すために，原文通りに記載した。

第4節　『明要附録』と《佛蘭辞書》の関連

A.　本書の構成内容

『明要附録』は本編（『佛語明要』）と同じ構成であるが，表紙は，黄色ではなく，チョコレート色になっている。

　題簽には，「明要附録　全」と墨書されており，見返しには「明治三年禀准　村上英俊著　明要附録　達理堂蔵」という文字が見られる。

　次に内容について触れてみると，1丁表から42丁裏までが，「熟語編」（詳細に関しては，後述）[8]である。そして，43丁裏は「記号」の部であり，以下のように記されている。

● 　第一人称
■ 　第二人称
▲ 　第三人称

現	現	在
未	未	来
去	過	去

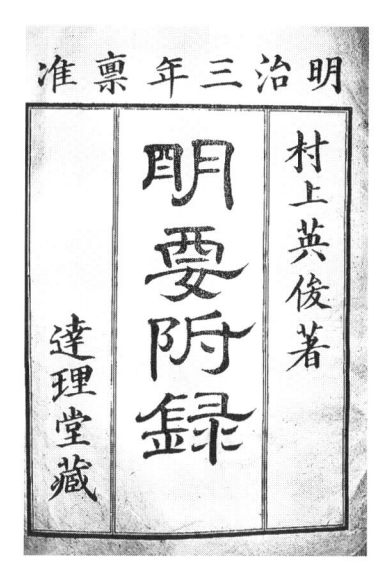

『明要附録』見返し
（真田宝物館蔵）

定去　定過去
半去　半過去
約　　約束法
現分　現在分詞
去分　過去分詞
附現　附属法現在
附去　附属法過去
使　　使令法
女去　女性過去分詞

　さらに，44丁の表から63丁の表までが，「動詞の活用形（変化形）」（詳細に関しては，後述）に当てられている。なお，64丁は，表裏ともに項目は付されていないが，「度量衡法」の部分となる。なお，この部分は原典の Table des nouvelles mesures, poids et monnaies, du royaume de France（pp. 911-912）を訳したものである。
―（　）の中は『明要附録』を示す。

○　Mètre, Nederlandsche el, eenheld voor de lengtemaat en grondslag van alle maten.　以下，オランダ語訳は省略す。(métre, 和蘭ノエル尺ニ當ル我佛尺三尺三寸ニ當ルナリ)
○　Hectomètre (hectométre, 和蘭ノ百エルニ當ル)
○　Centistère (centistére, 和蘭一エル立方ノ百分一ニ當ル)
○　Litre (litre, 和蘭掌徑立方ノ舛即チ三寸三分立方ノ舛)
○　Kilolitre (kilolitre, 和蘭ノ一千カンニ當ル)
○　Gramme (gramme, 我二分六厘ニ當ル)

そして、最終部分は「略語編」であり、65丁表より68丁裏までが、その紙数となる。ただし、原典にはこの部分に相当する頁は、存在しない。参考までに、『明要附録』から適当に数例を掲出してみると、次のようなものである。

D.	doctor.	學者
E.	excellence.	閣下
K. G.	knight of the garter.	英ノ騎兵
P.	populus.	人民
R.	recipe.	命令書
R. P.	révérend pére	尊ムベキ父
S.	semis.	半
V. A.	votre altesse	尊公
W.	west.	西
Z.	zuid.	南

奥付には、発行書林として、東京府日本橋通二丁目　山城屋佐兵衛　同浅草茅町二丁目　須原屋伊八、の名が見られる。

B.　熟語の実例とその数

前項（A. 本書の構成内容）の註記（8）でも触れたが、村上英俊はこの部分に、「熟語編」という分野を設けているわけではない。ただ、熟語に類する語を集めて、1グループとしたものであろう。

それゆえ、ここでは「熟語編」と名付けたが、熟語の他に、成句、諺、慣用語、その他を含めたものと言った方が、事実に近い。

さて、これからアルファベ（Alphabet）順に検討を進めていくことにな

るが，記述の都合上，以下の要領に従ったことを，付記する。

——繰り返しになるが，ここでも，アクサン記号に誤記があったり，あるいはアクサン記号が，まったく欠落している個所もある。この点は，従来通りにそのままの形で示したことを，重ねて記すものである。
——（　）の中は，《佛蘭》を指す。

(A)　211語[9]

○　du premier abord, ad. 第一ニ（du premier abord, in het eerst, in den eersten opslag. p. 4。オランダ語訳は，以下省略。ただし，必要に応じて記載）
○　d'abord, ad. 立刻ニ（d'abord, ad. p. 4）
○　á l'abri de, ad. 庇ニテ（à l'abri de qc. ad. p. 6）
○　etre d'accord. 一致シテヲル（T. être d'accord, p. 9）
○　d'ailleurs. 他ノ所ニ（d'ailleurs, p. 24）
○　aimer mieux. ヨク愛スル（aimer mieux, p. 24）
○　aller aux opinion. 発言スル（aller aux opinions, p. 29）
○　l'un l'autre. 互ニ（l'un l'autre, p. 74）
○　avoir á. セ子バナラヌ（avoir à…p. 78）

(B)　171語

○　baisser la voix. 声ヲ低ク話ス（baisser la voix, p. 83）
○　champ de bataille. 戦場（champ de bataille, p. 93）
○　un beau matin. 不圖ニ。静ニ（un beau matin, p. 97）

第四章 『佛語明要』の解題　207

- pour la beauté du fait. 新聞好ニテ (pour la beauté du fait, fa. uit nieuwsgierigheid, omdat het zeldzaam is. p. 97)
- au besoin. 要用ニ (au besoin, p. 101)
- avoir la tête prés du bonnet. 性急ニシテヲル。セキ込ンデヲル (avoir la tête près du bonnet, p. 113)
- en bref. 手短ニ (en bref, p. 126)

(C)　221語

- ça et la, ad. 此所彼所 (ça et là, p. 136)
- savoir la carte. 委ク知ル (savoir la carte, p. 153)
- en tout cas. 如何アルニモセヨ (en tout cas, p. 154)
- á cause de, conj. 為ニ。ノワケ故ニ (à cause de, p. 158)
- donner la clef des champs. 自由ニザスル (donner la clef des champs, p. 166)
- chausser au même point. 同意シテヲル (chausser au même point, p. 176)
- avoir sur le coeur. 心ニカケテヲル (avoir sur le cœur, p. 194)
- y compris. 此ニ含テヲル (y compris, p. 205)
- tenir compte de. 諸亙ヲスル (tenir compte de qc. p. 206)
- coq á l'âne. 法外ナル咄シ (coq à l'âne, p. 226)
- coup de mer. 海ノ荒レ (coup de mer, p. 236)
- tout á coup, ad. 不意ニ (tout à coup, p. 236)
- couper la parole. 閉口サスル (couper la parole, p. 237)
- être sous le couteau. 危キ所ニヲル (être sous le couteau, p. 241)

(D)　83語

○ entrer en danse. 我儘ニスル（entrer en danse, p. 266)
○ demain matin, ad. 朝早ク（demain matin, demain au matin, …morgen vroeg, p. 285)
○ parler entre ses dents. ブツブツ小言云フ（parler entre ses dents, p. 289)
○ en dernier lieu, ad. 終リニ（en dernier lieu, p. 294)
○ des que, conj. スルヤ否ヤニ（dès que, p. 294)
○ avoir le diable au corps. 休マズニ働イテヲル（avoir le diable au corps, p. 304)
○ drôle de corps. 面白キ奴（drôle de corps, p. 319)

(E)　124語

○ á l'echappée, ad. 遁レテ（à l'échappée, p. 324)
○ écorcher une langue. 悪ク言フ（écorcher une langue, p. 327)
○ écumer les nouvelles. 新聞ヲ聞キニ酒屋傳舎ニ行キ通フ（écumer les nouvelles, fa. in alle herbergen en kroegen loopen, om iets nieuws te hooren. p. 329)
○ á cet effet, ad. 此目的ニ（à cet effet, p. 330)
○ en effet, ad. 實ニ（en effet, p. 30)
○ á cet egard, pr. 此見込ニテ（à cet égard, p. 332)
○ faire blanc de son épée. 大言吐ク（faire blanc de son épée, p. 359)
○ á l'étroit, ad. 手狭ク（à l'étroit, p. 375)

(F)　163語

○　faire du bois, de l'eau. 薪水ヲ備フル （faire du bois, de l'eau, p. 388）

○　se faire fort. 請合ニ立ツ （se faire fort, p. 388）

○　homme fait. 生長ノ人 （homme fait, volwassen man, p. 388）

○　de fait , ad. 實ニ （de fait, p. 388）

○　tout-á-fait, ad. 全ク （tout-à-fait, p. 388）

○　faire fête á. 人ヲ祭ノ如ク饗應スル （faire fête à q. p. 397）

○　payer sa fête. 誕生日ヲ祝スル （payer sa fête, p. 397）

○　á la fois, ad. 共ニ。一所ニ （à la fois, p. 408）

○　á toute force, ad. 甚タ無理ニテ （à toute force, p. 410）

○　en forme de, ad. 形ニ （en forme de, p. 411）

○　en bon français, ad. 明ラサマニ （en bon français, p. 416）

(G)　99語

○　gagner le vent. 風上ニ来ル （gagner le vent, p. 424）

○　homme galant. 愛スベキ人 （homme galant, p. 425）

○　chanter sa gamme. 厳ク呵ル （chanter sa gamme à q. p. 426）

○　avoir les gants de. 第一ノ便ヲ得ル （avoir les gants de qc. p. 427）

○　se faire beau garçon. 酩酊ヲナス （se faire beau garçon, p. 427）

○　avoir un noeud á la gorge. 無理ニ笑フ （avoir un noeud à la gorge, p. 440）

○　avoir la langue grasse. 口ノスベル。多言スル （avoir la langue grasse, p. 444）

○　avoir le coeur gros. 甚タ悲テヲル （avoir le cœur gros, p. 450）

○ parler des grosses dents. 欺テ話ス （parler des grosses dents, p. 450）

(H)　43語

○ habituer dans un lieu. 住居スル （habituer dans un lieu, p. 455）
○ de longue haleine, ad. 長々シク （de longue haleine, p. 456）
○ par hasard, ad. 不意ニ （par hasard, p. 458）
○ avec hâte, ad. 急イデ （avec hâte, p. 458）
○ tout á l'heure, ad. 直ニ （tout à l'heure, p. 463）
○ á la bonne heure, ad. 甚ダ善キ （à la bonne heure, p. 463）
○ hors de la loi, ad. 法外ニ （hors de la loi, p. 466）

(I・J)　42語

○ jusqu'ici, ad. 爰ニマデ （jusqu'ici, p. 471）
○ á l'instant, ad. 直ニ （à l'instant, p. 491）
○ jeter un soupir. タメ息ツク （jeter un soupir, p. 503）
○ se faire jour. 同ジ道ヲ走ル （se faier jour, p. 505）

(K)　なし

(L)　89語

○ lâcher le ventre. 腹ヲ下ス （lâcher le ventre, p. 509）
○ tirer la langue. 舌ヲサシ出ス （tirer la langue, p. 512）
○ perdre son latin. 無益ニ話ス （perdre son latin, p. 514）

第四章 『佛語明要』の解題　211

- ○ lettre de voiture. 運上ノ手形（lettre de voiture, p. 517）
- ○ au lieu que, conj. 代リニ（au lieu de, que, p. 520）
- ○ passer la lime sur. 改正スル（passer la lime sur, p. 521）
- ○ en savoir long. 役ニモ立チヌ偽リモスル（en savoir long, p. 526）
- ○ entre chien et loup, ad. 明暗ノ間ニ（entre chien et loup, p. 527）
- ○ avoir des lunes. 滑稽ヲスル（avoir des lunes, p. 529）

(M)　195語

- ○ haut á la main. 憚ラズニ（haut à la main, p. 534）
- ○ donner la main. 助ケル（donner la main, p. 534）
- ○ manquer son coup. 其目的ヲ失フ（manquer son coup, p. 541）
- ○ dormir la grasse matinée. 朝寝スル（dormir la grasse matinée, p. 548）
- ○ la mer à boire. 限ナキ仕支（la mer à boire, p. 555）
- ○ mettre la main á. 亥ヲ始メル（mettre la main à qc. p. 559）
- ○ tout le monde. 諸人（tout le monde, p. 568）

(N)　90語

- ○ navire en course. 岬ニ用意シアル舩（navire en course, p. 584）
- ○ tirer les vers du nez. 聞キ出ス（tirer les vers du nez, p. 587）
- ○ jeter au nez. 鼻ニテアシロフ（jeter au nez, p. 587）
- ○ homme bien nourri. 良キ育ノ人（homme bien nourri, p. 592）

(O) 139語

- officier major. 長官 (officier major, p. 600)
- oiseau mouche. 小鳥 (oiseau mouche, p. 601)
- oiseau de passage. 春秋ニ往来スル鳥 (oiseau de passage, p. 601)
- avoir l'oreille dure. 年ノ遠クアル (avoir l'oreille dure, p. 606)
- donner sur les oreilles. 耳打チスル (donner sur les oreilles, p. 606)
- vendre le peau d'ours avant de l'avoir tué. 熊ヲ捕ウル前ニ皮ヲウル (vendre la peau de l'ours avant de l'avoir tué, de beerenhuid bij het omhakken van hout, p. 610)
- dormir les yeux ouverts. 兎眼ニテ子ル (dormir les yeux ouverts, p. 611)
- ouverture de coeur. 心ヲ打チ明ルコ (ouverture de cœur, p. 611)

(P) 877語

- un homme de paille. 役ニタゝヌ人 (un homme de paille, p. 613)
- pain bis. 黒キパン (pain bis, bruin brood, p. 613)
- pain á chanter. 封印ニ用ル糊 (pain à chanter, à cacheter, ouwel, p. 613)
- mettre en panne. 仲人ヲスル (mettre en panne, eenen bijlegger maken. p. 617)
- papier timbré. 封ニ用ル紙 (papier timbré, p. 618)
- par-ci, par là, ad. 此ヤ彼シコニ (par-ci, par-là, p. 619)
- parler en maître. 先生ブリテ話ス (parler en maître, p. 622)
- parler du nez. 鼻アシラヒニテ話ス (parler du nez, p. 622)
- en particulier, ad. 別段ニ。バカリ (en particulier, p. 624)
- passer au vent. 風上ニノリ上ル (passer au vent, p. 627)

第四章 『佛語明要』の解題　213

- ◯ passer son envie. 怒ヲ其マヽニシテヲク （passer son envie, p. 628）
- ◯ payer de sa personne. 人情ヲツクス （payer de sa personne, het met zijnen persoon goed maken, p. 632）
- ◯ être de son pays. 他所ヨリ来リテヲル （être de son pays, p. 632）
- ◯ gras á pleine peau. 肥ヘ太リ （gras à pleine peau, p. 633）
- ◯ á grand peine. 大苦勞シテ （à grand peine, p. 634）
- ◯ femme perdue. ミダラナル女 （femme perdue, p. 639）
- ◯ pére spirituel. 旦那寺ノ和尚 （père spirituel, geestelijke vader, pater, p. 639）
- ◯ petit á petit, ad. 次第々々ニ （petit à petit, p. 644）
- ◯ peu á peu, ad. 段々ニ （peu à peu, p. 645）
- ◯ donner un coup de pied. 追ヒヤル （donner un coup de pied, p. 649）
- ◯ pierre de scandale. 心痛ニナル者 （pierre de scandale, p. 649）
- ◯ piquer les tables. 飲ミ食ヒスル （piquer les tables, p. 652）
- ◯ point du jour. 夜明ケ （point du jour, p. 662）
- ◯ pot de vin. 酒買ヒニ行ク人ニ飲マスル酒 （pot de vin, wijnkoop, m. p. 671）
- ◯ prendre le voile. 尼ニナル （prendre le voile, p. 679）
- ◯ être prés de. 側ニアル （être près de, p. 680）
- ◯ hors de prix. 價ノ外。存外ニ （hors de prix, p. 685）

(Q)　58語

- ◯ homme de qualité. 貴人 （homme de qualité, p. 697）
- ◯ quand en quand, ad. 一所ニ。同時ニ （quand et quand, p. 697）
- ◯ queue á queue. 互ニ （queue à queue, p. 700）

(R)　289語

- avoir raison. 同クアル（avoir raison, p. 707）
- mettre á la raison. 存念ヲ述ル（mettre à la raison, p. 708）
- par rapport, prp. 拘ハリテ（par rapport à, p. 711）
- regarder du haut en bas. 人ヲ見下ケル（regarder q. du haut en bas, p. 728）
- cette maison regarde le midi. 此家ハ南ニ向フ（cette maison regarde le midi, p. 728）
- aller á la rencontre. 遇ヒニ行ク（aller à la rencontre, p. 738）
- retourner á la charge. 新ニ手入レスル（retourner à la charge, p. 751）
- rien du tout. 何モナク（rien du tout, p. 757）
- gens de robe. 政治學者（gens de robe, p. 760）

(S)　241語

- semer de l'argent. 金ヲ蒔キチラス（semer de l'argent, p. 784）
- en somme. 一語ニテ。手短ニ（en somme, somme toute, p. 796）
- songer á soi. 気ヲ付ル（songer à soi, p. 797）
- mal sonnant. 悪ク響キタル（mal sonnant, p. 797）
- á la sortie de. 出行ニ就テ（à la sortie de, p. 798）
- á la sourdine, ad. 静ニ（à la sourdine, p. 802）
- il suffit. 夫ハ十分ナリ（il suffit, p. 812）
- á la suite de. 續キニ。次ニ（à la suite de, p. 813）
- tout de suite, ad. 直ニ（tout de suite, p. 813）

(T)　319語

- de bonne taille. 恰好ヨク出来テヲル（de bonne taille, p. 822）
- avoir l'esprit aux talons. 愚ニアル（avoir l'esprit aux talons, p. 823）
- gros temps. 愚キ天気（gros temps, p. 829）
- de temps en temps, ad. イツデモ。時々ニ（de temps en temps, p. 829）
- tirer vingt pieds d'eau. 二十尺ノ深サ水ニ入ル（tirer vingt & c. pieds d'eau, p. 839）
- tirer d'inquiétude. 心苦ヲ救フ（tirer q. d'inquiétude, p. 839）
- servir sur les deux toits. 人ヲ追ヒヤル（servir q. sur les deux toits, p. 841）
- parler du bon ton. ヨキ調子ニ話ス（parler du bon ton, p. 842）
- tourner la tête. 脇カラ見ル（tourner la tête, p. 848）
- tout-á-fait. 全ク（tout-à-fait, p. 849）
- tout de même. 同様ニ（tout de même, p. 849）
- trouver bon. 良シトスル（trouver bon, p. 864）
- il se trouve que. 夫ハ明カナリ（il se trouve que, p. 864）

(U)　10語

- l'un portant l'autre, 互ニ（l'un portant l'autre, p. 867）
- mettre en usage. 用ヒル（mettre en usage, p. 868）

(V)　185語

- en vain, ad. 無益ニ（en vain, p. 871）

- ◯ veiller de prés. 側カラ助言スル (veiller de près q. p. 875)
- ◯ faire vendange. 利益ヲウル (faire vendange, p. 875)
- ◯ á la verite. 誠ヲ言フ為ニ (à la verité, p. 880)
- ◯ manger son blé en vert. 不時ニ財ヲ費ス (manger son blé en vert, p. 882)
- ◯ demander sa vie. 食ヲ乞フ (demander sa vie, p. 886)
- ◯ á haute voix. 高声ニ (à haute voix, p. 893)

(W・X・Y)　記載なし

(Z)　2語

- ◯ en zigzag, ad. アナタコナタニ (en zigzag, p. 897)

　以上，上記で検証した如く，この書籍（『明要附録』）と《佛蘭辞書》との関連は，間違いないところであろう。それゆえ，本編（『佛語明要』）との関係も，論を俟たない。

C.　動詞の変化形（活用形）

　この部分は，原典の Table des verbes irréguliers (pp. 913-921) を参照して，作成されたものであるが，時には英俊の工夫も見られる。その一例として，彼が規則動詞（例えば，aimer）を入れているのも，その証左である。
　さて，まず最初に《佛蘭》で取り扱った動詞（不定法）から始めてみると，以下の通りとなる。

Absoudre

Acquérir

Aller

Assaillir

Asseoir

Avoir

Bénir

Boire

Bouillir

Braire

Bruire

Choir

Circoncire

Clorre

Conclure

Confire

Contredire

Coudre

Courir

Croire

Cueillir

Déchoir

Dire

Echoir

Eclore

Ecrire

Envoyer

Etre

Exclure

Faillir

Faire

Falloir

Frire

Fuir

Gésir

Haïr

Interdire

Jaillir

Lire

Luire

Maudire

Médire

Mettre

Moudre

Mourir

Mouvoir

Naître

Nuire

Quïr

Paître

Pleuvoir

Pourvoir

Pouvoir

第四章　『佛語明要』の解題　219

Prédire

Prendre

Prévoir

Puer

Résoudre

Rire

Saillir

Savoir

Seoir

Suffire

Suivre

Surseoir

Traire

Tressaillir

Vaincre

Valoir

Vêtir

Vivre

Voir

Vouloir

　なお，ここで最も代表的な動詞と思われる例を挙げて，両書の比較を試みたい。

──（　）は筆者が付したものである。

《佛蘭辞書》　　Etre（pp. 916-917）

- Infinitif（不定法）

    Etre

- Présent de l'Indicatif（直説法現在）
- je suis, tu es, il est; nous sommes, vous êtes, ils sont.
- Présent du Subjonctif（接続法現在）
- que je sois, s. t ; que nous soyons, & c.
- Imparfait（半過去）
- j'étais
- Parfait défini（単純過去）[10]
- je fus
- Futur（単純未来）
- je serai
- Impératif（命令法）
- sois, qu'il soit ^(ママ); soyons, soyez, qu'ils soient ^(ママ)
- Participe présent（現在分詞）
- étant
- Participe passe ^(ママ)（過去分詞）
- été

『明要附録』　　（50丁表）

es	■現	アル
est	▲現	アル
étaient	▲半去	アリシ
étais	●半去	同　上
était	▲半去	アリシ

étiez	■半去	アリシ
étions	●半去	アリシ

(51丁裏)

fûmes	●定去	アツタ
furent	▲同上	アツタ
fus	●■同上	アツタ
fusse	●■附去	アツタ
fussent	▲同上	アツタ
fusses	■同上	アツタ
fussiez	■同上	アツタ
fussions	●同上	アツタ
fut	▲定去	アツタ
fûtes	■同上	アツタ

(註)

（8）「熟語編」と名付けてはあるが，ただ熟語に類する語を集めて，一つのグループにしたものである。それゆえ，熟語を中心に集めたものと言った方が，より正確な表現であろう。

（9）計算方法は本編（『佛語明要』）のときと，まったく同じであり，その語類総数は，3651語となっている。

（10）現在では，単純過去は passé simple と表記している。

第五章　佛和辞書（明治期）の系譜

第1節　『佛語箋』

A. 構成内容と成立過程

『佛語箋』は加藤雷洲[1]によって上梓されたものであるが，刊行年については明らかではなかった。しかしながら，奥付の発行書林の項には，東京日本橋通一丁目，須原屋茂兵衛，同二丁目，山城屋佐兵衛と記載されている[2]。それゆえ，明治に入ってからの出版と考えて，間違いあるまい。

この仏語辞書を一読すると，すぐさま村上英俊の『三語便覧』（第一章，参照）との関連が想起されるが，果たして実際のところはどうなのであろうか。明治5年の下期か，同6年の交には，『三語便覧』の改訂版（佛・英・独）も，村上松翁の名で，版行されているので，『佛語箋』にはいかなる特徴を備えているのか，かつまた，その成立過程はどのようなものであったのか，ここで検証してみたい。

同書は紺色表紙，帙入り，右袋綴の和装2冊本。題簽には，「佛語箋　一」と墨書されている。寸法は縦18cm×横12.5cm。次に構成内容を記してみると，見返しには，「加藤雷洲著，佛語箋，望洋堂藏板」なる文字が見られる。目録（仏字解説を含めて），2丁。本文，「巻一」が61丁，「巻二」が63丁。合計単語数，3174語。

この仏語辞書の形式は，『三語便覧』と同様に，「部門別」に分けられてお

第五章　佛和辞書（明治期）の系譜　223

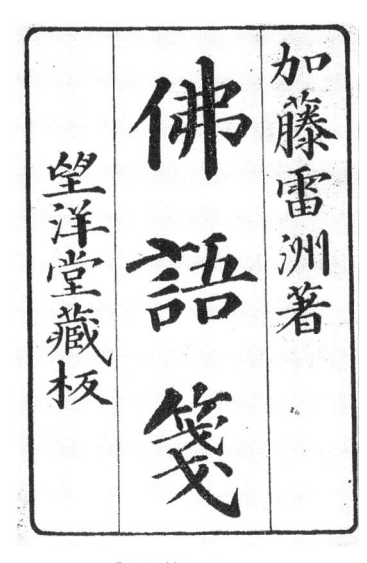

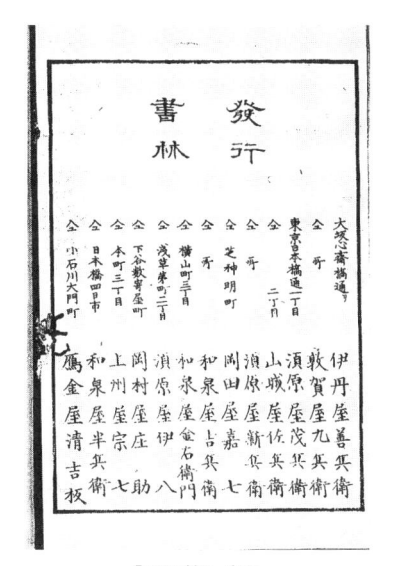

『佛語箋』見返し
（筆者蔵）

『佛語箋』奥付
（創価大学蔵）

り，体裁も同じく，「見出し」の邦語に，外国語（ただし，ここでは仏語のみ）を当てている。

「巻一」が，天文，地理，時令，家倫，官職，人品，身體，疾病，宮室，服飾，飲食，器用，兵語，神佛，金石，数量より構成。

「巻二」は，鳥，獸，魚介，虫，艸，木，果實，醫藥，采色，徳不徳，言語（陪名詞，附合詞，附詞，前置詞，動詞）。

さらに，「附録」として萬國地名箋（亜細亜，歐邏巴，亜弗利加，南北亜墨利加，豪斯多剌利）が明記されているが，筆者が使用した『佛語箋』（早稲田大学図書館所蔵本[3]，静岡県立中央図書館葵文庫所蔵本[4]，ならびに筆者架蔵本）のいずれにも付されていない。

なお，加藤雷洲がこの仏語辞書を作成するに際して，参照した文献といえば，すでに述べた『三語便覧』であろう。しかし，これだけではなく，その他に『五方通語』（第三章，参照），『改正増補蛮語箋』（第一章，第3節，依

拠した資料 ‐ C の項，参照）であることが判明した。

B. 見出しの邦語をめぐって

　さて，これから『佛語箋』の内容に関して，詳細に検討するのであるが，調査に際しては，以下の点に留意したことを，付記するものである。

——『佛語箋』は縦書き（紙面は，中央に横に罫線が入って，上下に分離）であるが，ここでは便宜上，横書きとした。
——単語（邦語）の配列に際しては，最初（左側）に『佛語箋』（『佛語』，と略称す，以下同じ）を，次（右側）に原則として，『三語便覧』（『三語』，と略称す，以下同じ）の単語を置いた。ただし，同一の邦語が『三語』に見当たらないときは，対応する仏語が同じ場合に限って，同書の中の邦語をそのまま記した。

　その他の場合は，『五方通語』（『五方』，と略称す，以下同じ），ならびに『改正増補蛮語箋』（『蛮語』，と略称す，以下同じ）の中から，該当する単語を検索した。
——『佛語』，さらに依拠した辞書にも，「見出し」（邦語）には振り仮名が付されているが，ここでは記述の都合上，（　）に入れた。なお，（　）の中が空欄のものは，原本に仮名文字が存在しないことを示す。
——『佛語箋』の「部門別」からは，以下の三部門を選んで，検証した。その理由としては，「天文」，「地理」の両部門は，第一番目，第二番目に配置されているので，この書の編集方針を類推するのに，便利であったこと。さらに，「官職」の部については，適宜，選択したものである。

| 『佛語』 | 『三語』又は『五方』，あるいは『蛮語』 |

「天文」の部

『佛語』	『三語』又は『五方』，あるいは『蛮語』
天地開闢（　　）	天地既成（テンチノハジメ）
物（モノ）	物（モノ）
天（テン）	天（テン）
日（ヒ）	太陽（ヒ）
日光（ヒノヒカリ）	日光（ヒノヒカリ）
日陰（ヒカゲ）	蔭（ヒカゲ）
日蝕（ニチシヨク）	蝕（シヨク）
月（ツキ）	月（ツキ）
満月（マンゲツ）	満月（マンゲツ）
弦月（ユミハリツキ）	半月（ハンゲツ）
月蝕（クワツシヨク）	（『蛮語』月蝕）[5]
星（ホシ）	星（ホシ）
惑星（マヨヒボシ）	惑星（マヨヒボシ）
恒星（ゴウセイ）	常宿星（サダマリノホシ）
太白（タイハク）	（『蛮語』太白）
辰星（シンセイ）	（『蛮語』辰星）
熒惑（ケイワク）	（『蛮語』熒惑）
歳星（サイセイ）	（『蛮語』歳星）
鎮星（チンセイ）	（『蛮語』鎮星）
彗星（ハウキボシ）	彗星（ホウキボシ）
微星（スガホシ）	（『五方』微星　ヌガホシ）

銀河（アマノガハ）	銀河（アマノガワ）
南極（ナンキヨク）	(『蛮語』南極)
北極（ホクキヨク）	(『蛮語』北極)
星芒（ホシノヒカリ）	(『五方』芒。ホシノヒカリ　光芒。星芒。星彩)
十二宮（　　　）	(『蛮語』十二宮)
｛白羊宮（　　　） 　春分戌	｛『蛮語』白羊宮 　　　春分戌
｛金牛宮（　　　） 　穀雨酉	｛『蛮語』金牛宮 　　　穀雨酉
｛雙友宮（　　　） 　小満申	｛『蛮語』雙女宮 　　　小満宮
｛巨蟹宮（　　　） 　夏至未	｛『蛮語』巨蟹宮 　　　夏至未
｛獅子宮（　　　） 　大暑午	｛『蛮語』獅子宮 　　　大暑午
｛室女宮（　　　） 　處暑巳	｛『蛮語』室女宮 　　　處暑巳
｛天秤宮（　　　） 　秋分辰	｛『蛮語』天秤宮 　　　秋分辰
｛天蝎宮（　　　） 　霜降卯	｛『蛮語』天蝎宮 　　　霜降卯
｛人馬宮（　　　） 　小雪寅	｛『蛮語』人馬宮 　　　小雪寅
｛磨羯宮（　　　） 　冬至丑	｛『蛮語』磨羯宮 　　　冬至丑

| 宝瓶宮（　　　） | 『蛮語』寶瓶宮 |
| 大寒子 | 　　　大寒子 |

雙魚宮（　　　）　　　『蛮語』雙魚宮
雨水未　　　　　　　　　　雨水未

霧（キリ）　　　　　　　霧（キリ）
山川騰気（　　　）　　　（『蛮語』山川騰気）
風（カゼ）　　　　　　　風（カゼ）
大風（ヲホカゼ）　　　　（『蛮語』大風）
惠風（メグミカゼ）　　　惠風（メグミカゼ）
逆風（ムカヒカゼ）　　　逆風（ムカヒカゼ）
飇風（ツムヂカゼ）　　　（『蛮語』飇風　ツムジ）
寒風（サムキカゼ）　　　寒風（サムキカゼ）
雨（アメ）　　　　　　　雨（アメ）
大雨（ヲホアメ）　　　　（『蛮語』大雨）
細雨（ヌカアメ）　　　　細雨（コマカナアメ）
急雨（ニワカアメ）　　　急雨（ニワカアメ）
蒸気（ジヨウキ）　　　　蒸気（ジヤウキ）
蒸発気（ジヨウハツキ）　蒸発気（ジヤウハツキ）
大空（オホソラ）　　　　大空（ヲヽソラ）
雲（クモ）　　　　　　　雲（クモ）
霞（スンミ）〔ママ〕　　（『蛮語』霞　ユフヤケ）
霜（シモ）　　　　　　　霜（シモ）
米雪（アラレ）　　　　　米雪（アラレ）
露（ツユ）　　　　　　　露（ツユ）
雹（ヘウ）　　　　　　　（『蛮語』雹　ヒヤウ）
甘露（カンロ）　　　　　甘露（カンロ）

大寒（タイカン）	大寒（ダイカン）
雷（カミナリ）	雷（カミナリ）
雷（イナヒカリ）	雷（イナビカリ）
虹（ニジ）	虹（ニジ）
濃霧（コキキリ）	濃霧（コキキリ）
暑（アツサ）	暑（アツサ）
赤道（セキダウ）	（『蛮語』赤道）
黄道（ワウダウ）	（『蛮語』黄道）
日ノ出（ヒノデ）	(不詳)(6)
開朗（ハレル）	（『五方』澄晴　ハレル。澄鮮。開朗）
暗（クラサ）	暗（クラサ）
曇天（クモリテン）	（『五方』曇天　ドンテン）
東（ヒガシ）	（『蛮語』東）
西（ニシ）	（『蛮語』西）
南（ミナミ）	（『蛮語』南）
北（キタ）	（『蛮語』北）
寒（サムシ）	寒（サムサ）
涼（スゞシ）	涼（スゞシサ）
晩大気（ユウガタノキ）	晩大気（ユウガタノキ）
雪（ユキ）	雪（ユキ）
氷柱（ツラゝ）	氷柱（ツラゝ）(ママ)
火（ヒ）	火（ヒ）
炎（ホノヲ）	（『蛮語』炎　ホノヲ）
烟（ケムリ）	（『蛮語』烟）

「地理」の部

地球（チキウ）	地球（チキウ）
國（クニ）	國（クニ）
都（ミヤコ）	京師（ミヤコ）
街陌（マチ）	街陌（マチ）
道（ミチ）	道（ミチ）
平地（ヒラチ）	（『五方』平地　ロクチ）
都會（ハンゼウノトコロ）	都會（ハンジヤウノトコロ）
石地（イシチ）	（『五方』石地　イシヂ。磽确）
沿海街（ウミハタノマチ）	沿海街（ウミハタノマチ）
村市（ザイマチ）	村市（ザイゴマチ）
徑路（コミチ）	徑路（コミチ）
洞路（ホラミチ）	洞路（ホラミチ）
間道（ヌケミチ）	脇道（ワキミチ）[7]
地道（チドウ）	（不詳）
地高（チタカシ）	（『五方』地高　ヂタカシ）
地卑（チヒクシ）	（『五方』地卑　ヂヒクシ）
十字街（ヨツヽジ）	（『蛮語』十字街）
泥（ドロ）	泥垢（ドロ）
野（ノ）	野（ノ）
堤（ツヽミ）	堤（ツヽミ）
牧（マキ）	牧（マキ）
林（ハヤシ）	林（ハヤシ）
砂（スナ）	砂（スナ）
石（イシ）	石（イシ）

糯米土（ヘナツチ）
陸田（ハタ）
墝圃（ハタケ）
嵒（イワホ）
地震（ヂシン）
荒地又沙漠（アレチ）
茶園（チャハタケ）
薬圃（クスリバタケ）
花園（ハナハタケ）
墓（ハカ）
橋（ハシ）
壩（ドテ）
砦（トリデ）
土橋（ドバシ）
石橋（イシバシ）

木橋（キノハシ）
翻橋（ハ子ハシ）
粮道（ヘウロウミチ）

船橋（フナハシ）
井（　　　）
池（イケ）
潴水（タマリミヅ）
洲（ス）
岬（ミサキ）

作土（ツクリツチ)(8)
(『五方』陸田　ハタ。白田)
(『五方』墝圃　ハタケ)
岩（イワ）
地震（ヂシン）
(『蛮語』荒地　アレチ。又沙漠)
(『五方』茗園　チヤバタケ。茶園)
(『蛮語』薬圃)
(『五方』花園　ハナバタケ。花塢)
(『蛮語』墓)
(『蛮語』橋)
(『五方』壩　ドテ。堰。堤。埭)
(『五方』砦　トリデ)
(『五方』圯　ドバシ。圯橋。土橋)
(『五方』石橋。イシバシ。石梁。矼。石矼)
(『蛮語』木橋)
(『蛮語』翻橋　ハ子バシ)
(『五方』粮道　ヘウロウノテ。餉道。食道。饟道。運道)
(『蛮語』舟橋)
(『蛮語』井)
池（イケ)(9)
(『蛮語』潴水　タマリミヅ)
洲（ス）
岬（ミサキ）

瀑布（タキ）	瀑布（タキ）
山（　　　）	山（ヤマ）
山脉（サンミヤク）	山脉（サンミヤク）
山頂（ヤマノイタヾキ）	山頂（ヤマノイタヾキ）
谷（タニ）	谷（タニ）
澤（サハ）	沼（ヌマ）⁽¹⁰⁾
磴（イシザカ）	（『五方』磴　イシザカ　石磴）
洞（ホラ）	洞（ホラ）
河（カハ）	川（カワ）
氷（コホリ）	（『蛮語』氷）
雪水（ユキミヅ）	（不詳）
泡（アワ）	（『蛮語』泡　アワ）
海（ウミ）	海（ウミ）
溢流（アブレナカルゝ）	溢流（アフレナガレ）
大供水（ヲホミヅ）^{（ママ）}	大洪水（ヲゝミヅマシ）
潮満（ミチシホ）	潮満（ミチシヲ）
潮退（ヒキシホ）	潮落（ヒキシヲ）
飛浪（タカナミ）	飛浪（タカナミ）
入江（イリエ）	内海（イリエ）
濱（ハマ）	濱（ハマ）
港（ミナト）	（『蛮語』港　ミナト）
渚（ナギサ）	渚（ナギサ）
暗礁（カクレイハ）	暗礁（カクレイワ）
島（シマ）	島（シマ）
温泉（イデユ）	（『五方』温泉　イデユ。温湯。温泉）

溝（ミゾ）	溝（ミゾ）
潮（ウシホ）(11)	湖（ミヅウミ）(12)
大洋（ヲホウミ）	（『蛮語』 大洋）
壕（ホリ）	小堀（コボリ）
金坑（キンザン）	（『蛮語』 金坑　キンザン）
銀坑（ギンザン）	（『蛮語』 銀坑　ギンザン）
大信（ヲホシホ）	大潮（ヲヽシヲ）
供波（ヲホナミ）〔ママ〕	（『五方』 洪波　ヲホナミ）
颶（ツナミ）	活水（タツナミ）
氷山（コホリノヤマ）	（不詳）
回禄（クワイロク）(13)	（『蛮語』 回禄　クワジ）

「官職」の部

帝（ミカド）	帝（ミカド）
皇后（キサキ）	皇后（キサキ）
王（ヲホギミ）	王（ヲウキミ）
太子（ワカミヤ）	太子（ワカミヤ）
公主（ヒメミヤ）	公主（ヒメミヤ）
宰相（サイシヤウ）	宰相（ダイジン）
君（キミ）	君（キミ）
夫人（ヲクガタ）	夫人（ヲクガタ）
上士（ヨキサムラヒ）	上士（ヨキサムラヒ）
武器官（ブクブギヤウ）	武器官（ブグブギヤウ）
勅使（チヨクシ）	勅使（チヨクシ）
勅使夫人（チヨクシノヲクガタ）	勅使夫人（チヨクシノヲクガタ）

京兆尹（ゴシヨシダイ）	京兆尹（ゴシヨシダイ）
司官（ツカサノヤク）	司官（ツカサノヤク）
國司（クニノツカサ）	國司（クニヅカサ）
副将軍（フクシヤウグン）	副将軍（フクシヤウグン）
偏将（タイシヤウノスケ）	偏将（タイシヤウノスケ）
副隊長（クミガシラノスケ）	副隊長（クミガシラノスケ）
指揮官（サシヅヤク）	指揮官（サシヅスルヤク）
管陣管（ヂンバブギヤウ）	管陣管（ヂンバブギヤウ）
騎将（キバダイシヤウ）	騎将（キバダイシヤウ）
歩隊将（カチムシヤノカシラ）	歩隊将（カチムシヤノカシラ）
副裨将（フクシヤウグンノスケ）	副裨将（フクシヤウノスケ）
大将軍（ソウタイシヤウ）	大将軍（ソウタイシヤウ）
長官（カシラ）	長官（カシラ）
旗将（ハタガシラ）	旗将（ハタブギヤウ）
旗手（ハタモチ）	旗手（ハタモチ）
皷吏（タイコヤク）	皷吏（タイコノヤク）
笛伶吏（フエノヤク）	笛伶吏（フエノヤク）
喇叭吏（ラッパヤク）	喇叭吏（ラッパヤク）
鍬長（クロクワガシラ）	鍬長（クロクワカシラ）
騎兵（キバムシヤ）	騎兵（キバムシヤ）
軍装騎兵（シタクノキバムシヤ）	軍装騎兵（シタクノキバムシヤ）
輕装騎兵（ミガルノアシガル）	輕装騎兵（ミガルノキバムシヤ）
小銃手（テツポウウチ）	小銃手（テツポウウチ）
天砲銃手（モルチールウチ）	天砲銃手（モルチールウチ）
武卒（ブソツ）	（不詳）
珂炳銃手（カノンウチ）	珂炳銃手（カノンウチ）

歩兵（カチムシヤ）	歩兵（カチムシヤ）
歩卒（アシガル）	歩卒（アシガル）
番兵（バンムシヤ）	番兵（バンノムシヤ）
土工監（ナワハリノヤク）	土工監（ナワバリノヤク）
鍬役（クロクワ）	鍬役（クロクワ）
間人（マワシモノ）	間人（マワシモノ）
農兵（コノンデデルツワモノ）	農兵（コノンデナリシツワモノ）
班頭（シツトウ）	班頭（ヒツタウ）
太閤老（―タイロウ）〔ママ〕	太閤老（ゴタイロウ）
市長（マチドシヨリ）	市長（マチドシヨリ）
書記（カキヤク）	書記（カキヤク）
執政（ゴラウヂウ）	執政（ゴロウヂウ）
所属（シハイガシラ）	所属（シハイガシラ）
法司（シヲキヤク）	法司（シヲキヤク）
公子（ワカトノバラ）	公子（ワカトノバラ）
待中（ヲソバヤク）	侍中（ヲソバヤク）
傅（カシヅキ）	傅（カシヅキ）
後見（ウシロミ）	後見（ウシロミ）
左右人（ソバゴシヤウ）	左右人（ソバゴシヤウ）
待女（コシモト）	侍女（コシモト）
白徒（コビト）	白徒（コビト）
頭目（ワカトウ）	頭目（ワカトウ）
急足（ヒキヤク）	急足（ヒキヤク）
庖人（リヤウリニン）	庖人（リヤウリニン）
婢女（ゲジヨ）	婢女（ゲジヨ）
馬吏（ベツトウ）	（不詳）

近臣（ゴキンジユ）	近臣（ゴキンジユ）
酒監（サケガヽリ）	酒監（サケガヽリ）
園人（クチトリ）	園人（クチトリ）
門人（モンバン）	門人（モンバン）
奴僕（チウゲン）	奴僕（チウゲン）
厠ヲ掃除スル人（カワヤヲソウジスルヒト）	（不詳）

C. フランス語の照合と発音の実際

　本項の主題は、『佛語』の中で用いられたフランス語が、どこから引用されたのか。これも、前項（B）の時と同じく、『三語』に依存しているのか、ということである。

　前項から類推すると、著者の独自性はあまり期待できないが、果たしていかなるものか。

　調査の順序としては、まず初めに「部門」の中から、「官職」および「言語」（前置詞）の二部門を選んで、フランス語の照合を試みる。それに引き続いて、「前置詞」の部だけを事例として取り上げ、仏語の照合と合わせて、仮名文字発音の実際のところを、検討してみたい。

―― （　）の中が空欄のものは、『三語』に同一の仏語がないものを示す。

『佛語』	『三語』
「官職」の部	

帝　Empereur	empereur
皇后　Imperatrice	imperatrice
王　Roi	roi
太子　Prince	prince
公主　Princesse	princesse
宰相　Vicare	vicaire
君　Seigneur	seigneur
夫人　Dame	dame
上士　Chevalier	chevalier
武器官　Ecuyer	ecuyer
勅使　Ambassadeur	ambassadeur
勅使夫人　Ambassadrice	ambassadrice
京兆尹　Ministre	ministre
司官　Officier	officier
國司　Maréchal	marechal(14)
副将軍　Lieutenant generaal(ママ)(15)	lieutenant generaal(ママ)
偏将　Major-général(ママ)	major-generaal(ママ)
副隊長　Lieutenant-colonel	lieutenant-colonel
指揮官　Brigadier	brigadier
管陣官　Quartier-maitre	quartier-maitre
騎将　Mestre de camp	mestre de camp
歩隊将　Colonel d'infanterie	colonel d'infanterie
副裨将　Aide-major	aide-major
大将軍　Officiers généreux	officiers genereux
長官　Capitaine	capitaine
旗将　Cornet de cavalerie	cornet de cavalerie

旗手　Guidon	guidon
皷吏　Tambour	tambour
笛伶吏　Fifre	fifre
喇叭吏　Trompette	trompette
鍬長　Sapeur	sapeur
騎兵　Cavalier	cavalier
軍裝騎兵　Gendarme	gendarme
輕裝騎兵　Chevau-léger	chevaux-legers
小銃手　Mousquetaire	mousquetaire
天砲銃手　Bombardier	bombardier
武卒　Dragon	dragon[16]
歩卒　Soldat	(　　　　)[17]
番兵　Garde	garde
土工監　Ingenieur	ingenieur
鍬役　Mineur	mineur
間人　Espion	espion
農兵　Volontaire	volontaire
班頭　Orateur	orateur
大閣老　Chef de justice	chef de justice
市長　Bourgmestre	bourguemaitre
書記　Secrétaire	secretaire
執政　Conseiller	conseiller
所屬　Directeur	directeur
法司　Juge	juge
公子　Gentilhomme	gentilhomme
待中　Chambellan	chambellan

傅	Maître d'hôtel	maitre d'hotel
後見	Intendant	intendant
左右人	Valet de chambre	valet de chambre
侍女	Femme de chambre	femme de chambre
白徒	Valet	valet
頭目	Valet de pied	valet de pied
急足	Coureur	coureur
庖人	Aide de Cuisine	aide de cuisine
婢女	Cuisiniere	cuisiniere
馬吏	Groom	(　　　)
近臣	Echanson	echanson
酒監	Sommelier	sommelier
圉人	Palefrenier	palefrenier
門人	Portier	portier
奴僕	Messager	messager
厠ヲ掃除スル人	Cureur	(　　　)[18]

　以上、見てきたように、多少の工夫は認められるが、基本的には『三語』の中から、仏単語を選んで掲載している[19]。中には『三語』の部門（「官職」）には見つからないものもあるが、それを補足するものとして、『佛語明要』（第四章、参照）を利用している。やはり、『佛語』は村上英俊の著作に大きく依存しているといっても、過言ではあるまい。

　次にもう一例を挙げて、検討してみよう。

　——見出しの邦語は省略し、フランス語の単語のみを記したことを、付記す

る。
——なお仏単語の上に付されていた仮名文字発音は，記述の都合上，単語の後に置いた。

『佛語』　　　　　　　　　　　　　　　『三語』

「言語」（前置詞）

『佛語』	『三語』
Autour　オヲトユル	autour　アユトユル
Après　アプレイ	apres　アプレス
A travers　アトラヘル	a travers　アトラヘルス
Avant　アハン	avant　アハント
Avec　アヘク	avec　アヘク
Chez　セエノ	chez　セズ
Contre　コントル	contre　コントレ
Dans, En　ダン　エン	dans, en　ダンス　又エン
Devant　ズハン	devant　デハント
Derrière　デエイルイーエイル	derriere　デルリーレ
Durant　ドユラン	durant　デユラント
Depuis　ズプヲイ	depuis　デホイス
Entre　エントル	entre　エントレ
Envers　エンヘエイル	envers　エンヘルス
Excepté　エクセプチエイ	excepte　エクスセプテ
Outre　オヲトル	outre　ヲユトレ
Par　パル	par　パル
Parmi　パルミ	parmi　パルミ

Sans　サン	sans　サンス
Selon, Suivant　スハロン，スウィハン	selon, suivant　セロン 又 ソイハント
Sous　ソース	sous　ソユス
Sur　ソヲル	sur　シユル
Touchant　トフサント	touchant　トユクワント
A cause　ア コズ	a cause　ア カユセ
A la réserve　ア ラ レエイセルヘエイ	a la reserve　ア ラ レセルヘ
A l'egard (ママ)　アル セイカル	a l'egard (ママ)　アル エゲルド
A force　ア ホルス	a force　ア ホルセ
En dépit　エン デエイピ	en depit　エン デヒツト
En vertu　エン ヘエイルトヲ	en vertu　エン ヘルテユ
Faute　ホヲト	faute　ハユテ
Hors　ホヲル	hors　ホルス
Loin　ロアイン	loin　ロイン
Pour　ポヲル	pour　ポユル
Près　プレズ	pres　プレス
Quant　クアン	Quant　クワント
Moyennant　モアイエンナン	moyennant　モエーンナント
Jusque, Jusques, Jusqu　ヨスクエ，ヨスクス，ヨスク	jusque, jusques, jusqu　ユスケー，又 ユスケース，又 ユスケ
Pendant　ペンダント	pendant　ペンダント
En faveur　エン ハヘウル	en faveur　エン ハヘユル
En comparaison　エン コムパラァイゾン	en comparaison　エン コムパライソン

| Sous peine　ソヲ ペイン　　　|　sous peine　ソユス ペー子

　フランス語の単語については，両書とも同じ内容のものであったが，仮名文字発音に関しては，英俊時代（黎明期）のそれよりも，進歩の跡が認められるものなのか。それに，この明治初期の時代に，わざわざ発音を付して，刊行する必要があったのか，どうか。いささか疑問である。なぜなら，村上英俊の『三語便覧』の改訂版（第二章，第7節の項，参照）でさえ，発音は削除されているからである。

（註）
（1）　髙橋邦太郎氏によれば，「加藤雷洲とは恩師武田英一先生の御令閨のお父上であられたのでありました。この事を武田先生から伺って全く驚きました。ところが武田先生は『岳父に佛學書の著述のある事は知ってゐたがどんなものであるかを見た事が無い』と言はれますので早速『佛語箋』上下をお目に掛け，雷洲のお話をお伺ひ致しました。武田先生の御令閨は武田錦子女史で日本の女子教育界では著名な方で，明治初年に留学生として米国に渡られた方故，その方のお父上ならばこの著述のある事は蓋し当然の事と考へました。武田先生のお話に拠ると雷洲は幕府の役人を務め，横須賀の開け始める頃に同地に住み横須賀へ行きたる関係上西洋好きとなり，絵をよくし，椿山の弟子であったが，世間には一向知られず，夙に洋学に志し，錦子女史にも英語を学ばせ，晩年眼を病んだが銅板に長ぜられ，享年七十二歳で歿せられたとの事であります」。「幕末の佛語學書二三」，pp. 98-99。『日佛文化』第二輯所収。日佛会館学芸部編，昭和3年。
（2）　書籍によっては，奥付のないものも存在する。
（3）　『洋学文庫目録』，文庫8，C-825。昭和46年6月。
（4）　『江戸幕府旧蔵洋書目録』，AF-205。ただし，第一巻のみ所蔵。昭和42年。
（5）　『蛮語』で使用された邦語には，振り仮名の付されているもの，あるいはないものとあって，一定していない。

（6） この時点では不明であった〔拙稿、「加藤雷洲『佛語箋』の見出し（邦語）をめぐって」『一般教育部論集』、第30号，pp. 1‐11。創価大学総合文化部，2006年〕が，主題（フランス語の単語を中心）を替えて調査した結果，解明できたものもあった。以下同じ。(次項‐C，参照)。
（7） 『五方』には，(間道　ヌケミチ）とある。
（8） 『五方』では，(糯米土　ヘナツチ）と記されている。
（9） 参考までに『五方』では，(陂　イケ。池。湖池)。
（10） 『佛語箋』においては，邦語（見出し）の（澤　サハ）に対して，Marais なる仏語を当てているが，『三語』では，marais なる仏単語に，邦語（見出し）として（沼　ヌマ）を置いている。
（11） 『佛語箋』の邦語（潮　ウシホ）に対応する仏語としては，Lac が記されている。
（12） 『三語』では，(湖　ミヅウミ）は lac，(潮　ウシホ）は marais と別記。
（13） 『広辞苑』（岩波書店）によれば，かいろく〔回禄〕，火の神。転じて，火事で焼けること．火事。
（14） すでに述べた如く，『三語』ではオルトグラフ（綴字記号）が欠落しているが，原文のままに記した（以下同じ）。
（15） 『佛語箋』でも，ときにはオルトグラフが付されていない個所もあるが，原文のままに記した。
（16） 『佛語明要』によれば，訳語（日本語）は，龍。武卒。悪心ノ人。龍巻，とある。
（17） 『佛語明要』では，「soldat, m. 軍卒」となっている。
（18） 『佛語明要』では，「cureur (m). 厠ヲ掃除スル人。井戸浚フ人」，と記されている。
（19） なお，主題とは離れるが，『三語便覧』の影響を受けたものの一つとして，次のような言及もあることを，紹介しておきたい。詳しくは，以下の論考を参照。

　　高橋達明，「ストコヴオーイの『仏日語彙』」，pp. 69-198。『人文論叢』，33号。京都女子大学人文社会学会，昭和60年。

第2節 『官許 佛和辭典』

A. 構成内容と成立過程

　洋装本（縦21.5cm×横16.3cm）であり，我が国最初の活版による，仏和辞書といえよう。現況では，表紙はくち葉色で，背表紙と隅の三角形が黒色（筆者の架蔵本による，以下同じ）。扉の部分は左右に分れており，左側は日本語によって記され，「寄陽，好樹堂譯，官許・佛和辭典，明治四年辛未正月新鐫」となっている。右側はフランス語で書かれ，

『官許　佛和辭典』扉
（筆者蔵）

「Nouveau ;／Dictionnaire／français‐japonais／renfermant／les principaux mots composés／et／un grand nombre de locutions.／／Changhai : Imprimerie de la mission presbytérienne américaine.／1871」と，上海の米国長老派宣教会印刷所で，印刷されたことが記されている。好樹堂譯とあるので，翻訳本であることに間違いはないであろうが，その程度はどのくらいでのものであったのか。ある本の完訳なのか，それとも，部分訳なのか。あるいはまた，参照程度のものだったのか，検討してみたい。

　それに，翻訳をした好樹堂とは，一体どのような人物なのか。この人物は岡田誠一（後に好樹）といい，長崎の済美館において，英語教師の一員として名を連ねている者である[20]。

　次に，Préfaceが1頁，フランス語で書かれているが，その全文を示すと，次の通りである。

PRÉFACE.

Ce volume est une traduction du dictionnaire de poche, bien connu, des langues française et anglaise, par M. Nugent. Un ouvrage, dont la réputation bien méritée de sa grande utilité lui à déjà valu la trentième édition à Londres, ne demande que peu de mots pour sa préface, et moins encore pour sa recommandation. Il suffira donc de dire ici, que les plus grands soins ont été mis dans la traduction, pour lui assurer, dans les phrases aussi bien que dans les simples mots, le sens exact et complet de l'original. Espérons, que cet ouvrage, mis ainsi à la portée de tout étudiant de la langue française au Japon, dévienne un auxiliaire important à l'étude des langues et des sciences occidentales.

L'avertissement de la vingt-et unième édition de Londres du livre original nous dit que : "La vente rapide de vingt éditions successives du dictionnaire de M. Nugent et son adoption dans presque toutes les écoles de la Grande Bretagne nous montrent l'éstime, dont jouit cet ouvrage, et nous donnent la preuve la plus gratifiante, qu'il est hautement adapté à l'usage des jeunes, étudiants de la langue française, pour lesquels il à été compilé dans son origine. Néanmois, pour assurer à cet ouvrage la continuation de la faveur publique, et pour lui obtenir une plus grande popularité encore, nous avons profité de la nouvelle impression, non seulement pour corriger quelques erreurs typographiques et quelques interprétations érronées de mots, choses presqu'inévitables toujours dans un pareil genre d'ouvrage, mais aussi pour augmenter considérablement la nouvelle édition. On nous pardonnera d'avoir fait mention de cette circonstance d'autant plus, qu'elle nous laisse espérer de voir notre dictionnaire, par sa forme portative et convenable, devenir un aide utile aussi à l'étudiant

第五章　佛和辞書（明治期）の系譜　245

adulte, bien que sa destination prémière ait été pour l'usage des écoles."

　L'ouvrage ayant eu depuis jusqu'à sa trentième édition. ce qui en à été dit plus haut se trouve d'autant plus confirmé. Que son dictionnaire puisse trouver un bon accueil auprès de ses compatriotes et surtout auprès de ses camarades étudiants, est le souhait bien sincère du

TRANSLATEUR.

C<small>HANGHAI</small>, *Février,* 1871.

　この後は，Abréviations（畧語）が置かれており，内容は以下のようなものである（罫線で左右二行に，区劃されているが，ここでは記述の都合上，一列とした）。

Art.　　　冠辞
A.　　　　形容辞
S.　　　　實名辞
Sm.　　　男性實名辞
Sf.　　　 女性實名辞
M.　　　　男性
F.　　　　女性
Smf.　　　男女性實名辞
Pl.　　　　複数
Pro.　　　代名辞
Pro. pers.　人代名辞
Pro. relat.　関係代名辞
Pro. dem.　指示代名辞

Pro. poss.　物主代名辞
Va.　　　他動辞
Vn.　　　自動辞
Vr.　　　帰動辞
Ad.　　　副辞
Prep.　　前置辞
C.　　　 接續辞
Int.　　　間投辞

　そして，本文（紙面は，中央に縦の罫線が入って，左右に分離）は１頁から440頁まで。単語数，約28000語。ただし，この数字は，「見出しの仏単語」のほかに，熟語，成句，動詞（代名動詞も含む），用例などを数えたものである。なお，仏単語に対しては，従来の辞書のように，仮名文字による発音表記は，付されていない。奥付には記載はない。それゆえ，出版元は不明だが，官許うんぬんとあるので，私家版ながら，公的機関の許可を得た刊行物，ということになる。

　さて，好樹堂という文字にも注目してみたい。堂という字は，「学堂」を意味する語でもあるので，私塾を指す場合も多い。徳川時代の蘭学塾には，塾名にこの「堂」を付けた私塾を，かなり見ることができる。例えば，安懐堂，象先堂，時習堂，又新堂，等々。身近な例としては，村上英俊の私塾名（仏学塾）が，達理堂であったことを挙げておけば，十分であろう。

　岡田好樹は，慶応元年（1865）から明治４年（1871）まで，正式の教育機関（済美館，広運館）で，英語を教授している。しかし，その一方，個人的に英語を修めたい人々に対して，自宅において，少人数を相手に教えていた可能性もあろう，と推測される。

　さらに，そのときには，特別に塾名を冠さなくとも，出版に際して，全く

の個人では許可が得にくい等の理由で，塾名を付して——すなわち好樹堂蔵版という意味で——出版の権利を主張したのかもしれない。

B. 《佛英小辞典》との照合

『官許 佛和辭典』の原本は，Th. Nugent による《佛英小辞典》である。長い間イギリスの生徒に採用された，定評のあった辞典のようである。

なお，この原本は我が国にも見在し，静岡県立中央図書館葵文庫所蔵のフランス書（AF-145），並びに東京大学総合図書館所蔵本がそれである。

葵文庫所蔵本によって，この書を紹介しておくと，編者は，Par Th. Nugent／標題は，Nouveau／Dictionnaire de Poche français-anglais et anglais-français/47ᵉ édition。表紙は焦茶色（背表紙に文字あり）。裏に，「ニュージャン，英佛対譯辞書，千八百六十五年」と記載。14.8 cm×9.4 cm がその寸法であり，1865年の刊行（Paris, Baudry, Librairie europénne. Dramard-Baudry et Cie successeur）。

ここで，この本の構成について簡単に触れてみると，総頁数は342頁のものである。前文に続いて，仏英対訳の部（本文）が267頁まで。その他を含めると280頁までとなる。その後の頁は，英仏の部となり，その紙数は332頁まである。さらに，その他の部分が342頁まで，というのがその構成。

同書が葵文庫に所蔵される以前は，駿府学校，静岡学校の旧蔵書であったという（『江戸幕府旧蔵洋書目録』，SF-145）。

いよいよ，これから《佛英小辞典》（《佛英》，と略称す，以下同じ）と『官許 佛和辭典』（『好樹堂』，と略称す，以下同じ）との関連を，具体的に検討することになる。これにより，翻訳の度合をはかることになるが，それ

NOUVEAU

DICTIONNAIRE DE POCHE

FRANÇAIS-ANGLAIS
ET ANGLAIS-FRANÇAIS

CONTENANT TOUS LES MOTS GÉNÉRALEMENT EN USAGE
ET AUTORISÉS PAR LES MEILLEURS AUTEURS

AINSI QUE

L'ACCENT DES MOTS ANGLAIS, LES PRÉTÉRITS ET LES PARTICIPES
PASSIFS DES VERBES ANGLAIS IRRÉGULIERS, LE GENRE DES NOMS FRANÇAIS
LES TERMES DE MARINE ET D'ART MILITAIRES, AVEC UN DICTIONNAIRE
MYTHOLOGIQUE ET HISTORIQUE, ET UN DICTIONNAIRE GÉOGRAPHIQUE

PAR TH. NUGENT

Nouvelle Édition entièrement refondue et corrigée sur les Dictionnaires de *Laveaux*
de *Lévizac*, de *Boniface* et de *Fain*, d'après l'édition publiée à Londres

PAR J. OUISEAU

41ᵉ ÉDITION

REVUE PAR TIBBINS ET NIMMO

FRANÇAIS—ANGLAIS

PARIS

BAUDRY, LIBRAIRIE EUROPÉENNE
3, QUAI MALAQUAIS, AU PREMIER ÉTAGE
PRÈS LE PONT DES ARTS

1853

Nugent《佛英小辞典》扉
（東京大学総合図書館蔵）

にはできるだけ多くの単語を照合することによって，調査を進めたい。

　ところで，両書の単語検証については，前者は東京大学総合図書館所蔵本を使用させて戴いた。参考のために，葵文庫所蔵本とは異なる点を記してみると，以下のようなものである。こちらは第41版（41e édition）で，1853年の出版である。

　なお，葵文庫所蔵本では詳しく触れなかった個所を，補足してみると，以下のようなものである。

　まず前文の所は，Avertissement（左側は仏語，右側は英語のものであるが，仏語のみ下記に記す）。

La réputation méritée de ce petit Dictionnaire et le débit extraordinaire de 40 éditions font assez connaître son utilité, sans qu'il soit besoin d'en faire l'éloge. Il nous suffit de dire que rien n'a été négligé pour rendre cette 41e édition plus complète que les précédentes. On conçoit que dans un ouvrage de ce genre, destiné à fixer l'orthographe dans la mémoire de l'étudiant, il est de la plus grande nécessité que la correction soit parfaite, et c'est pour arriver à ce but que nous l'avons fait stéréotyper.

　次頁は Explication des abréviations. 本文の後は，Dictionnaire mythologique et historique…，等（268頁-280頁）。

　さらに，英仏の部の後は，A Mythological and historical Dictionary（333頁-337頁）。そして，最後に A geographical dictionary（338頁-342頁）となる。

――《佛英》および『好樹堂』では，それぞれフランス語のみを記し，前者
　の英語，後者の日本語は省略したことを，付記する。

——（　）は，《佛英》あるいは『好樹堂』において，単語が記載されていない個所を，示すものである。

《佛英小辞典》	『官許　佛和辭典』
(A) の部	
Abbaye, sf.	Abbaye, sf.
Abbé, sm.	Abbé, sm.
Abbesse, sf.	Abbesse, sf.
Abcéder, vn.	Abcéder, vn.
Abcès, sm.	Abcès, sm.
Abdalas, sm.	Abdalas, sm.
Abdication, sf.	Abdication, sf.
Abdiquer, va.	Abdiquer, va.
Abdomen, sm.	Abdomen, sm.
Accent, sm.	Accent, sm.
Accentuation, sf.	(　　　　　)
Accentuer, va.	Accentuer, va.
Acceptable, 2. a.[21]	Acceptable, a.
Acceptant, e. s.	Acceptant, e. s.
Acceptation, sf.	Acceptation, sf.
Accepter, va.	Accepter, v.
Accepteur, sm.	Accepteur, sm.
Acception, sf.	Acception, sf.
Accès, sm.	Accès, sm.
Accessible, 2. a.	Accessible, a.
Accession, sf.	Accession, sf.

Accessit, sm.	Accessit, sm.
Accessoire, sm.	Accessoire, sm.
———, a.	———, a.
Accident, sm.	Accident, sm.
Accidentel, le, a.	Accidentel, le, a.
Accidentellement, ad.	Accidentellement, ad.
Accise, sf.	Accise, sf.
(B) ——《佛英》	(B) ——『好樹堂』
Baguette, sf.	Baguette, sf.
( )	Passer pas les ———.
Baguier, sm.	Baguier, sm.
Bahut, sm.	Bahut, sm.
Bahutier, sm.	Bahutier, sm.
Bai, e, a.	Bai, e, a.
Bai-brun,	Baibrun,
Bai-châtain,	Baichâtain,
Bai-clair,	Bai-clair,
Bai-doré	Baidoré
Bai-miroité,	Baimirouetté,
Baie, sf.	Baie, sf.
( )	Baie, sf.
Baïette, sf.	( )
Baigner, va.	Baigner, va.
Baigneur, se, s.	Baigneur, se, s.
Baignoir, sm.	Baignoir, sm.

Bail, sm.

Baile, sm.

(D) ——《佛英》

Drogman, sm.

Drogue, sf.

Droguer, va.

   Se——, vr.

Droguerie, sf.

Droguet, sf.

Droguier, sm.

Droguiste, sm.

Droit, e. a.

Droit, sm.

——canon,

——civil,

——commun,

——des gens,

——naturel,

——de bourgeoisie,

(   )

(   )

——, ad.

Droite, sf.

—— (d'une armée),

Bail, sm.

Baile, sm.

(D) ——『好樹堂』

Drogman, sm.

Drogue, sf.

Droguer, va.

   Se——, vr.

Droguerie, sf.

Droguet, sm.

Droguier, sm.

Droguiste, sm.

Droit, e, a.

Droit, sm.

——canon,[22]

——civil,

——commun,

——des gens,

——naturel,

(   )

——divin,

   Faire son ——,

Droit, ad.

Droite, sf.

(   )

第五章　佛和辞書（明治期）の系譜　253

(E) ——《佛英》

Ecole, sf.

Ecolier, e. s.

Econduire, va.

Economat, sm.

Econome, 2. a. s.

Economie, sf.

Economique, 2. a.

(　　　　)

Economiquement, ad.

Economiser, va.

Ecope, sf.

Ecorce, sf.

Ecorcer, va.

Ecorcher, va.

　S'——, vr.

Ecorcherie, sf.

Ecorcheur, sm.

Ecorchure, sf.

Ecore, sf.

Ecorner, va.

(F) ——《佛英》

Fable, sf.

Fabliau, sm.

Fabricant, sm.

(E) ——『好樹堂』

Ecole, sf.

Ecolier, e. s.

Econduire, va.

Economat, sm.

Econome, a. s.

Economie, sf.

Economique, a.

——, sm.

Economiquement, ad.

Economiser, va.

(　　　　)

Ecorce, sf.

Ecorcer, va.

Ecorcher, va.

　S'——, vr.

Ecorcherie, sf.

Ecorcheur, sm.

Ecorchure, sf.

Ecore, sf.

Ecorner, va.

(F) ——『好樹堂』

Fable, sf.

Fabliau, sm.

Fabricant, sm.

Fabricateur, sm.	Fabricateur, sm.
Fabrication, sf.	Fabrication, sf.
Fabricien, sm.	Fabricien, sm.
Fabrique, sf.	Fabrique, sf.
Fabriquer, va.	Fabriquer, va.
Fabuleusement, ad.	Fabuleusement, ad.
Fabuleux, se, a.	Fabuleux, se, a.
Fabuliste, sm.	Fabuliste, sm.
Façade, sf.	Façade, sf.
Face, sf.	Face, sf.
(　　　)	Voir, regarder en――,
Faire face, va.	Faire――,
(　　　)	Faire volte-face,
(　　　)	En――,
Facétie, sf.	Facétie, sf.
Facétieusement, ad.	Facétieusement, ad.
Facétieux, se, a.	Facétieux, se, a.

　上述の如く，岡田好樹は原本といわれる《佛英》の単語を，そのままの形で使用しているのではない。彼なりの取捨選択はしているし，しかも《佛英》にない単語を，『好樹堂』の中で導入している。それゆえ，仏単語の配置に関しては，完訳とはいえない。

　なお，ここでの「訳」という意味は，どうやら本来の翻訳という，狭い字義に捕われることなく，単語の配置をも含めて，適用させているもの，と考えられる。

C. 訳語の実例とその参考資料

　この項の主題である，訳語の検証を始める前に，その参考資料と思われる書籍の紹介から入ることにしよう。ただし，それを一つに限定することは，避けねばなるまい。なぜなら，これがほぼ同種本でありながら，書名が替わって，3度出版されているからである。著名な順に挙げてみると，『改正増補　英和對譯袖珍辭書』（堀越亀之助増訂。『改正英和』，と略称す，以下同じ）は，慶応2年（1866）に出版，そして同3年（1867）に再版となる[23]。

　これより以前，同じ系統のものとしては，すでに『英和對譯袖珍辭書』（堀達之助編。『英和袖珍』，と略称す，以下同じ）が，文久2年（1862）に上梓されている。洋書調所から出版されたが，「この辞書の出た翌年即ち文久3年8月には洋書調所が開成所と改稱され，開成所が有名になつたためこの辞書は其の後で坊間に開成所辞書として知られるようになつた」[24]。

　さて，筆者が調査で使用したのは，『改正増補　和譯英辭書』（通称，薩摩辭書）であるが，内容は上記の『改正英和』とほぼ同じであるという（両書の照合は，後述）。

　ここで，簡単にこの本の構成内容を記してみると，以下のようなものである[25]。

　薩摩学生編，明治2年（1869）の上木であり，活版の洋装本。序文，英文のPreface，そして本文（紙面は，中央に縦の罫線が入って，左右に分離）が1頁から677頁。続いて，不規則動辞表（679頁-687頁）。次にAbbreviations Explainedが，688頁から697頁まで。最後にArbitrary signs（象形記號之解），698頁-700頁，というのがその構成である。

　なお，「薩摩藩士高橋新吉が，洋行の費用調達のため，堀越亀之助の『改正増補　英和對譯袖珍辭書』をもとに，…（中略），宣教師フルベッキ（G. F. Verbeck）の援助を得て，上海のAmerican Presbyterian Mission Pressか

ら出版したものであり，通称『薩摩辭書』と呼ばれている。英文のタイトル・ページに Third Edition Revised とあるが，これは堀達之助の『英和對譯袖珍辭書』からかぞえていることになる」(26)。すなわち，『英和袖珍』が第一集であり，『改正英和』が第二集となり，『薩摩辭書』は第三集，という意味である。

それゆえ，内容がほぼ同じなら，『薩摩辭書』が『好樹堂』に影響を与えたことは，当然，考えられる。

いよいよ訳語の検討に入ることにする。

調査の順序としては，最初に，前項（B）において，《佛英》および『好樹堂』の両方に，仏単語があるものの中から，適宜に選択をして，調査の対象とした。次に《佛英》のフランス語と英語を記し，さらに，──→線を引いて，『好樹堂』の訳語（日本語）を記していく。最後に（　）の中に，『薩摩辭書』の訳語を示した。

ただし，調査の前に，以下の点を付記するものである。

──『好樹堂』の日本語は縦書きであるが，ここでは記述の都合上，横書きとした。
──参考資料の『薩摩辭書』でも，日本語は縦書きであるが，これも同じ理由で，横書きとした。
──なお，『薩摩辭書』には，英語および邦語に仮名文字が振られているが，主題と直接関係がないので，省略した。

○　《佛英》Abbaye, abbey, monastery ──→『好樹堂』寺院　『薩摩辭書』（寺院）

○　Abbé, abbot ──→僧ノ名　（僧ノ名）

○　Abdication, abdication : resigning ──→打捨ルコ。辭職　（打捨テルコ。讓ルコ。勝手＝手離スルコ）

○　Accent, accent, stress of the voice ──→音節。強音　（聲ノ節。發聲。強音の符號）

○　Accentuer, to accentuate ──→音節ツクル　（音節ヲ分ツテ言ヒ出ス。強音ノ符号ヲ付ル。『薩摩辞書』では，Accentuate-ed-ing）

○　Acceptation, ──tion, acceptance ──→引請　（請取ルコ。言ノ義）

○　Accès, access : fits ──→通行。發作　（通行。近寄ルコ。進ミ。道。病の發作）

○　Baguette, wand : rod : switch ──→小杖。扞。杖。太鼓ノ撥チ　（小杖。策〔役目ノ徴シニ持ツ〕棒）

○　Baguier, cask or box for rings ──→環匣　（桶）

○　Bahutier, trunk-maker ──→皮櫃匠　（筐ヲ造ル人）

○　Bai, bay-coloured ──→紅鳶色ナル　（紅鳶色。赤ミバシッテ居ル）

○　Bail, lease ──→貸家證文　（貸家證文）

- Drogue, drug : a sorry commodity ──→醫薬。物品　（乾薬。ヤクザ物）

- Droguet, drugget, a woollen stuff ──→トロメンノ類　（トロメンノ類）

- Droguiste, a druggist, apothecary ──→薬種商人　（乾薬ヲ商ウ人）

- Droit canon, canon law ──→寺法　（僧官。寺法。印度ノ小舟）

- Droit des gens, the law of nations ──→公法。交際法　（nation, s. として，人民。國人）

- Ecole, a school, college ──→學校　（稽古所。college, s. として，會合。社中。學校）

- Econduire, to refuse, deny ; reject ──→拒ム　（嫌ウ）

- Economie, economy, order ──→経済　（家事スル┐。儉約スル┐。法）

- Econome, saving : a steward ──→賄方。儉約ナル　（儉約ナル。損失ニ手當スル）

- Ecorce, bark : shell ; peel ; outside ──→皮，甲　〔皮（樹木ノ）。幾那。小船〕

- Fable, fable, story : fiction ──→小説。昔噺　（作り物。昔噺）

○　Fabricant, a manufacturer ──→職人。細工人　（職人。細工スル人）

○　Fabricien, churchwarden ──→寺ヲ預ル人　（寺ヲ預ル人）

○　Fabuleusement, fabulously ──→小説物ノ如ク　（小説物ノ如ク）

○　Façade, front of a large building ──→前面。家ノ表通リ。書籍ノ表装畫（前面。前ノ方。家内ノ見掛リ所）

○　Facétieux, facetious ──→オドケタル。面白キ。才智アル。楽キ　（ヲドケタル。面白キ）

　以上，訳語の実例を記してきたが，こうした傾向は，先に進んでもほぼ同じ推移を辿るので，煩雑さを避けるために，この辺で留めたい。

　ところで，前述の『改正英和』と『薩摩辭書』照合の件であるが，ここにその結果を掲載しておく。
　その前に，『改正英和』の扉の部分を紹介してみると，以下のようなものである（調査に際しては，東京大学総合図書館所蔵本を利用させて戴いた）。

A／pocket dictionary／of the／English and Japanese Language.

───────────────────

改正増補／英和對譯袖珍辭書

───────────────────

　Second and revised edition
　　at Yedo, 1866

慶應二年江戸再版[27]

── 『改正英和』の訳語（日本語）も，縦書きであるが，ここでは横書きとした。
── （　）は『改正英和』および『薩摩辭書』に単語の記載のないものを示す。

『改正増補　英和對譯袖珍辭書』（『改正英和』，と略称）	『改正増補　和譯英辭書』（『薩摩辭書』，と通称）
Abbacy, s. pl. 　僧ノ位	Abbacy, s. 　僧ノ位
Abbess, s. 　尼寺ノ頭	Abbess, s. 　尼寺ノ頭
Abbey, Abby, s. 　寺院	Abbey, Abby, s. 　寺院
Abbey-lubber, s. 　不精ナル僧	Abbey-lubber, s. 　不精ナル僧
Abbot, s. 　僧の名	Abbot, s. 　僧ノ名
Abbotship, s. 　僧ノ位	Abbotship, s. 　僧ノ位
Abbreuvoir, s. 　畜ノ水飲場．石ノ間ノツナギ（後略）	（　　　　　　）

第五章　佛和辞書（明治期）の系譜　261

Abbreviate-ed-ing, v. a.　短カメル．畧スル	Abbreviate-ed-ing, v. a.　短カムル
Basin, s.　舟舶ヲ囲ヒ置ク澳．池．水桶	Basin, s.　舟舶ヲ圍ヒ置ク澳。池。水桶
Basis, s.　基礎	Basis, s.　基礎
Bask-ed-ing, v. a. et n.　暖メル．温ル	Bask-ed-ing, v. a. et n.　暖ムル。温マル
Basket, s.　籠	Basket, s.　籠
Basket-maker, s.　篭作ル人	Basket-maker. s.　籠作ル人
Bason, s.　鉢。皿。丼	Bason, s.　鉢。皿。丼
Bass, s.　調子ノ低キ声　但乙ヲ云	Bass. s.　調子ノ低キ聲（但乙ヲ云）
Basson, s.　楽器ノ名	Basson, s.　楽器ノ名
Bass-relief, s.　彫アゲ細工	Bass-relief, s.　彫アゲ細工
Caddy, s.　茶匣	Caddy, s.　茶匣
Cade, s.　小桶	Cade, s.　小桶
Cade-ed-ing, v. a.　育上ル	Cade-ed-ing, v. a.　育上ル

Cadence, s.　韻ノ符合．調子ノ低クナル了．声音	Cadence, s.　韻ノ符合。調子ノ低クナル了。聲音
Cadet, s.　兵孝校ノ諸生．末弟	Cadet, s.　兵學校ノ諸生。末弟
Cage, s.　鳥篭。獸ヲ入置小屋．牢獄	Cage, s.　鳥籠。獸ヲ入置小屋。牢獄
Caitiff, s.　悪逆者．賎キ心ノ者	Caitiff, s.　悪逆者。賤キ心ノ者
Caitiff, adj.　悪逆ナル．賎キ心ノ	Caitiff, adj.　悪逆ナル。賤キ心ノ
Caitively, adv.　心賎ク	Caitively, adv.　心賤ク
Cajole-ed-ing, v. a.　追従言フ	Cajole-ed-ing, v. a.　追従言フ
Day-book, s.　日記	Day-book, s.　日記
Day-break, s.　夜明	Day-break, s.　夜明
Day-labourer, s.　日雇	Day-labourer, s.　日雇
Day-light, s.　日光	Day-light, s.　日光
Day-scholar, s.　昼孝校ニテ修行スル孝生	Day-scholar, s.　昼學校ニテ修行スル學生
Day-school, s.	Day-school, s.

昼修行スル為ノ孛校	昼修行スル為ノ學校
Day-spring, s.	Day-spring, s.
夜明．曙	夜明。曙
Day-star, s.	Day-star, s.
夜明ノ明星　金星ヲ云	夜明ノ明星（金星ヲイウ）
Day-time, s.	Day-time, s.
昼	昼
Day-work, s.	Day-work, s.
昼仕事	昼仕事

　さて，最終の段階として，『好樹堂』本来の問題に焦点を戻すことにしよう。

　この主題（訳語の問題）も前項（仏単語の配置）のときと同様，原本からは決して逸脱していないが，原典の丸写し的な，単純な翻訳ではなさそうだ。そこには，編者による取捨選択と，それなりの創意工夫が認められる。

　ただし，Préface（序文）のフランス語に関しては，ある見解[28]とは，意見を異にする。なぜなら，そこに書かれた仏文が，編者の執筆とは到底思えないからである。

　明治初期の日本人——特に仏語が専門でない者——にとって，こうした仏文は明晰すぎる。それに，フランス人の好まない，同じ単語の繰り返しは，見事に避けられている。

（註）

(20)　『長崎洋学史』（上巻），p. 200。古賀十二郎著，長崎文献社発行，昭和41年。
　　　なお，岡田好樹（1848-1926）の生涯に関しては，詳しくは下記の論考を参照。

中井えり子,「『官許佛和辭典』と岡田好樹をめぐって」, pp. 47-62。『名古屋大学附属図書館研究年報』, v. 6, 2008。名古屋大学附属図書館研究開発室。

(21) Explication des abréviations の註記に, 'Le chiffre 2, qui suit les adjectifs terminés par un e muet, indique que ces adjectifs sont des deux genres.' とある。

(22) この個所の順序は,『好樹堂』の通りではない。左側の《佛英》に合わせて, 順番を並べかえたものである。

(23) 『大阪女子大学蔵　日本英学資料解題』, pp. 166-181, 参照。大阪女子大学附属図書館編集。大阪女子大学発行, 1962年。

(24) 『日本英學史の研究』(改訂版), p. 32。豊田 實著, 岩波書店。昭和16年改訂第一刷発行。

(25) 筆者架蔵本を使用。『復刻　薩摩辞書』(明治二年初版『和譯英辭書』), 高橋新吉, 前田献吉, 前田正名著。高城書房出版, 平成9年。

(26) 『蘭和・英和辞書発達史』, p. 71。永嶋大典著, 講談社発行。昭和45年。

(27) 本来は旧方式の, 右から左への書き方であったが, ここでは便宜上, 現方式に書き改めた。

(28) 「……で印刷した洋装の《官許仏和辭典》がでた。……フランス語の"序文"には M. Nugent の仏英辞書を反訳したとのべている。……(中略) これらの仏和, 独和の各辞典には, フランス語, ドイツ語の序文があり《英和対訳袖珍辞書》の英文序文とともに, 明治初期の日本人の手になった外国文として貴重な資料といえよう」。『図説日本の洋学』, pp. 38-39。惣郷正明著, 築地書館発行。1970年。

第3節　『佛和辭典』

A. 辞書の構成内容

いわゆる袖珍本。洋装で縦18.5 cm×横12.5 cm。現況では, 表紙は布製であり, 暗い濃鼠色。背表紙 (背文字あり) は皮製で茶色。扉には,「髙橋䇲

山訂正，佛和辭典，東京書肆（東崖堂，有則軒）藏梓」と記されている（筆者架蔵本による，以下同じ）。

　さて，扉に髙橋泰山訂正と記されてあるが，どの辞書を訂正したのか，と問われよう。それは，一読すれば明らかなように，『官許　佛和辭典』（第五章，第2節の項，参照。『好樹堂』，と略称す，以下同じ）を指している。それゆえ，この『佛和辭典』（『泰山』，と略称す，以下同じ）が『好樹堂』のどの個所を訂正したのか。あるいはまた，どの部分を補足して，書き改めたものなのか，実例を挙げて，検証してみることにしよう。

『佛和辭典』扉
（筆者蔵）

　扉の次の頁は，フランス語で記載，文面は『好樹堂』と同じものである。ただし，最後尾の出版された場所，および刊行年が，この本では「Tôkiô: Librairies Youshokoukén et Tôgaidô, 1886」に替わっている。すなわち，原本に遅れること，15年後の上梓ということになろう。

　Préface，1頁。その内容は原本とほぼ同じであるが，『泰山』では頁の最後が，「Tôkiô, Septembre 1886」となっている。Abréviations，1頁（原本と同じ）。本文（紙面は，中央に縦の罫線が入って，左右に分離）は，pp. 1-637。単語総数，約28000語[29]であり，これも，上記の書物と同じである。

　奥付には賣捌書林，発兌書林の名が見られ，その他，翻刻人として河井源藏（東京府平民），同じく富田彦次郎（岐阜縣士族）と書かれている。明治19年3月19日翻刻御届，同明治19年9月出版。定價金三圓と朱印。

B. 両書の差違

1） 訳語の訂正

　いわゆる原本の『好樹堂』と，訂正本である『桼山』の違いを，ここでは二つに分類して，検討してみた。最初は訳語（邦語）の違いであり，次が単語（フランス語）配列の順序に関してである。

　事例としては，訳語では（A）の部のみに限定して，検討したが，これは他の部においても，ほぼ同じ推移を辿るので，煩雑さを避けたゆえである。

　記述に入る前に，以下の要領で進めたことを，付記する。

——『桼山』の訳語も，縦組みであるが，ここでは横組みとした。
——用例としても，訳文の差違も認められるが，以下の一例のみにして，他は省略した。C'est à vous à parler. 此度ハ汝ノ曰ヒ前テアル（『好樹堂』）
　此度ハ汝ノ曰フ番テアル（『桼山』）

『好樹堂』	『桼山』
Abatage, 伐木ノ費	Abatage, 伐木スル「
Abdalas, 百爾失亜ノ僧	Abdalas, アラビヤ酋長ノ名
Abée, 管。桶	Abée, 管，桶（水車ノ）
Ablution, 淨潔	Ablution, 淨潔ニスル「
S'abolir, 不用トナル	S'abolir, 自棄スル
Abondance, 潤澤	Abondance, 多量
Abonnement, 契約。名ヲ記スル「	Abonnement, 契約，仕拂ヒ

第五章　佛和辞書（明治期）の系譜　267

S'abonner, 契約	S'abonner, 契約スル
S'abonnire, 能クナル	S'abonnire, 徳ヲ修ムル
Aborigènes, 土民	Aborigènes, 土民（従来ノ）
Abouchement, 集議	Abouchement, 集議, 會遇
Aboyeur, 高ク言フ人。多言者	Aboyeur, 高ク呼フ人, 多言者
Abreuvoir, 水浴所。水飲場	Abreuvoir, 水浴所, 水飲場（獸類ノ）
Abrivent, 風除。軒	Abrivent, 植木室
Abscisse, 測量ノ語	Abscisse, 幾何ノ語
Absolu, 決着シタル。純粋ナル	Absolu, 全キ, 純粋ナル
Abstersion, 清淨	Abstersion, 清淨ナル⌐
Absurde, 反對シタル	Absurde, 理ニ反シタル
Absurdité, 不都合	Absurdité, 不理
Abusif, 悪口スル	Abusif, 法則ニ反シタル
Abusivement, 悪口シテ	Abusivement, 仝上ニ
Acabit, 品合	Acabit, 善質
Académie, 大學校。騎兵所。博奕所	Académie, 大學校, 騎兵所, 体操所
Accaparement, 一人免許ノ商賣	Accaparement, 糶賣スル⌐
Accaparer, 免許商賣スル	Accaparer, 糶スル
Accapareur, 免許商賣スル人	Accapareur, 糶賣人
Acceptation, 引請	Acceptation, 引請ル
Accès, 通行。発作	Accès, 近寄リ
Accise, 運上	Accise, 酒税
Acclamateur, 呼叫フ人	Acclamateur, 觀聲ヲ発スル人
Accommodable, 取定ムベキ	Accommodable, 適應スベキ

Accommodant, 善良ナル。適當ナル
Accordable, 許スベキ
Accordoir, 調子ヲ合スル鍵
Accort, 丁寧ナル。信實ナル。狡猾ナル
Accoudoir, 倚リ掛ル處
Accouer, 打ツ。後足ヲ切ル
Accoutrement, 衣裳
Accoutrer, 備付ル
Accueil, 請取ル丁。饗應
Accueillir, 請取ル
Accusable, 誹謗スヘキ
Accusateur, trice, 罪スル人。訴ル人
Accusation, 罪スル丁。讒
Accusé, 罪サレタル人
Acenser, 損料貸スル
Acété, 酸キ
Acheminer, 進ムル
Acoustique, 音學
Acquisition, 買ヒ物
Acquitter, 掃除スル。免ス
Acrimonie, 苦味
Actionner, 運動サセル
Actuellement, 今
Additionel, 加ヘタル

Accommodant, 親ミ易キ
Accordable, 一致スベキ
Accordoir, 調子ヲ合スル具
Accort, 丁寧ナル, 信實ナル, 親ミ易キ
Accoudoir, 肱掛ケ
Accouer, 両馬ノ尾ヲ結フ
Accoutrement, 可笑衣裳
Accoutrer, 奇状ニ着服スル
Accueil, 應接, 饗應
Accueillir, 請スル
Accusable, 罪スヘキ
Accusateur, trice, 罪スル人, 讒ル人
Accusation, 罪訴スル丁, 讒
Accusé, 罪訴サレタル人
Acenser, 慴ニ取
Acété, 酸気トナル
Acheminer, 進ムル, 発途
Acoustique, 音響楽
Acquisition, 得タル物
Acquitter, 負債ヲ拂フ, 免ス
Acrimonie, 苦味, 嚴シキ
Actionner, 訴論スル
Actuellement, 現ニ
Additionel, 加フヘキ

第五章　佛和辞書（明治期）の系譜　269

Additionner, 投上ル	Additionner, 加フル
Adjudant, 副官。副将	Adjudant, 下副官，副将
Admirable, 驚クベキ	Admirable, 感スベキ
Admirablement, 驚クベク。奇妙ニ	Admirablement, 感スベク，奇妙ニ
Admirateur, trice, 驚ク人	Admirateur, trice, 感スル人
Adolescent, 若年	Adolescent, 若年者
S'adresser, 心掛ル	S'adresser, 依ル
Adversaire, 敵	Adversaire, 敵手
Adversatif, 反對シタル	Adversatif, 反對ノ意ヲ示シタル
Affaiter, 鷹ヲ馴ス	Affaiter, 鳥ヲ馴ス
Affamer, 餓死スル	Affamer, 糧ヲ絶ツ
Affectation, 情愛	Affectation, 詮索
Affecter, 動ス。具ヘル。質ニ置ク	Affecter, 動ス，具ヘル
Affectif, 動搖スル	Affectif, 心ヲ動搖スル
Affection, 寵愛	Affection, 恩愛
Affermer, 損料貸スル	Affermer, 慴ニ與フ或ハ取ル
Affiche, 壁上ノ觸書。勘定書	Affiche, 張り札（掲示ノ），勘定書
Afficher, 壁書張ル	Afficher, 札ヲ張ル
Afficheur, 壁書張ル人	Afficheur, 札ヲ張ル人
(　　　)(30)	Affilor, 鋭クスル
Affinoir, 麻苧ヲ裂ク道具	Affinoir, 純清ニスル器
Affirmatif, ve, 決定ノ	Affirmative, 決定ノ発言
Affluence, 大會。群集	Affluence, 流水ノ滔々タル┐
Affluent, 流通スル	Affluent, 支流ノ
Affranchir, 放ツ	Affranchir, 自由ニスル
Affront, 詐リ。笑草ニスル┐	Affront, 詐リ，破廉恥

Affublement, 蓋ヒ

Affût, 砲車

Agacement, 歯ヲ置クㄱ

Agent, 領事。引請人

Agio, 正金ト紙幣トノ相場ノ差ヒ

Agneler, 兒ヲ産ム

S'agriffer, 固ク着ル

Ahurir, 混雑サセル

Ajournement, 呼出スㄱ

Ajourner, 呼フ

Ajouter, 加曽スル。合スル

Aisselle, 股下(31)

Album, 名簿

Algébre, 點竄

Algébriste, 點竄家

Algue, 海草ノ名

Alignement, 線。并

Allée, 道路。通行

Alliage, 交セ物

Allouable, 許スヘキ

Allouer, 許ス

Allumette, 白末火。硫柹

Amateur, 情人

Ambulatoire, 逍遙場

Amidon, 澱粉

Affublement, 異状ノ服装

Affût, 銃或ハ砲ヲ依托スルモノ

Agacement, 少シク忿怒ス

Agent, 領事, 引請人, 役人

Agio, 利潤（一般ニ流通スル物ニ就テ算ス）

Agneler, 兒ヲ生ム

S'agriffer, 爪ニテ鉤ス

Ahurir, 混雑サセル, 禁ス

Ajournement, 呼出, 延引

Ajourner, 呼出ス, 日延スル

Ajouter, 加フ

Aisselle, 脇ノ肩ニ接スル處

Album, 簿, 小冊子

Algébre, 點竄或ハ代数

Algébriste, 點竄家或ハ代數家

Algue, 海草ノ名, 鹿布

Alignement, 線, 并列

Allée, 狹路, 并木路

Alliage, 金属ノ混合

Allouable, 與フヘキ

Allouer, 許ス, 下附ス

Allumette, 白末火, 硫柹, 燧木

Amateur, 嗜ム人

Ambulatoire, 住所不定ノ

Amidon, 糊, 澱粉

Amissible, 許スヘキ	Amissible, 失ヒ得ベキ
Amnistie, 赦罪	Amnistie, 大赦
Amorce, 餌	Amorce, 餌, 火薬
Amourette, 隠謀	Amourette, 一時ノ愛
Amulette, 悪病避ノ為ニ首ニ掛ル物	Amulette, 悪病避ノ為ニ首ニ掛ル物, 神符
Amuseur, 楽マス人	Amuseur, 落語スル人
Analytiquement, 分離上ニテ	Analytiquement, 分解シテ
Anarchie, 反亂	Anarchie, 離亂
Anarchique, 反亂ノ	Anarchique, 離亂ノ
Animadversion, 戒メ	Animadversion, 戒メ, 嘲リ
Animosité, 憤怒	Animosité, 憤怒, 嫌厭
Anneau, 環	Anneau, 鐵環
Anneler, 髪ヲ縮マス	Anneler, 環形ニ揃ヘル
Annonce, 布告（追放婚約ノ）	Annonce, 布告
Antidate, 前以テノ日付	Antidate, 誤謬ノ日附, 前以テノ日付
A-peu-près, 殆ト	A-peu-près,（ママ） 殆ント
Apodictique, 指示ノ	Apodictique, 指示ノ, 明瞭ナル
Apogée, 高サ	Apogée, 最高度
Apographe, 手本。冊	Apographe, 寫本, 冊
Apologétique, 防キ守ル	Apologétique, 抗辨ノ
Apologie, 防キ守ル⏋	Apologie, 抗辨
Apologiste, 防キ守ル人	Apologiste, 抗辨スル人
Apostasie, 宗旨ヲ捨ル⏋	Apostasie, 宗旨或ハ黨派ヲ脱スル⏋

Apostasier, 宗旨ヲ捨ル
Apostat, 捨ル人
Aposter, 任スル。賄賂スル
Apostille, 願書ノ書入レ。附紙
Apostolat, 使徒ノ役
Apostrophe, 對話
Apothicaire, 合薬局
Apothicairerie, 合薬局中ノ舍密所
Apparat, 外見飾リ
Apparaux, 綱具大砲
Appareil, 支度。縛帶。家具。車馬
Appareilleur, 棟梁ノ手傳。石屋
Apparemment, 假ニ。多分

Apparence, 外見
Apparent, 拔ンテタル
Apparenté, 関係シタル
Appas, 心ヲ奪フモノ
Appel, 挑戰フ┐。呼フ┐
Appelant, 鳥媒
Appeler, 招ク
S'appeler, 招カルヽ
Appellation, 上局ノ裁判ヲ乞フ┐。語ノ綴リ
Applaudir, 譽タテル

Apostasier, 仝上スル
Apostat, 仝上ノ人
Aposter, 任スル
Apostille, 書面ノ書キ入レ, 附紙
Apostolat, 宗徒ノ役
Apostrophe, 署點, 言ヲ轉スル┐
Apothicaire, 合薬人
Apothicairerie, 合薬術
Apparat, 儀式
Apparaux, 帆錨及其他ノ船具
Appareil, 飾り, 支度, 家具, 機械
Appareilleur, 石屋
Apparemment, 假ニ, 多分, 外見上

Apparence, 外見, 様子
Apparent, 見得ヘキ, 拔ンテタル
Apparenté, 関シタル
Appas, 心ヲ奪フモノ, 愉快
Appel, 挑ム┐, 呼フ┐
Appelant, 訴タル, 訴人
Appeler, 招ク, 知ラセル
S'appeler, 招カルヽ, 名ツケル
Appellation, 上局ノ裁判ヲ乞フ┐, 大聲ニ呼フ┐
Applaudir, 譽タテル, 拍手喝采スル

第五章　佛和辭書（明治期）の系譜　273

Applicable, 恰好ヨキ	Applicable, 恰好ヨキ, 適用スヘキ
Application, 願望。勉強	Application, 願望, 勉強, 當嵌ル「
Appliquer, 用ユル。置ク。與ユル	Appliquer, 用ユル, 置ク, 與ユル, 當嵌ル
Appoint, 不足ノ分	Appoint, 金額ノ補充
Apport, 市	Apport, 資本ヲ入レル「, 持參金
Apposer, 入レル	Apposer, 置ク
Apposition, 入レル「。價ヲ立ル「	Apposition, 置ク「
Appréciation, 價ヲ立ル「	Appréciation, 價ヲ立ル「, 目キゝスル「
Appréhender, 恐レル	Appréhender, 恐レル, 執ル
Apprendre, 教ヘル。發明スル	Apprendre, 教ヘル, 發明スル, 學フ
Apprentissage, 修行人ノ職。試	Apprentissage, 修行人ノ職, 試, 年季
Appropriation, 我カ物トスル「	Appropriation, 清潔ニスル「
Approprier, 我カ物トスル。用ユル	Approprier, 清潔ニス
Appui, 扶持。防禦スル人	Appui, 扶持, 援助
S'appuyer, 依賴スル	S'appuyer, 依賴スル, 倚ル
Aptitude, 適當シタル「	Aptitude, 適當シタル「, 資格, 才
Arbitrage, 仲人ノ決斷	Arbitrage, 審判スル「
Arbitralement, 仲人ノ決斷ニテ	Arbitralement, 審判ニテ
Arbitre, 斷訟スル人	Arbitre, 斷訟スル人, 審判人
Arbitrer, 仲人ニテ決斷スル	Arbitrer, 仲人ニテ決斷スル, 審判スル

Arcane, arcanum, 秘密
Archives, 大事ヲ書留タルモノ
Ardélion, 精勤ナル少年
Ardemment, 勉勵シテ
Ardu, 險シキ。堅キ
Argent comptant, 用意金
Argenterie, 板
Argentin, 銀狀ノ
Arguer, 議論スル
Argutie, 薄キ丆。偽計
Armateur, 賊船。船主
Armement, 軍備。軍ヲ出ス丆。船支度
Armet, 兜
Armoire, 戸棚。メ木
Aromates, 芳香物
Arpent, 坪數ノ石
Arquebusade, 芳香水
Arquebuse, 小銃ノ名
Arquebuser, 放ツ
Arquer, 曲ル
Arraisonner, 議論スル

Arrangement, 順序。發明
Arranger, 順序立ル

Arcane, arcanum, 秘密ノ調薬
Archives, 記録, 記録局
Ardélion, 精勤ナル人
Ardemment, 勉勵シテ, 熱心ニ
Ardu, 險シキ, 堅キ, 絶壁ノ
Argent comptant, 用意金, 現金
Argenterie, 銀ノ皿
Argentin, 銀ノ光アル
Arguer, 非トスル, 假設ヲ得ル
Argutie, 佞辨, 偽計
Armateur, 船主
Armement, 軍備, 軍ヲ出ス丆, 船支度, 戰具
Armet, 兜（中古ノ）
Armoire, （　　）(32)
Aromates, 芳香アル植物
Arpent, 坪數ノ石（古代ノ）
Arquebusade, 古代小銃ノ射撃
Arquebuse, 小銃ノ名（古代ノ）
Arquebuser, 放銃ス
Arquer, 曲ル（弓狀ニ）
Arraisonner, 議論スル, 我カ説ニ從ハシム
Arrangement, 順序, 發明, 整列
Arranger, 順序立ル, 整列スル, 靜メル（爭ヒ等ヲ）

第五章　佛和辞書（明治期）の系譜　275

Arrerages, 借金	Arrerages, 歳入
Arrêtiste, 法學者	Arrêtiste, 立法者
Arrhe, 前金	Arrhe, 手附金
Arrhement, 前金	Arrhement, 手附金ヲ與ヘル⁊
Arrher, 前金ヲ與フル	Arrher, 手附金ヲ與フル
Arrière, 舳	Arrière, 舳, 後方
Arrière-saison, 秋。老年	Arrière-saison, 秋ノ末, 老年
Arriéré, 後ノ	Arriéré, 後ノ, 後レタル
Arrimage, 圍ヒ塲	Arrimage, 積込ム⁊（船ヘ）
Arrimeur, 誥ル人	Arrimeur, 同上スル人
Arriser, 下ル	Arriser, 帆ヲ縮メル
Arrogance, 高慢	Arrogance, 高慢, 自誇
Arroser, 水カケル	Arroser, 水カケル, 潤ス
Article, 物品。関節	Article, 物品, 関係, 條
Articuler, 話ス	Articuler, 話ス, 確メル
Artificiel, 巧ナル	Artificiel, 巧ナル, 人工ノ
Artificiellement, 巧ニ	Artificiellement, 巧ニ, 人工デ
Artificieux, 狡猾ナル	Artificieux, 狡猾ナル, 巧妙ナル
Artillerie, 大礮	Artillerie, 大砲, 砲兵
Artilleur, 大礮家	Artilleur, 砲士
Artistement, 術ニ付テ	Artistement, 術ヲ以テ
Ascension, 上天スル⁊	Ascension, 上天スル⁊, 登山スル⁊
Asciens, 子袍	Asciens, 熱帯地ノ住民
Asiatique, 亜細亜人	Asiatique, 亜細亜ノ
Aspirant, 士官見習	Aspirant, 官職ヲ望ム人

Aspiration, 大聲。望ムㄱ	Aspiration, 大聲, 望ムㄱ, 呼吸
Aspirer, 息ヲ含ンテ語ス	Aspirer, 息ヲ含ンテ話ス, 呼吸スル
Asséner, 中ル	Asséner, 中ル, 劇シキ刺ヲ下ス
Asservir, 屬サセル	Asservir, 從屬サセル
Assez, 充分	Assez, 充分, 可
Assigner, 讓ル。呼出ス	Assigner, 讓ル, 呼出ス, 極メル
Assimiler, 全シクスル。比スル	Assimiler, 全シクスル, 比スル, 代表スル
Assistance, 扶持	Assistance, 扶持, 臨場
Assouvir, 滿足スル	Assouvir, 滿足スル, 饑渴ヲ止ム
Assujettir, 打勝ツ。押領スル。屬スル	Assujettir, 打勝ツ, 押領スル, 從ヘル
Astuce, 巧ミ。僞計	Astuce, 巧ミ, 僞計, 卑怯
Atelier, 神拜, 細工部屋	Atelier, 神拜, 細工部屋, 職人
Atermoiement, 延引	Atermoiement, 延引, 借主ニ與ヘタル延期
Athéisme, 星宿	Athéisme, 神ヲ無ト言フ教
Atlantique, 亞太蘭洋ノ	Atlantique, 亞太蘭洋ノ, 大西洋ノ
Atlas, 神ノ名。紙ノ一種	Atlas, 神ノ名, 紙ノ一種, 地圖集
Atome, 分子	Atome, 分子（細小ニシテ得ベカラザルモノトシタル）
Atourner, 衣裳着ル	Atourner, 飾ル
Atre, 健康	Atre, 火ヲ焚ク所
Atroce, 不德ナル	Atroce, 不德ナル, 慘酷ナル
Atrocité, 不德	Atrocité, 慘酷

第五章　佛和辭書（明治期）の系譜　277

Attendant (en), ソーイフ中ニ	Attendant (en), ソーイフ中ニ, 某時マテ
Attendrissant, 運動スル	Attendrissant, 柔ラケタル
Attendrissement, 運動。知覺	Attendrissement, 知覺, 柔ケル｢
Attentat, 法ヲ侵ス｢。罪	Attentat, 法ヲ侵ス｢, 罪, 惡謀
Atténuant, 解凝性ノ	Atténuant, 解凝性ノ, 減スヘキ
Atténuation, 解凝	Atténuation, 解凝, 薄弱ニスル｢
Atténuer, 解凝スル	Atténuer, 解凝スル, 全上ニス, 減ズル
Attérage, 上陸塲	Attérage, 陸ニ近ツク｢
Attrape, 絲蹄	Attrape, 絲蹄, 詐欺
Attribuer, 歸スル。書記スル	Attribuer, 歸スル, 書記スル, 屬スル
Attribution, 免許。權。職分	Attribution, 免許, 權, 職分, 歸スル｢
Aube, 曉(33)	Aube, 曉, 僧ノ白キ長衣
Audience, 聽ク｢	Audience, 聽ク｢, 謁見
Auge, 桶	Auge, 桶（獸類ノ飲食物ヲ入レル器）
Augment, 增大	Augment, 增大, 病勢ノ增加スル期
Augure, 占フ｢	Augure, 占フ｢（鳥ノ飛方と啼ニ依ツテ）
Aumône, 仁惠。慈悲	Aumône, 仁惠, 慈悲, 施シ物
Avocat, 公事師	Avocat, 代言師
Avoué, 歎願スル人	Avoué, 歎願スル人, 裁判所ニ於テ原被告ヲ代理スル役人

| Avouer，我物トスル。歸スル | Avouer，我物トスル，歸スル，白狀スル |

　上記の事例でも分かるように，訂正といっても，基本的には，『好樹堂』の訳語に補足したものが多い。そういう中にあって，髙橋泰山の創意工夫した訳語も，決して少くはない。それゆえ，説明が加えられた結果となり，理解しやすくなっている。これも，明治中期という時代の要求であろうか。

2 ）　単語配列の順序

　この問題も，基本的には，原本の『好樹堂』に従ったものである。しかしながら，この原本には所々に，通常のアルファベ（Alphabet）順を無視した個所が，散見する。
　その点，『泰山』の方では，どのようになっているのであろうか。結論を先に述べてしまえば，この辞書では，現行の辞書と同様，ごく普通の順序で配置されているのである。
　そこで，『好樹堂』において，『泰山』（あるいは現行の仏語辞書）との違いである，主要な個所を掲出して，この項を閉じたい。

——訳語は主題とは直接関係がないので，省略した。
——特に混同している個所は，(i) と (j)，それに (u) と (v) の文字である。しかし，そのすべてを記載するわけにはいかないので，一例を選択してここに示すと，以下のようなものである。

『好樹堂』　p. 2
Abigéat,

Abjection,

Abject,

Abîme,

Abîmer,

Ab-intestat,

Abjuration,

Abjurer,

p. 7

Adjacent,

Adiante,

p. 8

Adventif,

Adverbe,

Adverbial,

Adverbialement,

Adversaire,

Adversatif,

Adverse,

Adversité,

Adulateur, trice,

Adulatif, ve,

Adulation,

Aduler,

Adulte,

Adultère, sm.

Adultère, sm.

Adultérer,

Adultérin,

Aduste,

Adustion,

p. 33

Avage,

   :

Avalaison,

Avalanches,

   :

Avaler,

   :

Avance,

Avancement,

Avancer,

   :

Avant, sm.

Avant, pr.

Avantage,

   :

Avant-garde,

p. 34

第五章　佛和辭書（明治期）の系譜　281

Avant-goût,

　　:

Avant-midi,

　　:

Avare,

　　:

Aubain,

　　:

Aube,

　　:

Auberge,

Aubergiste,

　　:

Audace,

　　:

Auditeur,

　　:

Audition,

　　:

Avec,

　　:

Avenir,

　　:

Aventure,

　　:

Avenue,

:

Avertir,

:

Aveu,

p. 35

Aveugle,

:

Auge,

:

Augmenter,

:

Augural,

:

Auguste,

:

Avide,

:

Aujourd'hui,

Aviron,

Avironner,

Avis,

Avisé, e,

Aviser,

Aviso,

:

Aumône,

　:

Aumônier,

　:

Aune, sf.

Aune, sm.

　:

Avocat,

　:

Avoir,

p. 36

Avoisiner,

　:

Avorter,

　:

Avoué,

　:

Auparavant,

Auprès, pr.

Auprès, ad.

　:

Avril,

Aurone,

　:

Auspice,

Aussi,

:

Austral,

:

Autant,

:

Autel,

Auteur,

:

Authentique,

:

Autocrate,

:

Autographe,

:

Automne,

Autonomie,

:

Autorisation,

p. 37

Autoriser,

:

Autorité,

Autour, pr.

Autour, sm.

：

Autrefois,

：

Auxiliaire,

Axe,

：

Axiome,

：

Aïeul,

：

Azimut,

：

Azur, sm.

Azuré, e,

：

Azumes,

Azumite,

　前記で示した，このような単語の配列は，当時としては，ごく一般的なものであったのか。これを検証すべく，『好樹堂』（『官許　佛和辭典』）とその原典となった，《佛英小辞典》（Nouveau Dictionnaire de Poche français-anglais）とを比較対照してみた。

　すると，その結果分かったことは，編者の岡田好樹が，独特な配列をしていたことが，判明した。なにゆえに，このような複雑ともいえる，手法を用いたのか不明である。

　ちなみに，先行の本格的な佛和辞書（ABC順の）である，『佛語明要』

(村上英俊) をも参照してみたが，やはり，『好樹堂』の単語配列は，例外であると認められた。

(註)

(29)　単語の計算方法については，『官許　佛和辭典』のときと同様の方法を，採用した。
(30)　『好樹堂』には，この単語は見当たらない。
(31)　アルファベ順からすると，この仏単語はこの位置ではないが，原文通りに記した（詳しくは後述，参照）。なお，『㮣山』の方の同単語の順序は，『好樹堂』の方に合わせたものである。
(32)　なぜか訳語は付されていない。
(33)　単語配列の順序としては，この位置ではないが，記述の都合上，この場所に置いた（詳しくは後述，参照）。

第4節　『佛和字彙』

A．辞書の構成内容

手持ちの本は仮表装であるが[34]，洋装本で縦18.3cm×横12.2cmが，その寸法である。扉（原文は縦書き）には，「中江篤介，野村泰亨　共譯，佛和字彙，佛學研究會藏版」とある。序言[35]が2頁。その内容を記してみると，以下のようなものである。

『佛和字彙』扉
（東京大学総合図書館蔵）

第五章　佛和辞書（明治期）の系譜　287

麗ニシテ趣味アリ術語ニ適シ文學ニ稱フ是レ以テ歐洲
等是レナリ夫レ佛語ハ意義明晰ニシテ深玄ナリ語路優
將校委員編輯欧正兵語字典曰ボール、ヂンヌ曰ブィエ
ハ日律篤禮曰ラルース曰ノエル曰ベナール曰佛國兵科
載テ洩ス〓無シ茲ニ主トシテ引用スル所ノ諸書ヲ擧グ
皆之ヲ網羅シ舊譯ノ變遷スル者專門ノ新語ニ係ル者水
下ニ云フ凡ッ法律經濟兵事ヨリ動植醫等ノ諸科ニ亙ル
諸之鴻儒ノ群書ニ就テ一新字典ヲ纂譯シ名ケテ佛和字彙ト
余曩會テ同志ト謀リ佛學研究會ヲ設ケ講學ノ餘暇佛國

序言

『佛和字彙』序文
（筆者蔵）

余輩曾テ同志ト謀リ佛學研究會ヲ設ケ講學ノ餘暇佛國諸鴻儒ノ群書ニ就テ一新字典ヲ纂譯シ名ケテ佛和字彙ト云フ凡ソ法律經濟兵事ヨリ動植醫等ノ諸科ニ至ル迄皆之ヲ網羅シ舊譯ノ變遷スル者專門ノ新語ニ係ル者亦載テ洩ス丁無シ茲ニ主トシテ引用スル所ノ諸書ヲ擧レハ曰律篤禮曰ラルース曰ノエル曰ベナール曰佛國兵科將校委員編輯改正兵語字典曰ポール，ヂヤンヌ曰ブイエー等是レナリ夫レ佛語ハ意義明晰ニシテ深玄ナリ語路優麗ニシテ趣味アリ術語ニ適シ文學ニ稱フ是ヲ以テ歐洲上流人士ノ交際塲裏ニ行ハレ之ニ通セサル者ハ儈夫ト呼ヒ野人ト爲シ之ト齡スルヲ恥ルニ至レリ今ヤ吾邦人モ亦泰西紳士ト膝ヲ交ヘテ談笑スルノ期ニ會ス此學ヲ修ル者豈之カ布行ヲ勉メスシテ可ナランヤ而シテ之ヲ布行セシムルノ方固ヨリ多端ナリト雖凡與リテ大ニカアル者蓋シ邦譯ノ辭書ニ如クハ莫シ是レ此擧アル所以ナリ會員平井武田中澤三君亦與リテ此業ヲ助ク其勞深ク謝スベキ者アリ業方ニ成ル梓ニ壽シテ以テ後學ニ便スト云フ

明治廿六年初冬　　　　　　　　　　　　　　　　　　　　譯　者　誌

Explication des abréviationsが1頁，日本語の略語表が同じく1頁。本文（紙面は，中央に縦の罫線が入って，左右に分離），1290頁のものである。単語総数，約40000語[36]。この章で取り扱った前書（『佛語』，『好樹堂』，『泰山』）に比べて，訳語および用例も格段に増している。そういう意味では，辞書らしいといえようか。

なお，フランス語の発音を表わすものとして，従来からの仮名文字の表記もなく，現行の仏語辞書のような，音標文字を用いた，説明もなされていない。その点では，やや不満が残る。

奥付には，発賣所，丸善書店，版権所有者，鈴木義宗。著作者兼発行者，野村泰亨[37]。そして著作者，中江篤介[38]とある。明治26年12月28日発行。定價金三圓五十錢。

ここで，本文の内容について触れてみると，次のようなものである。

(p. 368)

Depuis, prép. …ヨリ。…ヨリ以来。…ノ後ニ

—— quand? 何ノ時ヨリ。絶テ久シク。

—— peu. 頃ヨリ。

—— lors. 其時以来

——, adv. 爾来

—— que, loc. conj. 云々以来

Dépuratif, ive, adj. 清血ナル（醫）

——, s. m. 清血薬（醫）

Dépuration, s. f. 清淨ニスル⌐。純粹ニスル⌐。澄清ニスル⌐（薬）。清血ニスル⌐（醫）

Dépuratoire, adj. 清淨ニスル所ノ

　maladies ——. 清血的病（醫）

Dépurer, v. a. 清淨ニスル。純粹ニスル（化）。清血ニスル（醫）

se ——, v. r. 清淨ニナル。純粹ニナル

Députation, s. f. 使節。代議士の職。職員

　la —— d'un département.

　　—— 州ノ代議士

Député, s. m. 使者。代議士

Députer, v. a. 差遣スル。使節ヲ遣ル

Déracinable, adj. 根ヲ拔カルヘキ。根ヲ斷タルヘキ

Déracinement, s. m. 根ヲ拔ク⌐。根ヲ斷ツ⌐。根ヲ拔タル狀

Déraciner, v. a. 根ヲ拔ク。根ヲ斷ツ。除ク。消滅セシムル

—— un mal. 全ク病ヲ治スル

INT 683 INT

解カル、
Interrègne, *s. m.* 缺位ノ間(國王又國長ノ)。代王又ハ代督理官ノ職(羅馬ノ)
Interrogant, ante, *adj.* 疑問ノ(文)。疑問癖ノ
Interrogateur, trice, *s. m. et f.* 疑問者。審問者。詰問者。省察者
—, *adj.* 疑問ノ。詰問ノ
Interrogatif, ive, *adj.* 疑問ノ(文)
Interrogation, *s. f.* 詰問。疑問。疑問ノ語法
point d'—. 疑問點(文)
Interrogatoire, *s. m.* 糺問。審案。糺問罸書 「(法)
— snr faits et articles. 事實訊問
Interroger, *v. a.* 訊問スル。糺問スル。疑問スル。考究スル。詰問スル。省察スル
s'—, *v. r.* 相問フ。考究サル、。詰問サル、 「理官
Interroi, *s. m.* 羅馬ノ代王又ハ代督
Interrompre, *v. a.* 中斷スル。中絶スル。中止スル。停止スル 「スル
— quelqu'un. 某人ノ事業ヲ中止
s'—, *v. r.* 斷タル、。中絶サル、。中止サル、。自ラ事ヲ止ュル。自ラ談ヲ止ムル。互ニ談ヲ止スル
Interrompu, ue, *adj.* 斷チタル
propos —. 連續セサル談話。問答戲
Interrupteur, *s. m.* 談話ヲ斷ツ人
Interrupteur, trice, *adj.* 中絶スル所ノ。遮斷スル所ノ
Interruption, *s. f.* 中絶。中斷。中止。人ノ談話ヲ斷ツコ。人ノ談話ヲ遮斷スル談話。談話中斷ノ語法(脩)
— civile. 經時効ノ中斷(法)
Intersection, *s. f.* 欹面。欹線。欹体

ノ互斷處(幾)
ligne d'— ou —. 互斷線
Interstice, *s. m.* 孔。間隙(物)。間時
Intertropical, ale, *adj.* 黃道間ノ。黃黃道地方ノ。道間ニ來ル所ノ
Intervalle, *s. m.* 間(物)。距離。音程(音)。時間。貴賤隔絶。身分不等。間隔(陸)
par intervalles. 時ヲ經テ。某時ヨリ某時ニ至ルマテ。時々。bon — ou — lucide. 瘋癲ノ歇間。ligne à intervalles. 隔系堡(陸)
Intervenant, ante, *adj.* 間ニ來ル所ノ。間ニ起ル所ノ。中ニ到ル所ノ。訴件ニ入ル所ノ。加入スル所ノ
—, *sub.* 訴訟加入者
Intervenir, *v. n.* 加入スル。間ニ來ル。起ル。仲裁スル。干渉スル。立入ル(法)。間ニ起ル
Intervention, *s. f.* 干渉。交渉。仲裁。加入。立入ル」
Interversion, *s. f.* 混亂。顛倒
Intervertir, *v. a.* 變スル(物)。轉換スル。顛倒スル。混亂スル
Intervertissement, *s. m.* 顛換。變向。混亂。顛倒
Intestat, *adj.* 遺囑無ク
mourir, décéder —. 遺囑無ク死スル(法)。hériter ab —. 無遺囑ノ死者相續人
Intestin, *s. m.* 腸。臟腑
Intestin, ine, *adj.* 体內ノ。內部ノ。國內ノ。心中ノ
Intestinal, ale, *adj.* 腸ノ(解)
Intimation, *s. f.* 通達。告示。送達(法)
Intime, *adj.* 奧ノ。內ノ。本有ノ。物体內ノ。分子內ノ(物及ヒ化)。心底ノ。深密ナル。深キ。觀キ。近キ。復

se ——, v. r. 根ヲ失フ。断ユル

Dérader, v. a. 舩ヲ漂ハス

Déraider. voy déroidir.

Déraillement, s. m. 銕軏ヲ脱レル

Dérailer, v. n. 鉄軏ヲ脱レル

Déraison, s. f. 不條理。非理

Déraisonnable, adj. 不條理ナル

Déraisonnablement, adv. 不條理ニ。非理ニ

Déraisonnement, s. m. 非理

Déraisonner, v. n. 不理窟ヲ言フ

Dérangement, s. m. 混亂スルㄱ。錯雜スルㄱ。攪亂スルㄱ。窮乏。狂気
—— de corps ou ——, 下痢

(p. 745)

Main-d'œuvre, s. f. 手抜。手工料

Main-forte, s. f. 助力

à ——, 力ヲ出シテ

Mainlevée, s. f. 除去（法）

Mainmise, s. f. 差押ユルㄱ（古法）。奴隷ヲ解放スルㄱ。打ツㄱ

Mainmortable, adj. 無嗣財産没収法ノ管轄ヲ受クル所ノ。無形人所有不動産
    税ヲ課ス可キ（法）

——, sub. 全上ノ土地

biens ——, 贈遺ノ權無キ財産

Mainmorte, s. f. 無嗣財産没収法ノ管轄ヲ受クル奴隷ノ身分。教會ノ資産。
    財産所置ノ權無キㄱ（法）

gens de ——, 教會。會社。

droit de ——, 無形人所有不動産税

Main, ainte, adj. 多ノ。衆ノ

Maintenant, adv. de temps. 現時ニ。今

de ——, 今ノ。現時ノ。

——, que, loc. conj. 、、、ノ當時ニ

Maintenir, v. a. 維持スル。存留スル

Maintenue, s. f. 確認（法）

Maintien, s. m. 維持スル「。容態

 n'avoir pas de ——. 容態無骨ナル

Maïolique, s. f. voy. majolique.

Mairain, s. m. voy. merrain.

Maire, s. m. 宮中督理官（「メロヴァンヂアン」家ノ）。區長若クハ邑長

Mairesse, s. f. 仝上ノ婦人（嘲弄ノ語）

Mairie, s. f. 區長若クハ邑長ノ職。同任期。區若クハ邑役所

Mais, adv. pouvoir mais ト連用スル時ハ、、、ノ原因ニ非ス若クハ、、、ノ責任ヲ負ハスノ義ヲ有ス。眞ニ。確實ニ

puis-je —— de cela. 余何ソ其事ヲ與リ知ンヤ

——, conj. 然レ尾

—— encore. 且ツ。猶ホ

——, s. m. 難問。難事

il y a un ——, 茲ニ批議ス可キ者アリ

Maïs, s. m. 玉蜀麥。種子。穀物ノ粉。玉蜀麥ヲ和シタル乳羹

　本文の一端を示したが，この紙面からは，同じ著者による，同じ系統の先行辞書が想起される。書名は，『佛和辭林』（『辭林』，と略称す，以下同じ）であるが，どうやら主題の『佛和字彙』（『字彙』，と略称す，以下同じ）と

は,『辭林』の小型本ともいえる存在のように思われる。
　その問題に関して検証する前に,順序として,『辭林』との関連から入ることにしよう。

B. 『佛和辭林』との関連

『辭林』は洋装の大型本であり,縦24cm×横15.8cmのものである。
『内閣文庫洋書分類目録　佛書篇』(内閣文庫,昭和43年)によれば,この書籍も版を重ねたらしく,第一集といえるものは,(目録番号,3008):

　Dictionnaire universel français-japonais. Tokyo, 1887. 1422p. 24cm. "中江篤介校閲：佛和辭林　佛學塾蔵板"

　次に,第二集といえるものが,(目録番号,3025):

　Dicrtionnaire universel du〔sic〕français-japonais, publié par Futsugaku-djuku. 2 éd. Tokyo, 1891. 1156p. 24cm. "中江篤介校閲：　訂正　佛和辭林　佛學塾蔵板"

　そして,第三集といえるものとして,(目録番号,3027):

　Dictionnaire universel du〔sic〕français-japonais, publié par Maruzen Shôsha. 3éd. Tokyo, Z. P. Maruya, 1892. 1156p. 24cm. "中江篤介校閲：　訂正　佛和辭林　丸善商社"

　さて,筆者は『辭林』を検討するに際しては,第三集といえる(別の見方

からすれば,『字彙』に最も近い出版),丸善商社版を用いることになったが,実際の調査には,東京大学総合図書館所蔵本を使用させて戴いた。

　まず最初に『辭林』(第三版)について,ごく簡単に紹介しておくと,タイトルページには,以下のように記されている。

Dictionnaire universel／du／Français-Japonais／publié par／Maruzen Shôsha／(Troisième édition)

Tôkyô:／Z. P. Maruya et Cie／(Maruzen Shôsha)／1892.

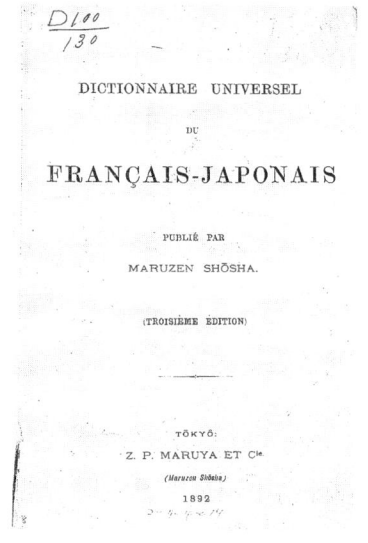

『佛和辭林』(第三版) 扉
(東京大学総合図書館蔵)

　次に,序言(『佛和辭林』初版の序と同じ)として,5頁(漢文による記載),最後に,「明治20年　11月　高知　中江篤介撰」,とある。それに続いて,略語表が日本語で,1頁。本文(紙面は,中央に縦の罫線が入って左右に分離)の頁数は,上記の通りで,単語総数,約50000語。

　ここで,両書〔『辭林』(第三版)と『字彙』〕を照合することになるが,記述を進めるにあたっては,以下の要領に従った。

―― ( ) は仏単語のないものを表わす。

『辭林』(pp. 2-3)
Abeille, 蜜蜂

『字彙』(p. 3)
Abeille, 蜜蜂

第五章　佛和辞書（明治期）の系譜　295

Aberration, 恒星ノ錯行。散布（物）。謬迷。變常（醫）	Aberration, 恒星ノ錯行。散布（物）。謬迷。變常（醫）
Abêtir, 暗愚ニスル	Abêtir, 暗愚ニスル
——, 暗愚トナル	——, 暗愚トナル
s'——, 仝上	s'——, 同上
Abêtissement, 暗愚	Abêtissement, 暗愚
Ab hoc et ab hac, 妄リニ	Ab hoc et ab hac, 妄リニ
Abhorré, ée, 憎惡サレタル	（　　　　）
Abhorrer, 憎惡スル。嫌忌スル	Abhorrer, 憎惡スル。嫌忌スル
s'——, 相ヒ憎惡スル。自ラ恨ム	s'——, 相ヒ憎惡スル。自ラ恨ム
Abigéat, 獸畜拐去ノ罪（古法）	Abigéat, 獸畜拐去ノ罪（古法）
Abigoti, ie, 執迷者トナリタル。執迷者ト爲シタル	Abigoti, ie, 執迷者トナリタル
Abîme, 深淵。地獄。九泉。幽冥。秘密	Abîme, 深淵。地獄。幽冥。秘密
—— de malheurs. 不幸ノ極	—— de malheurs. 不幸ノ極
Cet homme est un—— de science. 此人ハ宏聞博學ナリ	Cet homme est un—— de science. 此人ハ宏聞博學ナリ
Abîmé, ée, 沈没シタル。敗頽シタル	（　　　　）
le Messie——dans la douleur. 悲ミニ沈ミタル救主	
Abîmer, 沈没スル。敗頽サスル。害スル。汙ス	Abîmer, 沈没スル。敗頽サスル。害スル。汙ス
dans une discussion,——son adversaire. 討議中敵論者ヲシテ答フルノ辞無カラシム	dans une discussion,——son adversaire. 討議中敵論者ヲシテ答フルノ辭無カラシム

s'——, 沈溺スル。敗頽サルゝ。害サルゝ

s'——dans l'étude. 學問ニ身ヲ委ヌル

——, 陷ル。滅却スル。埋没スル

Ab intestat, 遺嘱無クシテ

Ab irato, 怒ニ乘シテ

Abject, ecte, 嫌忌スヘキ。卑シムヘキ。卑賤ナル

Abjection, 賤卑。謙遜（神ニ對シテ）。斗筲ノ輩（聖書）

Abjuration, 反誓スルヿ。背教スルヿ

Abjuratoire, 反誓ノ。背教ノ

Abjuré, ée, 反誓シタル。背教シタル

Abjurer, 反誓スル。背教スル。棄絶スル。背ク

s'——, 背カルゝ。棄絶サルゝ

Ablactation, 乳養ヲ止ムル

Ablais, 刈麥

Ablaquéation, 漑水

Ablatif, 羅甸名詞ノ第六格

Ablation, 取去スルヿ（醫）。一語中ノ首字ヲ撤去スルヿ

Ablativo, 混合シテ

s'——, 沈溺サルゝ。敗頽サルゝ。害サルゝ

s'——dans l'étude. 學問ニ身ヲ委ヌ

——, 陷ル。滅却スル。埋没スル

Ab intestat, 遺嘱無クシテ

Ab irato, 怒ニ乘シテ

Abject, ecte, 嫌忌シタル。卑賤ナル

Abjection, 卑賤。謙遜。斗筲ノ輩

Abjuration, 反誓スルヿ

Abjuratoire, 反誓ノ。背教ノ

(　　　　)

Abjurer, 反誓スル。背教スル。棄絶スル。背ク

s'——, 背カルゝ。棄絶サルゝ

(　　　　)

Ablais, 刈麥

Ablaquéation, 漑水

Ablatif, 羅甸名詞ノ第六格

Ablation, 取去スルヿ（醫）。首字ヲ撤去スルヿ

Ablativo, 混合シテ

(p. 580)

Ignoble, 卑賤ナル。庸劣ナル
filons——, 極メテ微少ナル鑛脉
Ignoblement, 卑賤ニ。庸劣ニ
Ignominie, 大耻辱。汚辱
Ignominieusement, 甚タ耻ツ可ク
Ignominieux, euse, 甚タ耻ツ可キ
Ignoramment, 無識ニ
Ignorance, 無識。不學。愚昧。無知

prétendre cause d'——. 知ラサルニ託シテ分疏スル。故ラニ知ラサルノ風ヲ為ス
Ignorant, ante, 文盲ノ。不學ノ。無識ノ。知ラサル。愚昧ノ
——, 仝上ノ人
——de, sur. …ヲ知ラサル
——dans, en. …ニ就テ無識ナル
(　　　)

Ignorantin, les frères——ou——, 貧兒教育會員
Ignorantisme, 非開化説
Ignoré, ée, 知ラサル。無識ナル
Ignorer, 識ラサル。知ラサル

(pp. 647-648)

Ignoble, 卑賤ナル。庸劣ナル
filons——, 極テメ微少ナル鑛脉
Ignoblement, 卑賤ニ。庸劣ニ
Ignominie, 大耻辱。汚辱
Ignominieusement, 甚タ耻ツ可ク
Ignominieux, euse, 甚タ耻ツ可キ
Ignoramment, 無識ニ
Ignorance, 無識。不學。愚昧。無知

prétendre cause d'——. 知ラサルニ託シテ分疏スル。故ニ知ラサルノ風ヲ為ス
Ignorant, ante, 文盲ノ。不學ノ。無識ノ。知ラサル。愚昧ノ
——, 仝上ノ人
——de, sur. 〻〻ヲ知ラサル
——dans, en. 〻〻ニ就テ知ラサル
faire l'——, 無知識ナル為（マ子）スル

Ignorantin, les frères——ou——, 貧兒教育會員
Ignorantisme, 非開化説
Ignoré, ée, 知ラサル。曖昧ナル
Ignorer, 識ラサル。知ラサル。教育セラレサル。行ハサル

──，仝上

(　　　)

s'──，自ラ知ラサル

Il, ils，彼。彼等。此

──est. …ナリ。…アリ

──n'est que de. 唯タ…ヲ以テ重要ト為ス。唯タ…ノミ有益ナリ

──n'est pas que. …ノ理ナシ。…有ラス

Île，島

les îles.「メキシク」湾中ノ群島

Iléon ou iléum，廻腸（解）

(p. 591)

Incompris, ise，包含サレサル。理會セラレサル

　un homme──, une femme──. 妄ニ自負スル男又ハ女

──，同上

Inconcevable，人智ノ及フ可ラサル。想フ可ラサル。了解ス可ラサル。驚駭ス可キ。非常ナル

Inconcevablement，了解シ難ク

──，仝上

n'──de rien. 博識ナル

s'──，自ラ知ラサル

Il, ils，彼。彼等。此

──est. 、、、ナリ。、、、。

──n'est que de. 唯タ、、、ヲ以テ重要ト為ス。唯タ、、、ノミ有益ナリ

──n'est pas que. 、、、ノ理ナシ。、、、有ラス

Île，島

les îles.「メキシク」湾中ノ群島

Iléon ou iléum，廻腸（解）

(pp. 660-661)

Incompris, ise，包含サレサル。理解セラレサル

　un homme──, une femme──. 妄ニ自負シタル男又ハ女

──，同上

Inconcevable，人智ノ及フ可ラサル。釋解ス可ラサル。驚駭ス可キ。非常ナル

Inconcevablement，人智ノ及ハスシテ。釋解シ難ク

第五章　佛和辞書（明治期）の系譜　299

Inconcillable, 和合ス可ラサル。和解ス可ラサル。矛盾ス可キ	Inconcillable, 和合ス可ラサル。和解ス可ラサル。矛盾ス可キ。共ニ天ヲ戴ク可ラサル
Inconduite, 不品行	Inconduite, 不品行。敗俗
Incongru, ue, 詳明ナラサル。明確ナラサル。適當ナラサル。無作法ナル 　phrase——. 文法ニ戻レル文章（文）	Incongru, ue, 詳明ナラサル所ノ。明確ナラサル所ノ。不適當ナル。無作法ナル 　phrase——. 文法ニ戻レル文章（文）
Incongruité, 不詳明。不明確。時機ニ合ハサル言行。文法ニ戻レル⺁。鄙猥ノ事	Incongruité, 不詳明。不明確。時機ニ合ハサルノ言行。文法ニ戻レル⺁。鄙猥ノ事。汚物
Incongrûment, 不詳明ニ。不明確ニ	Incongrûment, 詳明ナラスシテ。明確ナラスシテ
Inconnu, ue, 知ラレサル。名無キ。感セサル	Inconnu, ue, 知ラレサル所ノ。名無キ。感セサル所ノ。曖昧ナル
quantité——ou——, 未知量（數） ——, 名無キ人 l'——, 知レサル事物	quantité——ou——, 未知量（數） ——, 名無キ人。僥倖ヲ求ムル人 ——, 知レサル事物。探究物
Inconscience, 本心無キ⺁, 良心無キ⺁。自ラ省覺セサル⺁（理）	Inconscience, 本心無キ⺁, 良心無キ⺁, 自省セサル⺁（理）

　上記で照合した如く，『佛和字彙』とは，先行の『佛和辭林』の小型本であることが確認された，といえよう。すなわち，『字彙』で用いられた見出しのフランス語は，基本的には，『辭林』のそれを踏襲したものである。ただし，不要と思われたものは，削除している。

さらに，訳語に関しても，基本的には，両書ともに大きな相違はない。しかしながら，こちらの方は，若干ではあるが変化が見られる。例えば，『字彙』の中において，日本語の訂正，漢字の入れ換え，それに訳語の補足等があって，一律とはいえない。

(註)

(34) 古書店から購入した際，背表紙に「佛和辭林，全，中江篤介」なる文字が見られた。さらに，扉紙が欠損していたので，書名が判然としなかった。しかし，その後の調査から――主に書籍の大きさから――，これは『佛和辭林』ではなく，『佛和字彙』であることが判明した（両書の内容については後述）。
(35) 原文は縦書きであるが，ここでは横書きとした。
(36) 見出しのフランス語は，ゴシック体で記されている。仏単語の計算方法としては，そのゴシック体（単語）のみを数えたものであることを，付記する。

　　調査に際しては，筆者架蔵本の他に，東京大学総合図書館所蔵本も使用させて戴いた。
(37) 「1852-1935。明治―昭和時代前期のフランス語学者。嘉永5年6月1日生まれ。幕臣の子。開成所，大学南校でまなぶ。岡山師範でおしえ，のち帰京して中江兆民の仏学塾でフランス語を教授。陸軍士官学校教官をつとめたのち，仏和辞書の編集にあたった。昭和10年10月19日死去。84歳」。『日本人名大辞典』，1475頁。講談社，2001年。
(38) 後に兆民。1847-1901。フランス学関係を中心に述べてみると，慶応元年（1865），長崎の済美館にて，平井義十郎（希昌）に仏語を学ぶ，と流布されている。当時，確かに義十郎は教授であったが，担当は英語であって，仏語ではない（『長崎洋学史』，200頁）。

　　それゆえ，中江篤介の長崎遊学の目的は，英学修業の延長と考えた方が，自然のようだ。それでは一体，どういう動機が発端となって，平井に仏語を学ぶようになったのか。最初は上述の如く，当然のように第一外国語としての英語学修。そのうち，何らかの理由で，第二外国語をフランス語としたのではあるまいか。これには中江の外国語に対する向学心も，忘れてはなるまい。

第五章　佛和辞書（明治期）の系譜　301

　次に，平井義十郎はこの時期，実際に済美館において，仏語を教授していたのか。この疑問は，後にこの学校で仏語を教える，山本松次郎（晩翠。1845-1902）の筆になる，「晩翠慶歴」（履歴，学業歴，等を記したもの。山本晴雄氏旧蔵）の以下の記述によって，氷解しよう。仏語学修歴として，「…本県本区新町ノ済美館ニ就テ御雇教師ペチジャン氏，フィーゲ氏，及ヒ佛語長平井希昌氏，教員亡志築龍三郎氏ヨリ…」。

　この文面から類推すると，専任教員としては日本人もおり，しかも平井義十郎が兼任として，仏語主任も務めていたということになる。初級フランス語は平井によって学修したが，実用フランス語は専らフランス人の担当であったろう。そこで，これはあくまでも私見であるが，実用フランス語に興味をもった篤介は，これを機会に，仏語へ転向したのではあるまいか。これなら辻褄が合う。

　ほんの短期間であったが，本場のフランス語に触れた経験が，その仏語学修に，大きく影響を与えたもの，と思われる。

　慶応2年（1866），江戸に出て，達理堂（村上英俊の仏学塾）に入塾するが，すぐ破門になっている。これも，彼の実用指向が関係してはいないだろうか。その他の原因があるにしても，旧式な教授法では飽き足らず，到底納得できなかったに違いない。

　明治2年（1869）のこと，前年，フランスから帰国したばかりの，箕作麟祥の私塾（同2年，開塾）に入門した。明治3年（1870），中江篤介の実力が認められてのことか，大学南校（前身は開成所で，明治2年12月に大学南校となる）の大得業生（助教）となって，フランス語を教える。

　その後，大望のフランス留学をするが，仏国到着は明治5年正月11日，彼26歳の時であった（壬申の年，1872）。当時の留学生総代・入江文郎の留学生名簿（入江尚子氏旧蔵）によれば，専攻学科としては，刑法学。当時所学としては，普通学（一般教養）。就いた教師は，パレー氏，と記されている。入江の別の資料によれば，当地での住所として，〈Instit. Reusse, rue du Cardinal le Maine〉，と記載。

　明治7年（1874）5月，帰国。同年10月，東京に仏蘭西学舎（後に，仏学塾と改称）を開き，後進を育成。なお，すこし後年のことになるが，その間の事情を物語る一例として，「(氏名)中江篤介，(貫属)高知県士族，(師事者・出身校・経歴)箕作麟祥，仏国留学，(明治・年令)10年31」，なる記述が見られる〔私塾型中学校・校主の履歴（洋学系）〕。

その他，私塾関係は，下記の論考に詳しい。「学制期における東京の私立中学校（３）――その実態――」，神辺靖光，財団法人日本私学教育研究所，昭和49年。

第５節　『佛和會話大辭典』

A.　辞書の構成

大型の洋装本（縦25.7cm×横18cm）。表紙はワインレッド色であり，背表紙には文字あり。扉紙（原文は縦書き）には，「公教宣教師・エ，ラゲ，高等学校講師・小野藤太[(39)]，共編，佛和會話大辭典，明治三十八年八月刊行」と，墨書されている。

Préface, 2頁。Table des matières de l'abrégé de grammaire japonaise, 2頁。

Abrégé de grammaire japonaise : Introduction. (pp. 1-2)

Chapitre I. Notions générales. (pp. 2-6)

Chapitre II. Du Verbe. (pp. 6-19)

Chapitre III. Du Substantif. (pp. 19-30)

Chapitre IV. De l'Adjectif. (pp. 30-46)

Chapitre V. Des Pronoms. (pp. 46-51)

Chapitre VI. Des Adverbes. (pp. 51-52)

Chapitre VII. Des Prépositions et des Conjonctions. (pp. 52-53)

Chapitre VIII. Des Honorifiques. (pp. 53-57)

Chapitre IX. Remarques pour la traduction des verbes français. (pp. 57-64)

Chapitre X. Equivalents japonais des temps et des modes français. (pp. 64-71)

Chapitre XI. Particularités de quelques formes verbales japonaises. (pp. 71-

74)

Chapitre XII. Interjections et Onomatopées. (pp. 74-78)

Tableau comparatif des poids et mesures japonais et français（日本佛蘭西度量衡比較表），1頁。

Explication des principales abréviations et des signes, 2頁。

本文（紙面は，中央に縦の罫線が入って，左右に分離），1080頁のものである。単語総数，約45000語[(40)]。さらに，Additions et correctionsが，4頁。

奥付には，発行所，天主公教会。印刷所，立教學院活版部。印刷者，山本忠太郎。発行者，公教宣教師・エ,ラゲ，高等学校講師・小野藤太。共編者，公教宣教師・エ,ラゲ。明治38年7月15日発行，定價金拾圓，等の文字が記されている。次頁に，賣捌所名として，〔天主公教会（鹿児島市），マキス・ノスレール（横濱市），教文館（東京市京橋区），中川藤四郎（東京市京橋区），中西屋書店（東京市神田区），丸善株式会社（東京市日本橋区），三才社（東京市神田区）〕，1頁。

『佛和會話大辭典』扉
（筆者蔵）

B. 編者に関する資料

明治期に入ると，我が国にも洋装本の本格的な，仏語辞書の誕生が続く。こうした辞書成立の背景には，すくなくともパリ外国宣教会会員の存在を，無視するわけにはいかない。

徳川時代にくらべて，明治になると，フランス人の来日も多くなってきた

が，辞書を作成するだけの知識を有した者の数は，そう多くはなかった。そ
れらの中の一人に，エミール・ラゲがいる。彼は仏和辞書の編纂を心掛けた
が，その主な目的は，若い宣教会会員の日本語研鑽を助けるためのものだっ
たという[41]。それが，日本人の仏語学修者にとって，多大な恩恵に浴する
結果となるのは，論を俟たない。

　仏語辞書の出版を通して，日仏文化交流に貢献した，エミール・ラゲの略
歴をここに紹介するのも，決して無駄なことではあるまい。幸いなことに，
貴重な資料を提供戴いたので，原文のままを記しておくことにする[42]。

RAGUET Émile

(1854-1929)

[1404] *RAGUET* Émile, est né le 24 octobre 1854 à Braine-le-Comte, dans
le diocèse de Tournai. Il commença par faire de brillantes études au Petit
Séminaire de "Bonne Espérance", puis il entra au Grand Séminaire de Tournai
où il fut ordonné sous-diacre le 26 mai 1877. Le 9 septembre, il était admis au
Grand Séminaire des Missions Étrangères. Ordonné diacre le 20 septembre
1878, il reçut l'onction sacerdotale le 8 mars 1879. Destiné à la mission du
Japon septentrional, il partit le 16 avril suivant.

Peu de temps après son arrivée à Nagasaki, il fut envoyé dans les îles, à l'entrée
de la Baie de Nagasaki, dans une chrétienté composée de ceux qu'on appelait
"les vieux chrétiens", descendants des martyrs. Le Père *Raguet* resta parmi ces
chrétiens une quinzaine d'années. Puis son évêque lui demanda d'explorer le

"milieu non chrétien" en bordure des vielles chrétientés. Il passa à Fukuoka, Oita, Miyasaki et enfin à Kagoshima, où St François Xavier avait abordé en 1549. C'est dans cette dernière ville qu'il se fixa en 1896. Il devait y rester quatorze ans. Outre son activité proprement apostolique et la charge de préparer à leur vie de missionnaires les jeunes Pères que son évêque lui confiait, il entreprit de composer un dictionnaire "Franco-Japonais". Il eut la chance de pouvoir être aidé par un lettré japonais, M. Ono, qu'il eut la joie de baptiser au moment de sa mort.

C'est alors que pour surveiller l'impression de ce dictionnaire, le Père *Raguet* dut se résigner à résider à Tokyo de 1901 à 1904. En 1905, le dictionnaire ayant été imprimé, il fit paraître une "grammaire pour faciliter l'étude de la langue japonaise".

Rentré à Kagoshima, il édifia une église dédiée à St François Xavier. En 1910, il est nommé responsable de l'importante paroisse de Urakami, qui comptait environ 8.000 chrétiens. Il put mener à terme la construction de l'église, en chantier depuis une vingtaine d'années–c'est cette église qui fut détruite par la bombe atomique en août 1945–. C'était le cinquantenaire de la découverte, par le Père Petitjean, des "chrétiens cachés".

En 1915, sollicité dès l'année précédente par le Père Breton, alors en Californie, il envoya aux États Unis quelques jeunes filles japonaises pour l'aider dans son apostolat près des immigrés japonais. C'est ainsi qu'il contribua à la future fondation des "Soeurs de la Visitation" -dites "Hômonkai-. Durant sa longue carrière de missionnaire, le Père *Raguet* traduisit en japonais "le Nouveau Testament", puis un livre de Henri Lasserre "Notre Dame de Lourdes", "l'Imitation de Jésus Christ", le "Combat Spirituel". Il édita un "Petit Catéchisme" adapté à la mentalité des "vieux chrétiens", un résumé de "l'Histoire Sainte" en deux volumes, suivi d'une "Explication du Catéchisme" en trois volumes, sans comper un certain nombre d'opuscules d'occasion.

Vers 1920, sentant ses forces physiques décliner, il demanda la permission de prendre quelque repos ; son évêque l'appela près de lui à l'évêché. Il put ainsi faire la révision de ses ouvrages et se consacrer à la réédition de son dictionnaire, qui lui avait valu les éloges de l'Académie Française et une décoration du Roi des Belges.

En 1927, le diocèse fut divisé en deux : Nagasaki était confié au clergé japonais et un nouveau diocèse, Fukuoka, restait aux Missions Étrangères. Le Père *Raguet* songea alors à se retirer chez les Religieuses Japonaises, fondées par le Père Breton, futur évêque de Fukuoka. Elles tenaient un petit hôpital à Omori, dans la banlieue de Tokyo. Il s'y rendit en 1928. Le 4 avril 1929 on célébra ses noces d'or sacerdotales, mais le 3 novembre suivant, le Seigneur le rappela à Lui. Il est inhumé dans le cimetière chrétien de Tamagawa, à Tokyo.

Références bibliographiques

RAGUET Emile Mgr (1854-1929)

Abrégé de grammaire japonaise au point de vue de la traduction du français en japonais / E. *Raguet*. -Tôkyô : Libr. Sansaisha, 1905. -175 p. ; 12°.

Dictionnaire français-japonais ; précédé d'un abrégé de grammaire japonaise / par E. *Raguet*, m. a. de la Société des Missions Etrangères de Paris et Ono Tota, conférencier de lycée supérieur. -Tokyo : Libr. Sansaisha ; Paris : E. Leroux ; Bruxelles : Société belge de librairie, 1905. -(II)-(78)-(II)-1084 p. sur 2 col. ; 26 cm.

Petit dictionnaire français-japonais pour la conversation / par E. *Raguet*, m. a. de la Société des Missions Etrangères de Paris. -Tokyo : Libr. Sansaisha ; Bruxelles : Société belge de librairie, 1905. -1136 p. ; 16 cm.

Dictionnaire français-japonais / par E. *Raguet*, m. a. de la Soiété des Missions Etrangères de paris. -2e éd. entièrement refondue et considérablement augmentée par J. M. Martin m. a. de la même société. -Tôkyô : Libr. Hakusuisha, 1953. -2-2-2-1467 p. ; 28 cm.

Dictionnaire français-japonais / par E. *Raguet*, m. a. de la Société des Missions Etrangères de Paris. -2e éd. entièrement refondue et considérablement augmentée par J. M. Martin, m. a. de la même société. -Tôkyô : Librairie Hakusuisha, 1953. -p. 791-1467 ; 26 cm.
3e et dernière partie du dictionnaire : Militarisation-Zythum.

Dictionnaire français-japonais=Konsaisu futsu-wa jiten / par E. *Raguet*. - Ed. par J. M. Matin. -Tokyo : Don Bosuko Sha, 1956. -6-1344-5p. ; 15 cm.

Dizionario francese-giapponese=Futsu-wa jiten / par E. *Raguet*. -Ed. rev. par J. M. Martin.- [S. I.]: Don Bosco Sha, 1956. -1348 p.

C. 本文の内容

　さて，いよいよ本文の内容を示すことになるが，ここでは煩雑さを避けるために，(M) の部より，一語 (Maison) を選んで，検討することにした。なぜなら，どの単語をとっても多かれ少なかれ，この辞書の傾向は変わらないからである。すなわち，この辞書の書名にもなっている，会話体の用例を多く含んでいるのが，特徴といえる。

maison, sf. 1. (bâtiment) ie 家, kaoku 家屋 ; Num. ko 戸, ken 軒 ; Combien y a-t-il de ―― sur le terrain, yashiki uchi 邸内 ni nan 何／ko 戸／gen 軒／ie ga aru ka? Il y en a deux ou trois, ni san／ko／gen／aru ; Le nombre de —— (d'un endroit), kosû 戸數 ; Combien y a-t-il de —— dans ce village? kono-mura 此村 no kosû wa ikura? Chaque ——, kakko 各戸 ; De —— en ——, ie／ie／goto／ni, kakko ni ; V. Porte 9.

2. (habitée, en général) jinka 人家，hitoya 人屋 ; Il y a peu de —— (dans ce pays), =ga sukunai ; Arriver aux ——, =ni itaru ; —— de commerce, shôka 商家 ; Id. grande, shôkwan 商舘 ; —— de campagne, bessô 別荘 ; —— de charité, jikei-in 慈惠院，kyûsai-in 救濟院 ; —— de Dieu, Tenshudô 天主堂 ; —— d'éducation, kyôikujô 教育場 ; (école) gakkô 學校 ; —— de jeu, bakuchi-yado 博奕宿 ; —— religieuse, shû〔dô〕in 修〔道〕院 ; La —— mère, hon-in 本院 ; Petites ——,／sei shin 精神／fûten 瘋癲／byô-in 病院, tenkyô-in 癲狂院 ; —— de santé, hoyô-in 保養院 ; —— de ville, V. Mairie ; —— en ville, —— de quartier marchand, machi-ya 町屋 ; Résider dans une —— Id., machiya-sumai 町屋住居 suru ; —— en rangée, nagaya 長屋 ; V. Etage.

3. (de qn.) taku 宅, uchi 内 ; Etre à la —— ; =ni oru ; pp. zai 在／taku／shuku 宿／de aru ; Mr. est-il à la ——? go shujin 御主人 wa／o／go zai 御在／taku 宅 de gzs (ママ) ka? S'il est à la —— je voudrais le voir, go zai／taku／shuku／nara o-me ni kakaritai ; Les gens de la ——, uchi 内 no mono ; Une fille de la ——, ie-tsuki 家附 no musume 娘 ; —— privée, shita-ku 私宅 ; Sa propre ——, jitaku 自宅 ; Ma —— (hum.), settaku 拙宅 ; Fig. Etre de la ——, uchi no yô ni〔ittari kitari〕suru.

4. (ménage) ie 家, uchi 内 ; Cp. ka 家 ; Une —— bien ordonnée, yoku totonotta= ; Une bonne ——, ryôka 良家 ; Une grande ——, taike 大家 ; Tenir la ——, kaji 家事 wo osameru ; Tenir une ——,／sho／se／tai 世帶 wo motsu.

5. (personnel) Les gens de la ——, meshitsukai 召使 no mono ; Faire ——

nette, meshitsukai wo dashite shimau ; Entrer en ——, hôkô 奉公 ni deru.

6. La —— de l'Empereur, kôshitsu 皇室, teishitsu 帝室 ; Id. d'un roi, ôshitsu 王室 ; La —— d'un prince, kajin 家人 ; La —— militaire, jijû-bukwan 侍従武官.

7. (famille. vivant ensemble) kazoku 家族 ; Vivre dans la même ——, dôkyo 同居 suru.

8. (race) kazoku, yakara ; Cp. ke ; V. Famille 7, 8 ; La —— principale, honke 本家 ; Fonder une nouvelle ——, bunke 分家 suru, bekke 別家 suru ; Cette —— (ci, là) tôke 當家 ; Votre ——, go tôke 御當家 ; —— illustre, meimon 名門, meizoku 名族, mombatsu 門閥 ; Appartenir à une grande ——, meimon ni zoku 属 suru ; Id. royale, ôzoku 王族 de aru ; Id. impériale, kôzoku 皇族 de aru ; Relever sa ——, fatatabi(ママ) ie 家 wo okosu ; Cette —— est éteinte, ie ga taeta, zekke 絶家 shita.

9. Les douze —— du soleil, ten 天 no jû-ni-kyû 十二宮

(註)

(39) この辞書の奥付によれば，住所が鹿児島市になっている。それゆえ，高等学校講師というのは，第七高等学校造士館を指すのであろう。ただし，七高には丙類（第一外国語フランス語）がないので，小野藤太の担当科目は不明。なお，肩書きが講師なので，もしかすると，希望する生徒達には，非常勤として（あるいは兼担として），フランス語を教えた可能性は考えられる。

(40) 計算方法としては，見出しの仏語（ゴシック体）のみを，数えたものである。なお，日本語を示すローマ字はイタリック体であるが，ここでは特に区別しなかった。

(41) 実際，1頁から78頁にわたって，日本語文法の解説に紙面をさいている。

(42) パリ外国宣教会本部所蔵の資料（Archives des Missions Etrangères de Paris）を使用させて戴いた。

第6節 『増訂　新佛和辭典』

A. 辞書の構成

　袖珍本。洋装（縦15.3 cm×横10cm）であり，表紙は紺色（表紙と背表紙に文字あり）。扉には，「野邨泰亨著，中澤文三郎，阿部　漸補助，粕川信親，佐野　尚校正。増訂・新佛和辭典，東京・大倉書店發行」とある。

　例言（原文は縦書き）は2頁であるが，内容を記すと，以下の通り。

「一，　方今百科専門の學術は日に詳密精緻を致し之に應ずる術語は月に多きを加へ世事繁多なるや隨て新語を製せざるを得ず又従来の譯語には間々譯例を變ずるものもあり加ふるに萬國交際の道益々盛なるや彼我通用の言語を生ずるに至れり於是乎時需に鑑みて辭書編纂の法を異にするの策を講ぜざるべからず編者の微衷正に此に存す本店六七年を閲する毎に新刊の擧あるも亦此意に外ならず
一，　本書は特に佛蘭西最新の辭典『プチー，ラリーブ，エ，フルーリー』に則り傍ら『リットレー』『ラルース』『ガヂエー』等の諸書を參酌して編輯し而して佛和字典中に於て字數最も多きものとす
一，　術語には（哲）（物）（化）（動）（植）等の括弧を附す
一，　凡そ譯字を下し難き原語には音譯を施し會話作文には意譯を下し可成通俗體と爲す
一，　漢字にて初學に解し難きものは振り假名を施す
一，　時に雅言を用ひ又時に俗語を混じたるは初學に便せんが爲め也
一，　外國語にて方今慣用語となれるものは幾と網羅して洩らすことなし

一、外國語には其出所を示し例へば house. m. (m. angl.) 等の如くす

一、地名人名にて譯例あるものは漢字を用ゐ然らざるものは片假名又は原字を以て記すことあり

一、前接字及ひ後接字は其意義を示し以て原語を了解し易からしむ

一、異字同義の語は（voy…）と記し又同上と書し重複を省く

一、同一語にて數義あるものは（一）（二）（三）等に分ちて譯解す

一、熟語成語は可成多く掲載せり

一、譯字にて解し難きものは括弧内に註解を加ふ

一、基督教語は大率佛人『ラケー』氏著佛和會話大辭典に依て譯解す

一、働詞の變化にて諳誦し易からざるものは其規則と不規則とを問はず詳細列記することとしたり

　　明治四十二年　月　浣
　　　　野村泰亨　識　　　」(43)

『増訂　新佛和辭典』扉
（筆者蔵）

次に，原字略字解が1頁，同じく譯語略字解，1頁。本文（紙面は，中央に縦の罫線が入って，左右に分離），1187頁。単語総数，約60000語（ただし，見出しのゴシック体のみを数えた）。Loctions de la langue française として，(ママ)
120頁。奥付には，「明治43年10月1日発行。著作者，野村泰亨。發行兼印刷者，大倉保五郎，印刷所，大倉印刷所，發行所，大倉書店，正價金貳圓貳拾

錢」，という文字が見られる。その他には，大倉書店特約販賣所の名前が続き，さらには広告となっている。

B. 本文の内容

この辞書（『新佛和』，と略称す，以下同じ）の特徴としては，本文の最初の頁に記されているように，挿絵や図版が入っているのが，目立つところである。さらに，この種の小型本にしては単語の数が多いことも，付記することができよう。

さて，ここで実際に単語を掲載して，紹介することになるが，（1）単語 (Nouveau français-japonais illustré)，（2）成句 (Locutions de la langue française) の順序で示していく。

（1）p. 777。

Payeur, euse, s. 支拂人. —— sm. 會計員，出納掛. —— adj. —— officier payeur. 計官，主計.

1. pays, sm. 1. 土地. 2. 國民. 3. 國. 4. 鄉里，生國. 5. 産地. —— voir du pays. 國中を遊歷する. ∥ être en pays de connaissance. 知人の處に居る. ∥ mal du pays. 懷鄉病.

2. pays, payse, s. 同國人，同鄉人.

Paysage, sm. 1. 景色，光景. 2. 景色畫，山水畫.

Paysager, adj. m. 山水畫工.

Paysagisme, sm. 1. 山水畫風. 2. 山水畫.

Paysagiste, sm. 1. 山水畫工. 2. 庭園畫工.

   —— adj. —— jardin paysagiste. 山水景の庭園.

Paysan, anne, s. 田夫，田舍漢. adj. 田夫の. —— à la paysanne, loc. adv. 田舍

漢風に.

Paysannerie, sf. 1. 田夫の身分. 2. 田舎漢風の演劇.

Pays-bas ou Hollande. 和蘭.

Péage, sm. 1. 通行税. 2. 橋賃.

Péager, ère, s. 通行税受取人.

Peau, sf. 1. 皮. 2. 毛皮. 3. 皮膚. 4. 筋肉. 5. 外皮（果實の）. —— vendre bien cher sa peau. 善く其身を防禦する．

Peaucier, adj. —— muscle peaucier.〔解〕1. 皮膚収縮筋, 2. 瞼筋. —— gr. Academie にては peaussier と書す.

（2）p. 68。

Langue. avoir la langue déliée. 自由自在に話せる.

 n'avoir pas sa langue dans sa poche. 渋帶なく談話する.

 faire merveilles du plat de la langue. 單に口舌にて大成功を稱揚する.

 avoir un mot sur le bout de la langue. 1. 口端（くちさき）迄出てをる, 忘れし言葉を憶ひ出さんとする. 2. 僅に思ひ出しゝ事を言ひ表はさんとする.

 avoir la langue bien pendue. 返答の烈しき.

 avoir la langue dorée. 甘言を以て人の意を迎へ又欺ける.

 ex. "Je ne sais ce qui peut résister à la langue dorée d'une femme". 余は, 奈何して一婦人の甘言に爭抗し得べきや否の術を知らざる. (G. Sand).

 langue de vipère, de serpent, d'aspic. 毒舌の人，讒誣する人.

 mauvaise, méchante langue. 悪口する人.

 se mordre la langue. 1. 失言を悔ゆる. 2. 多言を悔ゆる.

 la langue lui a fourché. 1. 彼は, 失言せり, 言ふを欲せざる事又言ふべからざる事を云へり. 2. 彼は, 二枚舌を使へり. jeter sa langue aux chiens. (voy. chien).

prendre la langue de qqu'un. 人に眞似て談話する.
ex. "j'avais assez le talent de prendre la langue de ceux avec qui je vivais".
余は,起居を俱にせし人々に眞似て,談話する丈の才能を持てり.
(Montesquieu, Son Portrait).
prendre langue avec qqu'un. 人と會談する. ex. "L'affaire ne peut être décidée sur-le-champ ; je préfère le voir et prendre langue avec lui." 事件は,速に決定する能はざるが故に,予は,其人に面會して談合するを可とす.
prendre la langue à qqu'un. 人を訓戒する.

C. 参考資料との関連

この主題と一番関連が深いと思われる辞書に触れてみると,下記のようなものである.

調査に際しては,東京大学駒場図書館所蔵本(3巻本で,1903年完本)を使用させて戴いたが,この書物の特徴を一言でいえば,辞典と事典の機能を合わせもった,辞書といえようか.

まず最初に,この辞書(《P. L. F.》,と略称す,以下同じ)の概略を示してみると,以下のようなものである.

① Petit / Larive & Fleury / dictionnaire français / encyclopédique / à l'usage des Adultes et des Gens du Monde / par MM. Larive & Fleury / illustrations / 1345 Figures dans le Texte—83 Tablaux d'Art / et de Vulgarisation—112 Cartes / Paris / Georges Chamerot, Éditeur.

さて,記述を進めると,当然のことに,『新佛和』は《P. L. F.》にすべて依存しているわけではない.しかし,影響を受けていることは,事実である.

DICTIONNAIRE FRANÇAIS ILLUSTRÉ
DES
MOTS ET DES CHOSES
OU
DICTIONNAIRE ENCYCLOPÉDIQUE
DES ÉCOLES, DES MÉTIERS ET DE LA VIE PRATIQUE

Orné de 4,843 gravures, de 135 cartes géographiques et de 16 cartes hors texte en plusieurs couleurs
dressées spécialement par UN GÉOGRAPHE

A L'USAGE DES MAÎTRES, DES FAMILLES ET DES GENS DU MONDE

CONTENANT

1° L'EXPLICATION DE TOUS LES MOTS DE LA LANGUE FRANÇAISE; — 2° L'ÉTYMOLOGIE;
3° LA LISTE DES DÉRIVÉS, DES COMPOSÉS, DES HOMONYMES ET DES SYNONYMES; — 4° LA PRONONCIATION DES MOTS DIFFICILES;
5° DES THÉORIES ET DES REMARQUES DE GRAMMAIRE, LA CONJUGAISON COMPLÈTE DE TOUS LES VERBES IRRÉGULIERS;
6° LA LITTÉRATURE; — 7° LA GÉOGRAPHIE DE CHACUN DES DÉPARTEMENTS FRANÇAIS ET DE TOUS LES ÉTATS DU GLOBE, AVEC CARTES EN DEUX TEINTES;
8° LA MYTHOLOGIE; — 9° L'HISTOIRE ET LA BIOGRAPHIE; — 10° LA PRÉHISTOIRE ET L'ARCHÉOLOGIE NATIONALES;
11° LES MATHÉMATIQUES (MÉCANIQUE, CONSTRUCTIONS GÉOMÉTRIQUES, MESURE DES SURFACES ET DES VOLUMES), LA PHYSIQUE,
LA CHIMIE, LA MINÉRALOGIE, LA ZOOLOGIE, LA BOTANIQUE ET LA GÉOLOGIE APPLIQUÉES A L'AGRICULTURE,
A L'HYGIÈNE, A LA MÉDECINE, A L'ART VÉTÉRINAIRE, A L'INDUSTRIE, AU COMMERCE ET AUX EXIGENCES DE LA VIE PRATIQUE;
12° DES NOTIONS DE LÉGISLATION USUELLE, COMMERCIALE ET ADMINISTRATIVE.

PAR

MM. LARIVE ET FLEURY

Auteurs du *Cours de Grammaire et de Langue française en trois années*

TOME DEUXIÈME
I à POLYNÔME

NOUVELLE ÉDITION REVUE ET CORRIGÉE

PARIS
GEORGES CHAMEROT, ÉDITEUR
4, RUE DE FURSTENBERG,

1903
Tous droits réservés.

Larive et Fleury《百科事典》扉
(東京大学駒場図書館蔵)

第五章　佛和辞書（明治期）の系譜　317

あまり細部にこだわるのは，煩雑になるだけなので，ここでは特に挿絵についてのみ，簡単に触れてみたい。

『新佛和』

Acanthe, *sf.* 1. きつねのまご, 莨芳鬲（圖）2.〔建〕唐草彫.
Acanthias, *sm.* 〔動〕つのざめ（鱶の類）.
Acanthoptérygien, *sm.* 〔動〕硬鱗魚.
Acare ou Acarus, *sm.* 〔動〕（きつねのまご科の圖）蜘蛛の類.
Acariâtre, *adj. 2g.* 執拗なる, 氣六つかしき, 忿怒し易き.
Acariâtreté, *sf.* 執拗性, をこりッぽき, 氣六つかしき性質.「果なる.
Acarpe, *adj. 2g.* 〔植〕結實せざる, 無
Acatalectique, *adj. 2g.* 〔古詩〕完句の. — *s.* 〔古詩〕完句.
Acatalepsie, *sf.* 〔哲〕不確知論, 蓋然主義.　　　　　　「し難き.

(p. 7)

《P. L. F.》

the est le type.
acanthe (l. *acanthus*, du g. *akantha*, épine), *sf.* Genre de plantes de la fam. des acanthacées, du climat méditerranéen, épineuses ou non, dont les feuilles ont donné l'idée du chapiteau corinthien. ‖ Ornement d'architecture.
Acanthe, fils d'Antinoüs et d'Hippodamée, dévoré par les chevaux de son père et changé en oiseau (myth.).
acanthias (g. *akantha*, épine), *sm.* Le chien de mer (squale ou requin).
acanthie (g. *akantha*, épine), *sf.* Genre d'insectes hémiptères dont la *punaise des lits* est le type.
acanthoptérygien (g. *akantha*, épine + *ptérygion*, petite aile, nageoire), *sm.* Se dit d'un ordre de poissons dont les nageoires sont soutenues par des rayons raides et piquants : *La perche.* ‖ Sous-ordre de chorinathes (section des pois-

(p. 6)

(p. 11)

Accumulateur, trice, *adj.* 蓄積せる。— *sm.* 1.蓄電機(圖)．

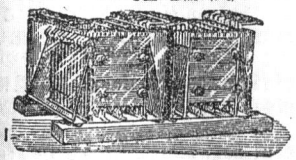

（蓄電機の圖）
Accumulation, *sf.* 蓄積すること．
Accumuler, *vt.* 1.蓄積する．2.貯蓄する． — s'accumuler, *vr.* 蓄積さるる,崇さむ．
Accusable, *adj.* 2g. 1.告訴せらるべき．2.告訴すべき．
Accusateur, trice, *s.* 告訴人．accusateur public. 刑事裁判所附屬檢事（1791年憲法議會の時）． — *adj.* 顯示せる．
Accusatif, *sm.* 直定詞格,對格,的

(p. 9)

Accum (1769-1838), chimiste allem. qui, le premier, appliqua en grand l'hydrogène à l'éclairage.
accumulateur, trice, *adj.* Qui accumule. — Sm. *Accumulateur*

A. Plaque positive ; B. Plaque négative ; C. Barre de connexion ; I. Isolateur en porcelaine ; T.Tube en verre ; U. Plaque en verre supportant les éléments.

d'électricité ou simplement *accumulateur*, appareil propre à emmaga-

(p. 347)

1. **Écrou,** *sm.* 母螺旋(圖)．
2. **Écrou,** *sm.*
   1.在監人名簿の條目．2.同上名簿．

Écrouelles, *sfpl.* [圖]瘰癧（scrofule 又 humeurs froides と云ふ）.

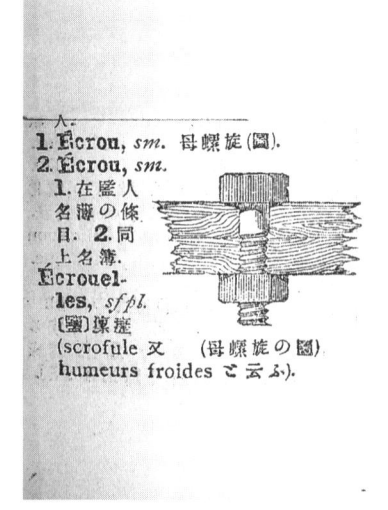

（母螺旋の圖）

(p. 400)

1. **écrou** (vx fr. *escrou*, du l.

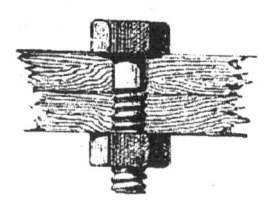

scrobem, trou), *sm.* Cylindre fileté en creux où s'engage une vis.
2. **écrou** (*x*), *sm.* Article du

第五章　佛和辞書（明治期）の系譜　319

Offraye, *sf.* 〔動〕雎鳩〔みさご〕（圖）．
Offre, *sf.* 1.
供すると．2.
贈物．3. 申込
むこと．4.〔經〕
供給．— of-
fres réelles.
〔法〕現金提
供．
Offrir, *vt.*
1. 供する．2.
申込む．3. 捧
ぐる，呈する．
4. 提供する．　　　（雎鳩の圖）
5. 供給する．6. 示す．—offrir le
saint sacrifice. 〔宗〕聖祭を執行す

(p. 732)

offraye, *sf.* Nom vulg. du bal-
buzard d'Europe, grand destruc-
teur d'animaux nuisibles.
offre, *svf.* Action d'offrir. ||
Chose offerte. || *Offres réelles*, faites
par ministère d'huissier, d'une som-
me d'argent à deniers découverts,
c.-à-d. en espèces. || Besoin plus ou
moins vif qu'éprouve un fabricant

(p. 944)

Sablier, *sm.* 1. 砂時計（圖）．2. 砂
容器（器什の乾かざる字の上に
砂を掛くる器）．
1. Sablière,
sf. 砂坑，砂
床，砂場．
2. Sablière,
sf. 1.〔建〕桁，
地廻．2. 桁の
支柱，梁立．
Sabline, *sf.*
〔植〕のみのつ
づり草．
Sablon, *sm.*
磨砂，白砂，
粉砂，細砂．（砂時計の圖）
Sablonner, *vt.* 1. 砂磨する．2. 細
砂を掛くる（鍛鐵に）．
Sablonneux, euse, *adj.* 砂多き．
—terrein sablonneux. 砂地．
Sablonnier, *sm.* 砂商人．
Sablonnière, *sf.* 砂坑，砂場．
Sabord, *sm.*〔海〕砲門．— sabord
de charge. 〔海〕艙門，舷窻（積込，
琵細用）．

(p. 964)

sablier, *sm.* Instrument formé
de deux ampoulettes de verre op-
posées par la pointe, et réunies
entre elles par un col étroit, en

sorte que l'une des deux étant rem-
plie de sable, celui-ci s'écoule dans
l'autre pendant un temps qui est

(p. 1186)

次の参考資料としては，以下に掲載したものが，その書名である。なお，調査に際しては，東京大学総合図書館所蔵本を使用させて戴いた。

② Petit ／ Dictionnaire Universel ／ ou ／ abrégé du dictionnaire français ／ de ／ É. Littré ／ de l'academie française ／ augmenté ／ d'une partie mythologique, historique ／ biographique et géographique ／ Par A. Beaujean ／ ancien professeur au lycée louis‐le‐grand ／ inspecteur de l'académie de paris ／ Septième édition ／ Paris ／ Librairie Hachette et Cie ／1883.

上記の辞書（《L. B.》，と略称す，以下同じ）が，本節の主題である『新佛和』に，どのような影響を与えたのか。両書を照合することによって，その関連性を，検討してみたい。具体的な方法として，ここに一例を示した。なお，記述を進めるにあたっては，次の要領に従った。

――最初に，『新佛和』の仏単語および訳語を記した。その後に，（ ）の中において，《L. B.》のフランス単語，および，その解説を記した。

p. 142
Calcul, sm. 1.〔醫〕結石（尿道又は膀胱内の）2. 計算. 3. 算術. 4. 計畫
p. 104
(Calcul, sm. Concrétion pierreuse qui se ferme dans certains organes. ∥ Opération par laquelle on trouve le résultat de la combinaison de nombres ou de quantiés ∥ Absol. L'arithmétique. ∥ Fig. Mesures combinnées, dessein prémédité, plan.)

Calculable, adj. 2g^(44). 計算せらるべき

(Calculable, adj. Qui peut être calculé.)

Calculateur, trice, s. 計算者. —— adj. 注意深き, 考慮に富める.

(Calculateur, sm. Celui qui sait calculer. ∥ Fig. Adj. Esprit calculateur.)

Calculer, vt. 1. 計算する. 2. 熟慮する, 推測する. 3. 計畫する. —— se calculer, vr. 計算さるる.

(Calculer, va. Faire une opération de calcul. ∥ Fig. Méditer, combiner.)

Calculeux, euse, adj. 〔醫〕石痳に罹りたる, 結石病に罹りたる.

(Calculeux, euse. adj. En méd. Relatif aux calculs, causé par les calculs. Affection calculeuse. ∥ Affecté de calculs. ∥ Subst. Un calculeux.)

　ここに掲出した事例は，数こそ多くはないが，著者・野村泰亨（略歴に関しては，本章の註37，参照）の編集方針を理解する上では，不足はないものと考える。

　この具体例に触れて，まず感じたことは，彼が辞書作りに関しては，いかにも手慣れているという印象である。その結果，前作の『佛和辭林』，『佛和字彙』についても，中江篤介が中心人物になってはいるが，真の執筆者は野村その人であったろう，と想像がつく。なぜなら，中江は他に仕事もあって，多忙であったろうし，こうした細かい辞書作成などは，仏語学者の野村の方が適任であろう，と思えるからに，他ならない。

(註)

(43) 筆者架蔵本による。
(44) 原典の「原字略字解」には，adj, 2g. …adjectif des deux genres, と記載されている。

第六章　和佛辞書（明治期）の系譜

第1節　『和佛辭書』（P. レー）

A. 辞書の構成と成立

　まず最初に、書籍の寸法を記してみると、縦17.7センチ×横11.8センチ。扉には、「版權所有、和佛辭書」とあり、タイトルページを示すと、次の通りである。

Dictionnaire／Japonais-Français／des mots usuels de la langue japonaise／par／Pierre Rey M. A.／et／Hiroyoshi Tanaka／Tôkyô／1888.

　次は序文であるが、村上英俊（第一章、第2節、参照）が得意の漢文によって、序（原文は縦書き）を認め、著者の一人である田中弘義[1]に呈している。

「和佛辭書序

　田中弘義、一日、袖其所著和佛辭書来、而請序于余、曰、此書之、爲編也、佛語就佛人伯多碌禮氏、論議討問之、國字之用法、頼國字會員、探究考正之、

『和佛辭書』（P. レー）扉
（国立国会図書館蔵）

然猶未得其完全也，雖然因國語而探佛語者，盖易矣，然則此書之益于後生，亦将不細乎，余乃閲之，探佛語于國語，甚易而國字之用法，亦得其詳，於是乎，果知其言不誣也，若夫臨作文，苦其語者初學之所不免也，方于其時，就此書，而求其所欲語，則發舒其所思，而筆端可不窘束也，然則爲此書，初學之坐右，一日不可無乎，因記余所懷，以爲序云爾

　　明治二十一年三月

村上英俊　」

同様に著者のピエル・レーが，Préface を記しているが，文中でこの辞書成立の動機を示している。

「Préface

Plusieurs dictionnaires français-japonais ont été publiés depuis quelques années. L'accueil fait à ces ouvrages témoigne assez qu'ils répondaient à un véritable besoin. Toutefois il est évident qu'un dictionnaire français-japonais ne peut servir qu'à traduire du Français en Japonais ; et cependant, à moins de s'exercer en même temps à parler et à écrire en Français, il est impossible d'acquérir une connaisance sérieuse de la langue. Voilà pourquoi nous avons pensé qu'un dictionnaire japonais-français n'était pas moins indispensable. En attendant qu'un dictionnaire complet de ce genre soit publié, et il le sera certainement, nous n'hésitons pas, à titre d'essai, à livrer au public ce petit travail, quelque imparfait qu'il soit. Notre but a été surtout de venir en aide aux commençants, et de leur procurer la satisfaction de pouvoir traduire en Français les phrases les plus usuelles de leur langue maternelle. Toute notre ambition serait, en leur facilitant ainsi l'étude, de leur donner le goût et l'amour d'une langue dans laquelle ont été écrits tant de chefs-d'œuvre de l'esprit humain.　　P. R.」

　凡例，2頁。假名文字，1頁。異形類音表，1頁。そして畧語表，同じく1頁である。

　本文に入ると，pp. 1-200まで，単語総数はおおよそ，5000語というところか。すなわち，「和仏辞書」というより，「和仏単語集」に近い。奥付には，印刷者（製紙分社），廣瀬安七。著者兼發行者，田中弘義（靜岡縣士族）。著者，ピエル．レー（佛国人）。明治二十年十二月九日，版權免許。同二十一年三月廿六日，印刷。同二十一年同月廿九日出版，と記されている。定價八十錢。

　それに，賣捌書肆が1頁。書肆名を列記すると，以下の通りである。

東京日本橋區通三丁目十四番地
　　　丸善商社書店
仝神田區表神保町二番地
　　　中西屋邦太
仝　　　雉子町三十番地
　　　寛　裕　舍
仝神田區表神保町二番地
　　　開　新　堂
仝京橋區中橋廣小路町七番地
　　　文　明　堂
仝神田區一ツ橋通十一番地
　　　有　則　軒
大坂備後町四丁目
　　　梅原亀吉

全北久寶寺町四丁目
　　丸屋書店
名古屋京町
　　松村五郎
横濱辨天通四丁目
　　丸屋書店

　なお，このたびの調査に際しては，国立国会図書館所蔵本[2]を使用させて戴いた。

B. 著者に関する資料

　辞書成立についてであるが，Pierre Rey（あるいは，Jean-Pierre Rey）がPréfaceでも述べているように，ここ数年来，仏和辞書の出版は相次いでいる。しかし，その逆の和仏辞書は見当たらない。それゆえ，フランス人に対して，話したり，書いたりするに必要な和仏辞書を，このたび上梓したというのが，まさにその動機であろう。

　それでは，ピエル・レー（あるいは，ジャン゠ピエル・レー）とはどのような人物なのだろうか。

　幸い，貴重な仏文資料の提供を戴いたので，原文のままをここに記してみたい[3]。

ジャン゠ピエル・レーの肖像
（パリ外国宣教会本部蔵）

REY Jean-Pierre

(1858-1930)

[1525] *REY* Jean-Pierre (archevêque de Tokyo), est né le 3 novembre 1858 à juliénas, dans le diocèse de Lyon (Rhône). Fils de vignerons beaujolais, il était le benjamin d'une famille de cinq enfants. Le vicaire de la paroisse lui donna les premières leçons de latin, puis il devint élève de la "Manécanterie de Claveisolles". Il entra ensuite au Petit Séminaire de Saint Jodard, fit sa Philosophie à Alix. Il y reçut la tonsure le 2 juin 1878. À l'occasion d'un pèlerinage à La Salette, il décida de devenir missionnaire et il partit pour le Séminaire des Missions Étrangères. Minoré le 22 décembre 1879, sous-diacre le 13 mars 1881, diacre le 24 septembre suivant, il fut ordonné prêtre le 4 mars 1882. Il reçut sa destination pour le Japon septentrional, dont le centre était Tokyo. Parti le 12 avril 1882, il arriva à Yokohama le 28 mai, accueilli par Mgr. Ozouf, alors vicaire apostolique.

Le Père *Rey* fut d'abord nommé à Kanda, vicaire du Père Évrard. Mais dès le mois de septembre, il devient adjoint du Père Faurie, qui dirigeait l'orphelinat, installé dans les dépendances du poste de Azabu. Il seconda également pendant trois ans les curés successifs tout en ayant la charge d'une desserte à Honjo.

En octobre 1885, il est nommé professeur au Séminaire de Tsukiji. En 1886, il revient à l'orphelinat comme responsable de l'établissement. En 1887, il le transportait sur le terrain de Sekiguchi, qui venait d'être acheté par la Mission. Tant qu'il fut chargé de l'orphelinat, le Père *Rey* poursuivit un double but : installer et développer des métiers qui permettaient aux jeunes orphelins de gagner leur vie -ensuite- orienter vers les carrières libérales ceux d'entre eux qui montreraient des aptitudes et du goût pour les études. En 1893, l'évêque lui donna un compagnon pour le seconder, mais se sentant fatigué, en 1896, il demanda et obtint un congé en France.

Il dut prendre un long repos de cinq ans. En 1901, complètement rétabli, il revenait au Japon, et fut nommé successivement à Yokosuka, Odawara, Shizuoka. Au mois d'octobre 1908, le Père *Rey* était nommé aumônier des Sœurs de Saint Maur à Yokohama ; l'année suivante, il joignait à cette charge celle de procureur de la mission de Tokyo et devenait vicaire général.

Après la mort de Mgr. Bonne, un bref pontifical du 1er juin 1912 le nommait archevêque de Tokyo. Le 25 juillet, il fut sacré dans l'église de Sekiguchi par Mgr. Berlioz, évêque de Hakodaté. Le nouvel archevêque avait pris comme devise ces paroles de l'Écriture : "In te Domine speravi". La première épreuve qu'il rencontra ce fut la guerre européenne. La Mission avait perdu, les années précédentes, plusieurs missionnaires, et voici que la mobilisation générale appelait huit de ses jeunes missionnaires. Mgr. *Rey* n'hésita pas : il prit en charge quelques postes : Kamakura, Yokosuka, Odawara, et même le lointain

Matsumoto.

Après la guerre, une nouvelle épreuve l'attendait : le grand tremblement de terre du 1er septembre 1923, qui détruisit huit postes de fond en comble, sans espoir d'être indemnisé par les compagnies d'assurances. Cependant, avec l'aide des missionnaires et des chrétiens, il releva les ruines, prépara de nouveaux postes dans les centres populaires de Tokyo et de sa banlieue. C'est ainsi que Koenji et Hongo furent fondés.

Le projet d'un Grand Séminaire inter diocésain était à l'étude : en attendant, il favorisait les vocations et envoyait volontiers à Rome ou en France les meilleurs sujets. Démissionnaire le 6 mars 1926, il est nommé évêque "in partibus" de Philippopolis et assistant au trône pontifical. Il se retira à Ueda. Vers 1929, sa santé commença à décliner. Malgré les soins, il s'endormit dans le Seigneur le 25 mai 1930. Il est inhumé dans le cimetière de Aoyama, à Tokyo.

Bibliographie :

Wa-futsu jisho=Dictionnaire japonais-français des mots usuels de langue japonaise / par Pierre *Rey*, m. a. et Hiroyoshi Tanaka. - Tokyo, 1888. -10-200-2 p. ; 18cm.

C. 本文の内容

さて,『和佛辭書』(『P. レー』, と略称す, 以下同じ) を紹介することになるが, 現行の和仏辞書と比べると, 質および量ともに, 大きな違いがある。しかし, これを開拓的な著作として見るとき, 先人の努力が感じられて, やはり興味深い。

(p. 78)
 タ. ダ. TA. DA.
 タシカ—タンソ

タシカメ 確カメ Assurance ; Affirmation, s. f.
    確カメル Assurer ; Affirmer, v. a.
タシム 嗜ム Aimer, v. a.
タビ 足袋 Bas, s. m ; Chaussette, s. f.
タビ 旅行 Voyage, s. m.
   旅人 Voyageur, euse, s. m. f.
   旅行スル Voyager, v. n.
タモツ 保ツ Maintenir ; Garder ; Conserver, v. a.
タセウ 多少 Plus ou moins, loc. adv.
タスケ 助ケ Secours, s. m ; Aide ; Assistance, s. f.
   助ケル Secourir ; Aider ; Assister, v. a.
タン 痰 Glaire, s. f.
   痰ヲ吐ク Expectorer des glaires.
ダン 階段 Degré, s. m ; Marche, s. f.
ダンロ 煖爐 Poële, s. m ; Cheminée, s. f.

フ．ブ．プ．FU. BU. PU.

フウゾーフクワ

フウゾク	風俗	Mœurs, *s.f* pl ; Coutume, *s.f.*
フウキ	富貴	Richesse, *s.f.*
	富貴ノ	Riche, *adj.*
	富貴ノ人	―, *s.m.*
フウシツ	風疾	Rhumatisme, *s.m.*
	風疾ノ	Rhumatismal, e, *adj.*
フウジヤ	風邪	Rhume, *s.m.*
	風邪ノ	Enrhumé, e, *adj.*
フウセン	風船	Ballon ; Aérostat, *s.m.*
フウン	不運	Infortune ; Adversité, *s.f* ; Malheur, *s.m.*
	不運ナル	Infortuné, e ; Malheureux, euse, *adj.*
フク	吹ク	Souffler, *v.n.*
	風ガ吹ク	Le vent souffle.
フク	拭フ	Essuyer, *v.a.*
フグ	不具	Difformité, *s.f.*
	不具ナル	Difforme, *adj.*
	不具ニスル	Rendre difforme.
フグ	河豚	Marsouin, *s.m.*
フクロ	袋	Sac, *s.m.*
フクロウ	鵂鶹	Hibou, *s.m.*
フクヘイ	伏兵	Embuscade, *s.f.*
フクワイ	不快（輕病）	Indisposition, *s.f* ; Malaise, *s.m.*
	不快ナル	Indisposé, e, *adj.*

『和佛辭書』（P. レー）本文
（国立国会図書館蔵）

ダンパン 談判 Négociation, s. f.
　　　　　談判スル Négocier, v. a.
タンポ 蒲公英 Dent-de-lion, s. m.
ダンリョク 彈力 Elasticité, s. f.
　　　　　彈力アル Elastique, adj.
ダンダンニ 段々ニ Peu à peu, loc. adv ; Graduellement, adv.
タンソ 炭素 Carbone, s. m
　　　　炭素ヲ含ミタル Carboné, e, adj.
タンソク 歎息 Soupir, s. m.

(p. 81)
　ソ．ゾ．SO. ZO.
　ソヘル―ソク

――――――――

ソヘル 添ヘル Joindre ; Ajouter, v. a.
ソト 外 Hors ; Dehors, pré.
ソル 剃ル Raser, v. a.
ソダ 束枝 Fagot, s. m.
ソダテル 育テル Elever ; Nourrir, v. a.
　　　　　小兒ヲ育テル ―― Ses enfants.
ソ子ミ 嫉ミ Envie ; Jalousie, s. f.
　　　　嫉ミノ Envieux, euse ; Jaloux, ouse, adj
　　　　嫉ム Envier, Jalouser, v. a.
ソラ 大空 Ciel ; Firmament, s. m.
ソラマメ 蠶豆 Fève, s. f.
ソウ 僧 Prêtre, s. m.

ソウトク　總督　Général en chef, s. m.

ソウリヤウ　惣領　Fils ainé, s. m.

ゾウカ　増加　Augmentation, s. f ; Accroissement. s. m.

　　　　増加スル　Augmenter ; Accroître, v. a.

ソノ　園　Jardin, s. m.

　　　菜園　——　potager.

　　　果園　——　fruitier.

　　　植物園　——　des plantes, (Jardin botanique).

ソノヽチ　其後　Après ; Ensuite, adv.

ゾク　族　Famille, s. f.

　　　皇族　——　impériale.

　　　王族　——　royale.

(p. 109)

ヤ. YA.

ヤフルーマヘ

ヤブル　破ル　Déchirer ; Briser, v. a.

ヤサイ　野菜　Légume, s. m.

ヤメル　止メル　Cesser, v. a.

ヤメル　廢止スル　Abolir ; Supprimer ; Annuler, v. a.

ヤシ　椰子　Coco, s. m.

　　　椰子樹　Cocotier, s. m.

ヤシロ　社　Temple, s. m.

ヤシナフ　養フ　Nourrir ; Alimenter, v. a.

ヤモヲ　鰥夫　Veuf, s. m.

ヤモメ　寡婦　Veuve, s. f.

ヤスリ　鉃　Lime, s. f.

ヤスミ　休　Repos, s. m.

　　　　休メル　Reposer, v. a ; Faire reposer.

　　　　休ム　Se reposer, v. p.

ヤスミビ　休日　Jour de congé ; Jour de repos, s. m.

　マ. MA.

――――――――――

マ　魔　Démon ; Diable. s. m.

マハリ　周囲　Circonférence, s. f ; Tour, s. m.

マハフ　魔法　Magie ; Sorcellerie, s. f.

　　　　魔法ヲ使フ人　Magicien, enne ; Sorcier, ère, s. m. f.

マヘ　前　Devant, pré.

　　　　家ノ前　―― la maison.

(p. 120)

　フ. ブ. プ. FU. BU. PU.

　　フウソ―フクワ

――――――――――

フウゾク　風俗　Mœurs, s. f. pl ; Coutume, s. f.

フウキ　富貴　Richesse, s. f.

　　　　富貴ノ　Riche, adj.

　　　　富貴ノ人　――, s. m.

フウシツ　風疾　Rhumatisme, s. m.

　　　　風疾ノ　Rhumatismal, e, adj.

フウジヤ　風邪　Rhume, s. m

第六章　和佛辞書（明治期）の系譜　335

　　　　　　風邪ノ　　Enrhumé, e, adj.
フウセン　風船　　Ballon ; Aérostat, s. m.
フウン　　不運　　Infortune ; Adversité, s. f ; Malheur, s. m.
　　　　　不運ナル　Infortuné, e ; Malheureux, euse, adj.
フク　　　吹ク　　Souffler, v. n.
　　　　　風ガ吹ク　Le vent souffle.
フク　　　拭フ　　Essuyer, v. a.
フグ　　　不具　　Difformité, s. f.
　　　　　不具ナル　Difforme, adj.
　　　　　不具ニスル　Rendre difforme.
フグ　　　河豚　　Marsouin, s. m.
フクロ　　袋　　　Sac, s. m.
フクロウ　鴟梟　　Hibou, s. m.
フクヘイ　伏兵　　Embuscade, s. f.
フクワイ　不快（軽病）　Indisposition, s. f ; Malaise, s. m.
　　　　　不快ナル　Indisposé, e, adj.

　本文の内容は，上記の如く，ごく簡単なものであり，「和佛辞書」としての評価は，まだまだの感を抱くものである。実用に役立つ本格的な辞書は，今後の出版を待たねばなるまい。

（註）

（1）　周太郎（後に弘義）。弘化4年（1847），江戸生まれ。父親は，外国奉行組支配同心武次郎。村上英俊の仏学塾（達理堂）で学んだ後，開成所へ。文久4年（1864，5月に元治と改元）正月，「開成所向読教授出役点数上等之者」の中に，田中周太郎の名が見られる。慶応元年（1865）の「開成所人名録」では，教授手伝並出役となってい

る。

　翌2年には，横浜仏語伝習所（校名については，諸説があるが，ここでは髙橋邦太郎教授説を採用）へ，フランス語伝習を命ぜられる。明治元年，静岡学問所において、「三等格御用取扱」として記載されている。その後は，明治政府に出仕。続いて，軍関係の学校にも勤める。明治21年（1888）12月死去。

　略歴に関しては，下記の著作を参照。　①　『幕末教育史の研究　一』，pp. 226-252。倉沢　剛著，吉川弘文館。昭和58年。　②　『日仏の交流』，pp. 182-190。髙橋邦太郎著，三修社。1982年。　③　『明治過去帳』，p. 271。大植四郎編，東京美術発行。昭和46年。　④　『幕末西洋文化と沼津兵學校』，p. 80。米山梅吉著，三省堂。昭和10年。

（2）　図書番号，204994-000-6／443．9-R456d（洋）／和仏辞書／ピエル・レー著／M21／EDU-0294

（3）　パリ外国宣教会本部所蔵の資料（Archives des Missions Etrangères de Paris）を使用させて戴いた。

第2節　『和佛辭書』（A．アリヴェー）

A．辞書の構成

　いわゆる袖珍本の体裁である。表紙は紺色（背表紙は皮製で茶色であるが，現況では破損状態）[4]。寸法を記せば，縦15.5 cm×横12.5 cm。扉は左側には，「教育総監陸軍中将寺内正毅閣下序。第一高等学校教師アルチュール・アリヴェー，校閲補正。織田信義[5]，田中　旭，今井孝治，合著。和佛辭書。東京，丸善株式会社」とある。

　右側には，Dictionnaire／Japonais-Français／des mots les plus usités de la langue japonaise／par／N. OTA, A. TANAKA et T. IMAI／revu en

DICTIONNAIRE
JAPONAIS-FRANÇAIS
DES MOTS LES PLUS USITÉS DE LA LANGUE JAPONAISE

N. OTA, A. TENAKA ET T. IMAI

REVU EN ENTIER,
CORRIGÉ ET COMPLÉTÉ

PAR

ARTHUR ARRIVET

PROFESSEUR AU LYCÉE DE TŌKYŌ
OFFICIER DE L'INSTRUCTION PUBLIQUE.

DEUXIÈME ÉDITION.

TŌKYŌ

MARUZEN KABUSHIKI-KWAISHA,
LIBRAIRES-ÉDITEURS

14, TŌRI-SANCHOME NIHOMBASHI, 14

32ᵉ Année de Meiji (1899)

81301156

『和佛辭書』（A. アリヴェー）扉
（筆者蔵）

entier.／corrigé et complété／par／Arthur Arrivet／professeur au lycée de Tôkyô／officier de l'instruction publique.

Deuxième édition

Tôkyô／Maruzen Kabushiki-kwaisha, ／Libraires-éditeurs／14, Tôri-San-cho-me Nihombashi, 14／32ᵉ Année de Meiji（1899）

　寺内正毅の識が，大きな文字で4頁にわたって墨書されており，次に緒言（原文は縦書き）が，2頁。
「佛蘭西語の高尚優美なるは我國學生の夙に知悉する所にして其發音の如き亦英語獨語より容易なり然るに其之を學ふに當り英獨二語に比して困難なるの感あるは何そや他なし之か研究を援くへき書籍に乏しけれはなり蓋し世間全く良書なきに非さるも奈何せん其種類極めて少く殊に學生の爲め日常普通の用語を蒐集せる和佛字書に至ては幾と絶無と謂ひて可なり予輩の此新辭書を刊行する所以は聊か其欠點を補はんと欲するのみ予輩の和語を表する方法は專ら佛語の綴法に基き廣く世間に行はるゝ羅馬字會の綴法に依らす何となれは予輩の目的は主として佛語を學はんと欲する諸生に對し便利を與ふるにあれはなり意ふに佛語を學ふ者に在りては例へは片假名のチ，ウ，ギを求むるに羅馬字會のchi, u, gi, に依らすして佛語綴法のtsi (tchi), ou, ghi に依るを便利と爲すへし又エンなる二箇の片假名の音を表するに通常enを用ふと雖も我エンは佛語のainの如く單音を以て發聲するものにあらす故にエンはêとnとに分解するの必要あるへし
予輩の編纂は豈に敢て完全無欠なりと信するものならんや然れとも其文字解釋初學者に對しては蓋し充分なるへし故に若し本書にして能く斯學の研究を援け此意義明確，語調優美文學上の傑作に富み加ふるに本邦に於て外國語中

最舊の公文に屬する佛蘭西語の嗜好心を發達せしむるの階梯たるを得は何の幸か之に若かん

予輩か此編纂を竣りたるは偏に彼の本邦語に通するの名ある第一高等學校教師『アルチュール，アリヴェー』君の懇切無私なる援助の力に歸せさるを得す予輩か此書の原稿を作るや君悉く之を閲覧せられ予輩の採用せる和語綴法の外は綿密に校正補修するの勞を取られたり因て一言感謝の意を表す君博學多識二十年来本邦の學校に在て善く數多の學生を教育せられたり是れ亦予輩か併せて此に鳴謝する所なり

編　者　識　」

　Préface が仏文で 2 頁。内容は緒言と同じ意味のものであるが，参考のため，ここに記すと，次の通りである。

　La langue française, si appréciée qu'elle soit des étudiants japonais ne leur présente pas les mêmes facilités que l'Anglais et l'Allemand. Elle est pourtant d'une prononciation beaucoup plus aisée, mais c'est en bien petit nombre que se trouvent, si bien faits soient-ils, les livres destinés à en faciliter l'étude. De dictionnaire Japonais-Français où l'élève puisse trouver à peu près tous les mots usuels, il n'en existe pas. C'est pour essayer de combler cette lacune que nous publions ce nouveau dictionnaire.

　Notre système de transcription des mots japonais est basé principalement sur le syllabaire français; nous l'avons préféré à celui de Romaji-Kwai, qui est plus répandu, parce que notre objet est avant tout d'être utiles à ceux de nos compatriotes qui désirent apprendre la langue française. Il leur sera, croyons-nous, plus commode de trouver, par exemple, les caractères チ, ウ et ギ représentés par tsi (tchi), ou et ghi que par chi, u et gi. Quant à "en" que l'on emploie ordinairement pour rendre les deux caractères phonétiques エン nous pensons qu'il doit se décomposer en é et n, parce que エン ne s'exprime pas par une seule émission de voix comme la syllabe française ain.

Nous n'osons croire, sans doute, que notre travail soit irréprochable mais il nous semble qu'il peut suffire aux commençants ; et nous serions heureux qu'il pût leur donner, en leur en facilitant l'étude, le goût et l'amour de cette belle langue française si précise, si riche en chef-d'œuvre littéraires, et dont l'introduction officielle au Japon est la plus ancienne.

Il est de notre devoir de déclarer ici que notre tâche n'a pu être menée à bonne fin que grâce à la collaboration absolument désintéressée de Monsieur Arthur Arrivet, professeur au Daï itchi Kôtô Gakkô, bien connu parmi nous comme un des étrangers qui parlent le mieux notre langue, qui a pris la peine de revoir en entier, de corriger et de compléter notre manuscrit, tout en laissant intacte l'orthographe que nous avions adoptée.

Nous remercions sincèrement le savant et dévoué Professeur qui depuis plus de vingt ans qu'il enseigne dans nos écoles s'est acquis tant de titres à la reconnaissance des étudiants japonais.

Auteures.

次頁は假名文字（syllabaire japonais）が，同じく2頁，そして略字解（explication des abréviations）に，1頁を当てている。

本文（紙面は，縦の罫線が入って，左右に分離）は，pp.1-1021。単語総数は約26000語[6]。なお，奥付はない。

B. 校閲者の略歴

　この『和佛辭書』(A. アリヴェー)(『和佛』，と略称す，以下同じ)の校閲・補正をしたアリヴェーに関しても，仏文の資料[7]を入手したので，下記に記す。

ARRIVET Arthur, Jean-Baptiste (1846-1902)
JAPON

[1106]. *ARRIVET*, Jean-Baptiste, Arthur, naquit le 22 octobre 1846 à Bordeaux (Gironde). Il fit ses études classiques au petit séminaire et ses études théologiques au grand séminaire de son diocèse ; il fut ordonné prêtre le 17 décembre 1870. Il prit place au Séminaire des M.-E. le 19 juillet 1871 ; le 22 mai 1872 il fut envoyé au Coïmbatour. En 1873 il passa dans la mission du Japon. Après être demeuré quelque temps à Nagasaki, à Yokohama, à Tôkiô, il quitta en 1876 la mission et la Société, devint professeur à Tôkiô, et mourut dans cette ville.

Références bibliographiques.

Eléments de langue française, ... Leçons de conversation rédigées spécialement pour les étudiants japonais / par Arthur *Arrivet*-Tôkyô : Z. P. Maruya, 1886. -64 p. ; 12°.

Dictionnaire français-japonais des mots usuels de la langue japonaise / par Arthur *Arrivet*, professeur au Kô-tô-Chû-Gak-kô ; revu par S. Oyamada. -

Tôkyô : Z. P. Maruya, 1887. - 324 p. ; 16°. Plusieurs rééditions jusqu'en 1901.

Atsumori / drame historique japonais du 18e siècle de Sôsu-ke Namiki ; traduit en français par Arthur *Arrivet*. - Tôkyô : Revue française du Japon 1895. - [19] p. : 3 pl.

Honcho gusho shinshi = Le Séduisant voleur / extraits du Kyo-zoku ; traduit par Arthur *Arrivet*. - Tôkyô : Revue française du Japon, 1895. - [9] p. — Extr. de : "Revue française du Japon", t. 4, 1895, p. 221-230.

Notation des couleurs au Japon / Arthur *Arrivet*. - Tôkyô : Revue française du Japon, 1895. - [11] p. — Extr. de "Revue française du Japon", t. 4, 1895, p. 535-546 ; Extr. de : "Revue française du Japon", t. 4, 1895, p. 479-498.

L'enseignement des Beaux-Arts au Japon / par Ch. Braquehaye... Okakura-Kazuzo, directeur de l'Ecole des Beaux-Arts de Tôkyô, revu par Arthur *Arrivet*. - Bordeaux : Imprimerie G. Gounouilhou, Bordeaux, 1896. - 24 p. ; 8°.

Dictionnaire japonais-français des mots les plus usités de la langue japonaise / par N. Ota, A. Tanaka et T. Imai ; revu, corrigé et complété par Arthur *Arrivet*, professeur au Lycée de Tôkyô. - Tôkyô : Maruzen Kabushi-kwaisha, 1899. - 1021 p. sur 2 col. ; 16°.

　なお，上記の人物は早い時期にパリ外国宣教会を脱会して，我が国において，教育方面に携わっている。それゆえ，教育分野での履歴について触れておくと，第一高等学校の他に，東京外国語学校にもその名が見られる。「ヂ

ャン・バプチスト〔バチスト・アルテュール〕・アリヴェー　〔退職十七年〕」(『東京外国語学校史』，p. 49。野中正孝編著，不二出版株式会社。2008年)。

　その他，東京外国語学校関係については，〔雇主雇期間〕として，「十一年九月九日―十五年九月四日」までの記載がある(『資料　御雇外国人』，p. 212。ユネスコ東アジア文化研究センター編，小学館。昭和50年)。

　さらに，罫紙(東京帝國大學の用紙)に記載されたものであるが，「佛國人　ジャン，バチスト，アリヴェー　J. B. Arrivet.　明治十七年十二月十六日ヨリ同十九年九月四日迄一年九ヶ月二十日間ノ期限ヲ以テ傭入　東京法學校[8] 教師　授業時間毎日二時間　月俸日本紙幣百五十円　明治二十一年五月十八日勲五等ニ叙セラル」（東京大学総合図書館所蔵)。

C. 本文の内容

　この『和佛』が出版されたことによって，我が国の「和佛辞書」の水準を，一歩も二歩も進めたものといえる。

　洋装本，ABC順の方式，これらの形態は整っており，現行の辞書と比べて遜色がない。フランス語学修者にとっては実用的であり，待望の辞書だったに違いない。

　さらに，内容面に関しても，進歩の跡は歴然としている。すなわち，見出しの邦語に対するフランス語訳も，適切なものではあるまいか。このことは，逆説的ではあるが，校閲者（というより，共著者とも思える），A. アリヴェーの日本語の知識も，相当なものだった，と推測される。

　しかし，欠点といえるものが，ないわけではない。あえて述べれば，フランス語の用例が少ない点を，指摘しておこう。

(p. 50)

Bankokou-kwaïghi, 萬國會議, n. Congrès international, m ; convention international, f.

Bankwaï-çourou, 挽回スル, v. Restaurer ; rétablir, a.

Bannén, 萬年, n. Dix mille ans ; éternité, f.

Bannén, 萬年, adv. Toujours ; continuellement ; éternellement.

Bannén, 晚年, adj. Agé, ée ; vieux, vieille ; avancé en âge.

Bannïn, 番人, n. Gardien, enne, m. et f ; surveillant, ante, m. et f.

Ban-oun, 晚運, n. Bonheur tardif, m.

Bansan, 晚餐, n. Dîner, m ; repas du soir.

Banséi, 萬世, n. Toutes les générations ; toutes les dynasties, f. pl.

Banséi, 萬生, n. Dix mille personnes ; plusieurs générations, f. pl.

Bansétsou, 晚節, n. Fin d'une saison.

Bansho, 萬緒, n. Toutes choses ; toutes circonstances, f. pl ; différents aspects d'une question.

Banshou, 萬殊, adj. Différent, ente ; divers, erse ; plusieurs ; beaucoup.

Banshoû, 晚秋, n. Dernier mois de L'automne.

Banshoun, 晚春, n. Dernier mois du printemps.

Bansô, 伴僧, n. Bonze de grade inférieur.

Bantan, 萬端, n. Chaque affaire, f ; toutes les choses, f. pl.

Bantcha, 番茶, n. Thé inférieur, m.

Bantô, 晚冬, n. Dernier mois de l'hiver.

Bantô, 番頭, n. Agent ; m ; commis principal d'une maison de commerce.

Bantsi, 番地, n. Numéros d'une habitation.

Banyoû, 萬有, n. Nature, f.

(p. 706)

Saké, 酒, n. Boisson de riz fermenté ∥ Vin japonais ou bière de riz.

Saké, 鮭, n. Saumon, m.

Sakébi, 叫喚, n. Cri, m ; clameur, f.

Sakébou, 叫ブ, v. Crier, n ; s'écrier, pr.

Sakémé, 裂目, n. Solution de continuité ; déchirure ; fente ; crevasse, f.

Sakénomi, 酒呑, n. Buveur, euse (de saké), m. et f.; ivrogne, m. ∥ Biberon, m.

Sakén, 差遣, n. Mission, f ; envoi, m.

Sakén-sourou, 差遣スル, v. Envoyer ; détacher ; expédier, a.

Sakérou, 避ル, v. Eviter ; fuir ; éluder, a. ∥ Se retirer, pr ; céder, a.

Sakérou, 裂ル, v. Se déchirer ; se fendre ; se crever, pr.

Sakézouki, 酒好, n. Amateur de saké ; buveur, euse, m. et f.

Saki, 先, n. Front ; devant, m. ∥ Avenir, m. ∥ Partie adverse ou contraire, f. ∥ adv. Auparavant ; d'avance ; ci-devant. ∥ A l'avenir.

（註）

（４）　筆者架蔵本による。

（５）　矯之助（後に信義）。横浜仏語伝習所でフランス語を学修〔「横濱語學所記事」，平山成信稿，雑誌『江戸』（第参巻第11号，第12号所載）。大正５年４月，５月号〕。
　　　その後，明治政府に出仕。陸軍関係の学校や，東京外国語学校（『東京外国語学校史――外国語を学んだ人たち――』，p. 344）で，フランス語を教授する。

（６）　見出しの単語（ゴシック体，ローマ字）だけを，計算したものである。

（７）　パリ外国宣教会本部所蔵の資料（Archives des Missions Etrangères de Paris）を使用させて戴いた。

（８）　「…予が校長たる司法省法学校の正則部を文部省に移管し，東京法学校と称する一校を特設せられたるによる」，『自歴譜』，p. 132. 加太邦憲著，岩波書店。1982年。

第3節 『和佛大辭典　全』

A. 辞書の構成

　大型の洋装本（縦25.3 cm×横18.3 cm）。表紙はワインレッド色（背表紙には文字があるが，同所と上下両隅の三角形が皮革色）。裏表紙の位置に仏文で，Dictionnaire ／ Japonais-Français とある。

　扉の左側には日本語で，「佛國公教宣教師ルマレシャル編譯／和佛大辭典　全／横濱　天主堂發行」とある。右側は，フランス語で記され，「和佛大辭典／ Dictionnaire ／ Japonais-Français ／ par ／ J. M. Lemaréchal, M. A. ／ de la société des missions-étrangères de Paris ／

最後に（左側），Tokyo ／ Librairie Sansaisha ／ kanda-ku, nishiki-cho 1 chôme, 10.（右側），Yokohama ／ Librairie Max Nössler & Co ／ Yamashita-chô, 80／1904.

　Préface は仏文で2頁。内容を記すと，以下のようなものである

En 1868, Mr. Léon Pagès, ancien attaché d'ambassade, publia un Dictionnaire Japonais-français, traduit du Dictionnaire Japonais-portugais des anciens PP. Jésuites. Ce livre n'était pas sans valeur et rendit de grands services à l'époque de sa publication. Mais la langue Japonaise ayant subi de grands changements depuis le temps où il fut composé, et une nouvelle orthographe s'étant imposée par l'influence d'ouvrages plus récents, un simple remaniement

和佛大辭典

DICTIONNAIRE
JAPONAIS-FRANÇAIS

PAR

J. M. LEMARÉCHAL, M.A.

DE LA SOCIÉTÉ DES MISSIONS-ÉTRANGÈRES DE PARIS

TOKYO
Librairie SANSAISHA
KANDA-KU, NISHIKI-CHŌ 1 CHŌME, 10.

YOKOHAMA
Librairie MAX NÖSSLER & Co.
YAMASHITA-CHŌ, 80.

1904.

ルマレシャル『和佛大辭典　全』扉
（筆者蔵）

de l'œuvre de Mr. Pagès ne suffisait plus, il fallait un travail complètement nouveau. C'est ce travail que je résolus d'entreprendre il y a une dizaine d'années et que j'offre aujourd'hui au public. J'ai eu l'avantage d'avoir pour guides les excellents Dictionnaires de MM. Hepburn et Brinkley parus depuis longtemps et dont l'éloge n'est plus à faire. J'ai consulté aussi les Dictionnaires japonais les plus autorisés, comme le *Kotoba-no-Izumi, Genkai, Nippon Daijirin*, etc.

Il faut avoir mis la main à l'œuvre pour se rendre compte des difficultés que l'on rencontre dans un travail de ce genre et je n'ai pas l'illusion de croire que j'ai réussi à faire une œuvre parfaite. Néanmoins, il m'est permis de penser que, malgré ses imperfections, ce livre aura son utilité.

La collaboration de deux confrères, MM. A. Roussel et Léon Balet, a été pour moi d'un grand secours en me permettant de publier ce volume plus tôt que je n'aurais pu le faire si j'y avais travaillé seul, sans cesser mes occupations ordinaires. Je les remercie sincèrement.

Je dois ici exprimer ma reconnaissance à tous ceux qui m'ont aidé dans ce travail, à MM. J. Guérin, J. B. Beuf, et spécialement à Mr. E. Papinot qui a pris la peine de revoir tous mes manuscrits ; et aussi, à deux élèves distingués de l'Université Impériale de Tōkyō, MM. Murakami Harukazu et Asano Otoshiro dont le concours m'a été très précieux.

La langue Japonaise se composant de deux espèces de mots dont l'origine est différente, le *Wago* (japonais pur) et le *Kango* (chinois), et leur emploi étant soumis à certaines règles spéciales, j'ai cru utile d'indiquer par un petit signe les mots d'origine chinoise, afin qu'on puisse les reconnaître immédiatement.

Les noms d'origine japonaise sont fixés et ne peuvent notablement changer ni pour le sens ni pour le nombre, mais il n'en est pas ainsi des noms d'origine

第六章　和佛辞書（明治期）の系譜　349

chinoise. Les progrès que le Japon a réalisés dans toutes les branches, depuis l'Ère de *Meiji*, a nécessité la composition d'un grand nombre de ces noms et nous ne sommes pas arrivés à la fin. Il serait donc inutile de prétendre faire un Dictionnaire complet et définitif. J'ai visé à donner au moins les mots actuellement en usage dans la conversation et les livres ordinaires.

J'ai cru superflu de grossir cet ouvrage des noms purement techniques des différentes sciences. Les spécialistes trouveront dans des Dictionnaires spéciaux tout ce qui peut les satisfaire ; je me suis contenté de donner, avec leur traduction française, les noms les plus en usage en botanique, zoologie, physique, chimie, etc. Monsieur Beuf du Gyōsei-gakkō a été assez obligeant pour me procurer la traduction de ces mots. Quant à l'Histoire et à la Géographie je donne les noms des empereurs, des principaux *shōgun*, des ères japonaises (*nengō*), des plus hautes montagnes, des rivières, des départements, des villes importantes, etc., etc. ; j'ai suivi pour cette partie l'excellent Dictionnaire Historique et Géographique de Mr. E. Papinot.

Les mots ordinaries de la langue sont écrits sans majuscules, ces dernières étant réservées pour les noms propres.

Quand un mot a plusieurs sens, le changement en est indiqué par un astérisque et les exemples suivent immédiatement le sens auquel ils se rattachent. Les verbes sont indiqués par la base indéfinie affirmative et le présent ; de cette façon, il est facile de reconnaître à quelle conjugaison ils appartiennent.

Je donne le nom de substantif aux adjectifs chinois par la raison que, grammaticalement, ce sont des substantifs en Japonais, Il ne s'emploient, jamais, en effet, comme qualificatifs qu'avec l'addition de *no, na, naru* ou *taru*, excepté en composition. On peut d'ailleurs leur adjoindre toutes les particules qui relient entre eux les mots de la langue (*te ni wo ha*).

Quant à l'orthographe, j'ai adopté celle du *Romaji-kwai* comme étant la plus simple et maintenant la seule en usage. Dans ce système, *a, i, o*, se prononce comme en français ; *e*, comme *é* ; *u* a le son de ou sourd, et quand il est précédé de *s* ou de *z*, il se prononce comme un e muet. Les voyelles se prononcent toutes séparément, ainsi *ai* = *aï, ei* = *eï, oi* = *oï*; *sh* = ch se rapprochant de l's ; *ch* = tch ; *h* est toujours aspiré ; *g* est toujours dur ; *j* = dj doux ; *s* n'a jamais le son de z. Dans *an, en, in, on*, l'*n* se prononce nasalement.

En terminant cette préface, je tiens à témoigner ma reconnaissance à Monsieur Doumer, ex-gouverneur général de l'Indo-Chine, qui, pendant son administration, eut l'obligeance de me faire obtenir du Gouvernement Colonial un secours pécuniaire qui m'a permis de mener à bonne fin cette œuvre difficile et coûteuse.

Inutile de dire que l'on trouvera sans doute beaucoup de fautes dans ce travail ; je recevrai toujours avec reconnaissance les observations que l'on voudra bien me faire dans le but de l'améliorer. Puisse ce Dictionnaire contribuer à faciliter aux Français l'étude du Japonais et aux Japonais celle du Français et mon but sera atteint.

Yokohama 20 Août 1904.

J. M. L. LEMARÉCHAL.

次頁は，Introduction が Abréviations を含めて，6頁。本文（紙面は，縦の罫線が入って，左右に分離）は，pp. 1-1006 となっており，大部のものである。単語総数，約57000語[9]。

それに，Addenda が1頁。Tableau comparatif des Mesures japonaises et française が同じく，1頁。奥付は，印刷所・福音印刷合資會社，横濱市山

下町八十一番地。発行所・三才社，東京市神田區錦町一丁目十番地。発行所・マキス・ノスレール，横濱市山下町八十番地。印刷者・村岡平吉，横濱市太田町五丁目八十七番地。発行者著者兼・ルマレシャル・公教宣教師，横濱市山下町八十番地。明治三十七年九月十日発行，明治三十七年九月六日印刷。最後に，定價金八圓と記されている。

B. 編譯者の略歴

さて，編譯者のジャン゠マリ゠ルイ・ルマレシャル（Jean-Marie-Louis Lemaréchal）を紹介することになるが，幸い仏文の略歴[10]を入手することができたので，ここで示しておくことにする。少し長くはなるが，日本フランス学史の上で，特に仏語辞書史においては，今後とも大事な資料になるので，あえて，仏文のままで記しておきたい。

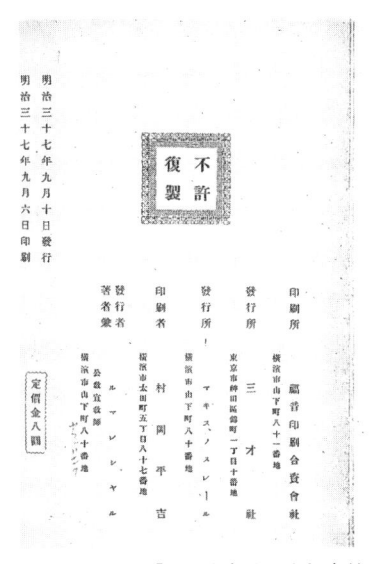

ルマレシャル『和佛大辭典　全』奥付
（筆者蔵）

Né le 12 juin 1842, à Pleine-Fougères (Rennes, Ille-et-Vilaine), de parents aisés et respectés dans le pays, Jean-Marie Lemaréchal trouva au foyer domestique les leçons et les exemples qui font le chrétien solide. A l'éducation religieuse et honnête qu'il recevait dans sa famille, se joignit bientôt celle qu'il reçut à l'église. Il eut en effet le bonheur d'être instruit par un prêtre, dont la mémoire est encore aujourd'hui en vénération dans la paroisse. M. Bachelot, recteur de Pleine-Fougères, était un Curé d'Ars à sa manière. Homme de devoir avant tout, austère, un peu rude, mais au cœur d'or, il était aimé et craint de ses nombreux paroissiens. L'impression laissée par ce digne prêtre sur le caractère de l'enfant fut profonde : ceux qui ont entendu parler de M. Bachelot pouvaient, à plus d'un trait, reconnaître le maître dans le disciple.

Devenu prêtre, l'abbé Lemaréchal fut d'abord quatre ans vicaire à Pleugueneuc. Il entra en 1869 à la rue du Bac. L'année suivante, le 18 janvier 1870, il partit pour le Japon, qui ne formait alors qu'une seule mission. Ce fut par Nagasaki qu'il débuta. Il s'y trouvait lorsqu'arrivèrent les chrétiens persécutés, revenant de l'exil. Il recueillit de leur bouche un grand nombre de récits et d'anecdotes, qu'il mit par écrit, et dont plusieurs ont été reproduits dans l'histoire de la Mission du Japon au XIXe siècle. L'impression qu'il en reçut ne s'effaça jamais, et toute sa vie, quand il parlait des chrétiens de Nagasaki, c'était avec amour.

De Nagasaki, il fut envoyé à Yokohama ; puis à Tokio, où il prit la direction de la chrétienté de Tsukiji. Les Dames de Saint-Maur venaient de s'y installer et d'y ouvrir un orphelinat. Sa présence auprès d'elles leur fut très utile. C'est pendant ce temps, en 1877, que Mgr Osouf arriva au Japon et prit la direction du vicariat apostolique du Japon Septentrional, récemment créé. L'évêque fixa sa résidence à Tokio, sur la concession étrangère de Tsukiji. Ignorant qu'il était de la langue et des choses japonaises, il trouva en M. Lemaréchal un aide très précieux.

Le gouvernement japonais commençait à se relâcher de sa première sévérité à l'égard des étrangers. A titre de professeurs, les Européens étaient admis à circuler dans l'intérieur. Les missionnaires s'empressèrent de profiter de ces facilités, pour visiter les chrétiens disséminés çà et là, et bientôt, pour résider au milieu d'eux. C'est ainsi qu'en 1879 M. Lemaréchal quitta son poste de Tsukiji, pour aller en fonder un autre à Morioka, ville située à cent cinquante lieues environ au nord de Tokio. Là, les chrétiens, tous nouveaux baptisés, ne se comptaient encore que par unités ; mais les gens du pays, « ces bonnes gens de Morioka », comme disait M. Lemaréchal, simples et honnêtes, avaient quelque chose qui lui rappelait, de loin sans doute, mais enfin qui lui rappelait un peu sa Bretagne. Il s'y attacha et ne dissimula pas ses regrets, lorsque, trois ans après, il fut transféré à Sendai, ville beaucoup plus considérable, à cinquante lieues au sud de Morioka.

En 1885, notre confrère est à Niigata. Dans ce nouveau poste, il ne retrouva pas ses bonnes gens de Morioka et de Sendai. Les consolations, auxquelles il avait été habitué jusque-là, ne vinrent pas récompenser ses efforts. Il n'en persévéra pas moins à y dépenser toute son ardeur. La ville se montrant rebelle à la prédication de l'Evangile, il parcourut tout le département et recueillit quelques conversions. En même temps, il aidait, de son influence et de son dévouement, les Religieuses de Saint-Paul de Chartres à fonder leur établissement de Niigata.

En 1888, quand M. Midon devint vicaire apostolique d'Osaka, ce fut son grand ami, M. Lemaréchal, qui lui succéda comme aumônier des Dames de Saint-Maur à Yokohama, et comme provicaire de Mgr Osouf. A partir de cette époque, la vie de M. Lemaréchal est à peu près celle d'un religieux, attaché et tout dévoué à sa communauté, constamment occupé des âmes dont il a la charge : il prêche, il catéchise, il confesse, ministère tout de piété, d'humilité et de dévouement. Pour l'instruction des jeunes élèves japonaises ; il traduit ou compose plusieurs livres utiles : le Pensez-y bien, les Visites au Saint-Sacrement, le Ciel ouvert par la Confession sincère, la Divinité de Notre-Seigneur Jésus-Christ, la Dévotion envers la sainte Vierge, etc... Sans avoir la prétention d'être un artiste, il aimait beaucoup la musique ; se rappelant son temps de vicariat et la bienfaisante action qu'il avait vu exercer par les cantiques sur les âmes, il avait formé, dès le temps où il était à Morioka, le projet d'un recueil de cantiques en japonais. Pyofitant de la présence à Yokohama d'un vieux lettré, il lui fit composer, en poésie japonaise, un très grand nombre de chants variés, auxquels furent adaptées les mélodies en usage dans les pays chrétiens. Ce travail fut accueilli avec faveur. Mais le plus important ouvrage que nous devions à M. Lemaréchal, c'est sans contredit son grand Dictionnaire japonais-français, publié en 1904, et qui demanda sept ou huit années d'un travail ardu. Le succès le récompensa largement de sa peine, car l'édition fut épuisée en très peu de temps.

Dans ses rapports avec ses confrères, M. Lemaréchal se montrait obligeant, sincère et charitable ; c'était un homme en qui l'on pouvait avoir confiance ; il ne refusait pas un service quand il pouvait le rendre, et ne disait jamais de mal de personne. Quand il croyait qu'un avis pouvait être utile, il n'hésitait pas à le donner. Dans ce cas, il avait la coutume de dire : « Un homme averti en vaut deux, voilà pourquoi je vous préviens. » Ce que Mgr Osouf admirait le plus en lui, c'était son égalité d'âme : il était toujours pareil à lui-même, affable, modéré, jamais bruyant ni désagréable. Il avait pourtant un défaut ou, si l'on veut, l'exagération d'une qualité : lorsqu'il avait affirmé une chose qu'il croyait vraie, ou pris une résolution qu'il croyait bonne, il n'était pas aisé de le faire revenir sur sa décision. Aussi, quand il avait dit comme conclusion : « Enfin, vous objecterez ce que vous voudrez, je vous dis que c'est ça », on n'insistait pas, c'était inutile. D'ailleurs, sur ce sujet comme sur les autres, il admettait aimablement la plaisanterie. On est de son pays, ou on n'en est pas ; lui en était, il avait bien sa tête de Breton. Caractère franc et d'une droiture parfaite, il eut aussi le tort, commun aux honnêtes gens, d'être trop confiant. Et naturellement, cette confiance fut plusieurs fois trompée. Faut-il lui en faire un reproche?

Après la mort de Mgr Osouf, dont il était vicaire général, M. Lemaréchal rentra tout simplement dans le rang, sans responsabilité désormais du côté du gouvernement de la mission. Il y gagna plus de loisir et de liberté pour s'occuper de son ministère. De plus en plus fervent et zélé avec l'âge, il donnait l'exemple de la régularité dans ses devoirs de piété, et de la fidélité aux obligations de sa charge d'aumônier, instruisant de son mieux les élèves du pensionnat, ne les perdant pas de vue après leur sortie de l'école, et continuant à les soutenir par ses bons conseils. En retour de son dévouement, il recueillait une confiance et une vénération bien méritées. C'est ainsi que se passèrent vingt années de sa vie, de 1888 à 1908. Mais, depuis plusieurs années déjà, sa santé laissait beaucoup à désirer. Transféré à Shizuoka, il se trouva dans une petite chrétienté, fort tranquille et très heureuse de le posséder. Ce qui lui causa surtout une grande consolation, ce fut de retrouver là un essaim de sa communauté de Yokohama. Les Dames de Saint-Maur venaient d'y fonder un établissement.

Au milieu de son nouveau troupeau, M. Lemaréchal se crut revenue aux beaux jours de ses débuts à Morioka et à Sendai. Il s'y dévoua avec le même courage et le même cœur que jadis. Habitué jusque-là à célébrer dans une chapelle spacieuse et bien ornée, il souffrait de n'avoir, pour réunir les chrétiens, qu'un petit oratoire dans sa maison. Aussi se décida-t-il à bâtir. Joignant ce qui lui restait de son patrimoine avec ce qu'il put recueillir d'autre part, il construisit un édifice solide et joli, sur le plan de cette chapelle de la communauté de Yokohama, où, pendant de si nombreuses années, il avait célébré et administré les sacrements. Il n'en resta pas là. Pour lui, une église sans clocher ni cloche, ce n'était pas une église achevée. Aussi quêta-t-il pour compléter son œuvre. Il venait de terminer les fondations du clocher lorsque la mort le surprit. Mais son plan a été fidèlement exécuté.

On pouvait espérer que, placé dans les circonstances favorables où il se trouvait, et séjournant sous un climat idéal, au pied du Fujiyama, M. Lemaréchal, referait sa santé. Il n'en fut rien. Il continuait visiblement à s'affaiblir. Sa vue baissait de jour en jour, au point qu'il ne pouvait plus lire ou écrire qu'avec une fatigue extrême. Il fut même réduit, pour pouvoir célébrer la sainte messe, à solliciter un indult lui permettant de dire la messe de Beata. Se sentir devenir peu à peu aveugle, quelle épreuve ! Quoique résigné, il souffrait surtout à la pensée de l'embarras qu'il allait causer aux personnes de son entourage. Heureusement cependant, il n'était pas isolé ; auprès de lui, se trouvait M. Léon Balet, chargé des chrétientés disséminées à l'ouest de Shizuoka, et qui lui donnait tout le temps que l'administration de son district lui laissait libre.

Le 29 mars 1912, les deux confrères avaient, comme d'habitude, passé la soirée ensemble, et s'étaient séparés à 9 heures 1/2 pour prendre leur repos. Vers minuit, M. Lemaréchal éprouva tout à coup dans la poitrine un malaise étrange. Il appelle ; son confrère accourt et le trouve en proie à des douleurs atroces. Tandis qu'il cherchait à lui procurer quelque soulagement, les traits du malade s'altérèrent : une dernière absolution, et tout était fini. M. Lemaréchal venait d'être emporté par une embolie.

En apprenant cette fin inattendue, les missionnaires demeurèrent consternés. Le Supérieur et une douzaine de confrères se transportèrent à Shizuoka, où des obsèques solennelles furent faites. Non seulement les chrétiens de la ville, mais plusieurs de la campagne y assistèrent, et accompagnèrent leur pasteur à sa dernière demeure. Il repose maintenant dans un cimetière, récemment acheté par la communauté catholique, et un monument a été élevé sur sa tombe.

Bibliographie :

LEMARÉCHAL Jean (1842-1912)

Dictionnaire japonais-français / par J. M. Maréchal, m. a. de la Société des Missions Etrangères de Paris. -Tokyo : Libr. Sansaisha ; Yokohama : Libr. Max Nössler & Co, 1904. - VIII-1008 ; 26 cm. - AMEP 1037. 1

Petit dictionnaire japonais-français / par J. M. Lemaréchal, m. a. de la Société des Missions Etrangères de Paris. - Tôkyô : Libr. Sansaisha ; Yokohama : Libr. Max Nössler & Co, 1904. - 4 -1025 p. ; 16cm.

C. 本文の内容

『和佛大辭典』の成立過程は，編者の記す Préface で明らかであろう。

　数々のフランス語辞書[11]を参考にし，同時に日本の権威ある国語辞典をも十分に参酌して，編纂をおこなった。

　編者，ジャン゠マリ゠ルイ・ルマレシャルには，辞書作成に協力する同僚もおり，その他，特殊な日本語を仏語訳する場合，暁星学校のブッフ (Beuf) の助力も得られた。完成までには十分に時間をかけ，綿密な考証をかさねて，世に問うたものであるという。それゆえにこそ，先行の辞書及び協力した人々を考慮して，「ルマレシャル編譯」としたのであろう[12]。

　ところで，実際の内容は次に示した通りであるが，その内容は実用的というより，専門的なものとなっている。おそらく，フランス語や日本語を研究する専門家にとっては，当時としては，貴重な「和佛辞書」であったことには，違いあるまい。

(p. 438)

kôroku, 高祿, s. Salaire élevé : —— wo toru, recevoir un =.

kôroku ou kyôroku, 享祿, s. nengô : 1528-1531.

kôrokwan, 鴻臚舘, s. Salle où l'on recevait autrefois les ambassadeurs étrangers.

koromo, 衣, s. Habit ; robe des bonzes : —— wo kikaeru, changer d'habit.
　＊ Sucre fondu avec lequel on fait des bonbons : —— wo kakeru, couvrir de sucre, glacer. ＊ Farine délayée pour faire des beignets.

koromode, 袖手, s. Manches d'un habit.

koromogae, 夜替, 更衣, s. Changement d'habit.

koromogake, 衣掛, s. Friandise glacée, couverte de sucre.

koromotsutsumi, 衣襆, s. Pièce d'étoffe qui sert à envelopper les objets.

koromogawa, 衣川, s. Rivière en Rikuchu près de laquelle Yoshitsune fut défait en 1189 par Fujiwara Yasuhira.

kôron, 高論, s. Opinion avancée, exaltée.

kôron, 口論, s. Querelle, dispute, altercation : kenkwa ——, id. : —— suru, se disputer, se quereller.

kôron, 公論, s. Opinion publique ; axiome ; —— ni kessu beshi, il faut s'en rapporter au sentiment public.

kôron suru, 講論, v. a. Expliquer, disccourir sur.

kôron suru, 抗論, v. n. Discuter, contredire, Syn. giron suru.

korooi, 頃, 比, adv. Vers le temps, à l'époque : ine wo karu-beki ——, vers l'époque de la moisson du riz.

koroppu, 木栓, s. (de l'angl. cork) Bouchon : —— nuki, tire-bouchon. Syn. binguchi, sen.

(註)

(9) 見出しの日本語（ローマ字）は，ゴシック体になっているが，そのゴシック体のみを数えて，計算したものである。

(10) パリ外国宣教会本部所蔵の資料（Archives des Missions Etrangères de Paris）を使用させて戴いた。

(11) 主に参考文献としたのは，Hepburn および Brinkley の辞書であったろう，と推定される。

(12) この『和佛大辭典　全』を考察するに際しては，筆者架蔵本を使用した。

第4節 『新和佛辭典』

A. 辞書の構成

袖珍本。洋装（縦15.1cm×横9.5cm）であり，表紙は深緑色（表紙と背表紙に文字あり）[13]。扉の左側には，「東京帝國大学教授，エミール・エック氏手簡。文学士・松井知時，文学士・上田駿一郎共著。新和佛辭典。東京，大倉書店發行」とある。右側には，Nouveau ╱ dictionnaire ╱ Japonais-Français ╱ par ╱ T. Matsui, ╱ Bungakushi ╱ et ╱ S. Ueda, ╱ Bungakushi ╱

Première édition

　Y. Ôkura, ╱ Libraire-Editeur ╱19, Tôri Itchôme, Nihonbashi-ku, ╱ Tôkyô. ╱1907.

　次には，エミール・エック[14]の仏文の書簡が，4頁。続いて，「エック先生手翰の和譯」（原文は縦書き）と題して，3頁。その内容を記すと以下の通り。
「一千九百七年一月二十八日

　　　　　　　　　　　　　　　　　　　　　　　於東京
兩君
余は和佛新字典の發刊せらるゝ由を聞きて甚だ喜べり。特に此の字典が大學に於ける余の舊學生たる兩君の手に成れりと聞くは余の歡喜に堪へざるところにして，之に就て熱心なる祝賀の意を表するは余の義務なりと信ず。實に

兩君が其の序文中に述べられたる如く從来既に二種の和佛小字書ありて，各々其の特長によりて社會に貢献するところありといへども，而かも兩君の字書が之が爲めに不用ならざるのみならず，却て此等の字書の間に立ちて能く其の光榮ある任務を盡すべきことは余の毫も疑はざるところなり。余は兩君の送付せられたる見本を一覽せるに，此の字典が前に舉げたる字書と相違する點を見出すこと一二にして止まらず。其語數の豐富なる，其佛譯の殆んど精確なる等は確かに本書の特色なれども，特に名詞に男女性を付し

『新和佛辭典』扉
（筆者藏）

たる一事は，日本學生の兩君に對して謝せざるべからざる一長所なりと思ふ。加え，尚ほ余の喜ぶべしとするところは，方今羅馬字に關して日本の學者間に種々の説あるにも拘はらず，兩君は單にヘッブルンによりて創定せられ，ブリンクレー，ルマレシャール及びラゲによりて繼續せられたる式を採用せられたることにして，此の式は既に幾多の試錬を經たるのみならず，今後といへども尚ほ其の最良のものたるを證するに於て些の遺憾無かるべし。概言すれば，兩君の此度の事業は善良有益なる事業なることを確信すると同時に，余は其の社會より歡迎せられむことを望むや切なり，而かも此の希望は空しき希望にあらずして，其の成功は充分期待し得べきものなること疑を容れず。特に，佛國に對して常に好意を表する貴國人は益々其の關係を密ならしめむとし從て，明晰，精確，優麗にして，科學的紀念物と文學的傑作とに富み，且つ歐洲の文人，學者，及び政治家より尊重せらるゝところの佛蘭西語を學修せむと欲する日本人の日に益々増加せむとする極めて顯著なる趨勢あるを

や。余は本書の前途に多大の望を抱くものなり。

終に臨みて，兩君は兩君の舊師たる余の最も懇篤なる敬意を嘉納せられむことを望む。

エミール　エック　」

続いて，Préface が１頁，その仏文を示すと以下の通り。

On sait que les relations entre le Japon et la France deviennent de jour en jour plus nombreuses et plus intimes. Dans ces circonstances, nous avons pensé qu'il ne serait pas inutile d'ajouter un petit dictionnaire de poche aux deux dictionnaires japonais-français déjà existants. Nous ne ferons pas l'éloge de notre travail ; nous dirons simplement que nous avons essayé d'éviter certains défauts dans lesquels nos devanciers nous paraissent être tombés, et en même temps de combler certaines lacunes particulièrement désagréables aux étudiants japonais. Par l'accueil gu'il fera à notre petit dictionnaire, le public nous apprendra s'il a quelque valeur et s'il répond véritablement aux besoins du moments. Nous sommes persuadés, du reste, qu'un grand nombre de fautes ont dû nous échapper ; nous espérons que les personnes qui emploieront notre dictionnaire voudront bien nous les signaler, afin que nous puissions les corriger dans une prochaine édition.

En terminant, nous remercions vivement Monsieur Brylinski, lieutenant de vaissesu Français, et Monsieur Mizunoya dont le bienveillant concours nous a permis de mener à bonne fin le travail minutieux et pénible que nous avions entrepris.

第六章　和佛辞書（明治期）の系譜　363

Les Auteurs.

　さらに，同じ意味の邦文の序が，2頁。前文の最後は，Liste des abréviations（略語表）が1頁となっている。

　本文（紙面は縦の罫線が入って，左右に分離）は，pp. 1-1109。単語総数，約33000語[15]。そして，最終頁は，附録（Appendice）として18頁。その大意は「佛國文部省―千九百年七月三十一日省令」（文部大臣ジョルジ・レイグ名による）であるが，一例をここに記してみると，次のようなものである。「分量冠詞。――の形容詞に先立たるる名詞の前の分量冠詞"de"に代へて，du, de la, des, を用うることを寛容する。

　例：de 又は du bon pain（良麵包），de bonne viande 又は de la bonne viande（良肉），de 又は des bons fruits（良き果實）.」

　奥付は，明治40年6月1日発行。著者：松井知時，上田駿一郎。発行者，大倉保五郎。発行所，大倉書店（東京市日本橋区通一丁目十九番地，等の文字が見られる）。定價金参圓参拾錢（第十五版に定價記載）。

B.　エミール・エックの略歴と，佛蘭西文学科の設立

　明治40年（1907），『新和佛辭典』（『新和佛』，と略称す，以下同じ）が刊行される頃になると，辞書の著者の中にも，新しいタイプの者が出現してくる。すなわち，大学の佛蘭西文学科出身の文学士であり，この『新和佛』の二人が，まさにその例である。

　そこで，最初に我が国における大学の小史に，簡単に触れながら，合わせて佛蘭西文学科の設立について，述べてみたい。次に，上記二名の旧師であった，エミール・エックの略歴をも示しておくことにする。

　筆者はこの問題に触れる小稿を，すでに報告しているので[16]，その要約

をここに記しておくことにする。

1.

Au lendemain de la Restauration de Meiji (1868), le gouvernement du Japon, en vue de moderniser le pays, mit sur pied un plan rigoureux et urgent, en adoptant la culture et la civilisation des pays occidentaux.

L'une des priorités du gouvernement était de former des cadres capables d'assurer l'avenir du pays. Pour cela, il fallait envoyer en France et dans les autres pays occidentaux des jeunes gens aptes à assimiler rapidement la civilisation européenne.

C'était les études militaries et industrielles qui s'imposaient d'abord.

Ainsi, le 22 décembre 1870 (3e année de Meiji), un règlement sur les études à l'étranger fut établi et publié.

Nous avons déjà traité de ce qui concerne ces études, au début de l'époque de Meiji, en particulier de la présidence de l'Association des Etudiants en France, avec IRIE Fumio[17].

En avril de 1877 (10e année de Meiji), le gouvernement d'alors, fonda une Université à Tokyo, dans le but de former des cadres sur place, dans leur pays.

En 1886 (19e année de Meiji), l'édit de fondation de l'Université Impériale fut promulgué : l'Université actuelle était réorganisée en Université Impériale.

Ensuite, en 1897 (30e année de Meiji), l'Université Impériale de Kyoto fut fondée comme il avait été fait précédemment à Tokyo. Il n'y avait jusqu'alors qu'une unique Université Impériale à Tokyo. C'est ainsi que lors celle de Kyoto fut fondée, elles furent désormais nommées respectivement : Université Impériale de Tokyo et Université Impériale de Kyoto.

第六章　和佛辞書（明治期）の系譜　365

Or, en 1919 (8ᵉ année de Taïsho), l'édit relatif à l'Université Impériale fut révisé ; en même temps, le système de l'Université fut amendé dans le sens d'une réglementation nationaliste plus rigoureuse.

Après la Seconde Guerre Mondiale, en 1947 (22ᵉ année de Showa), l'édit qui jusqu'alors régissait l'Université fut abrogé. Et, en 1949 (24ᵉ année de Showa), l'Université Impérial de Tokyo se transformait en un nouveau système, qui est celui de l'Université actuelle.

2.

Nous écrivons d'abord ici une partie des Papiers personnels que Emile-Louis HECK adressait à son supérieur, en 1940 (15ᵉ année de Showa). Car, ce curriculum vitae peut donner un aperçu de sa vie.

Origine, nationalité	né à Danjoutin (territoire de Belfort), France Le 16 février 1866	
Etudes, diplômes, Profession	Ecole Primaire à Danjoutin	de 1872 à 1879
	Ecole Secondaire à Belfort	de 1879 à 1883
	Ecole Supérieure à Besançon	de 1884 à 1886
	Université à Paris	de 1889 à 1891
	Licencié es-lettres	7 juillet 1891
	Professeur de Belles Lettres à Saint Rémy (Haute-Saône) :	de 1886 à 1889

Professeur de langue et de littérature française à
l'Université Impériale de Tôkyô :

de 1891 à 1921

Directeur de l'Etoile du Matin

de 1921 à 1930

En retraite   de 1930 à 1940

Titres   Membre à vie de la Société Franco-Japonaise
et de la Maison Franco-Japonaise de Tôkyô

Décorations au Japon   4ème degré du Soleil Levant   en 1900

Degré de Chokunin   en 1905

3ème degré du Trésor Sacré   en 1913

Médaille du couronnement de l'Empereur Taisho   en 1915

3ème degré du Soleil Levant   en 1921

Décorations en France   Officier de l'Académie   en 1909

Chevalier de la légion d'Honneur   en 1919

Officier de l'Instruction Publique   en 1922

Etudes écclésiastiques   à Saint Rémy (Haute-Saône)
et Ordination   à Besançon (Doubs)

à Paris

à Tôkyô

第六章　和佛辞書（明治期）の系譜　367

	Ordonné sous-diacre	à Paris	en 1890
	Ordonné diacre	à Tôkyô	en 1892
	Ordonné prêtre	à Tôkyô	en 1894

Résidences diverses　　en France : à Danjoutin, à Belfort, à Besançon, à Saint Rémy (Haute Saône), à Paris
　　　　　　　　　　　au Japon : à Tôkyô de 1891 à 1930 à Urakami, à Osaka, à Mitaka

Résidence actuelle　　à Kiyose-Mura

Voyage　　en Europe et en Amérique d'avril 1908 à mars 1909

　Ensuite, nous allons présenter plus en détail ses études, et ce qui s'est passé avant qu'il obtienne une chaire à l'Université Impériale de Tokyo. En 1890 (23e année de Meiji), Heck fut appelé à Paris pour se préparer à son examen de licence ès lettres. Il fréquenta l'Institut Catholique et prit une inscription à la Sorbonne.

　En 1891 (24e année de Meiji), nous le trouvons à Paris préparant sa licence ès lettres qu'il obtint à Poitiers. Justement cette année-là l'Université Impériale de Tokyo avait demandé à l'Ecole du Matin (Gyosei) de lui présenter un professeur de littérature française, et le supérieur avait promis de fournir un licencié. Son supérieur comptait sur Heck s'il réussissait son examen. Il lui proposa alors de l'envoyer au Japon. Celui-ci accepta tout de suite.

Heck et ses quatre compagnons Marianistes, s'embarquèrent à Marseille, sur le Sydney à destination de Yokohama. Le bateau n'entra dans ce port que le 3 septembre, à la tombée de la nuit. Le lendemain, ils furent accueillis par M. abbé Heinrich qui les ramena à l'Ecole de l'Etoile du Matin.

Et, deux mois plus tard, Emile-Louis Heck entra à l'université pour ne la quitter que trente ans après, en 1921 (10e année de Taïsho).

Heck obtint avce difficulté son titre de professeur à l'Université en premier lieu, car, il n'eut que des cours de langue française.

Ce fut en 1896 (29e année de Meiji), que se présentèrent les premiers étudiants pour la littérature française. Quelques années plus tard, l'Université lui proposa des conrs de latin en échange des cours de langue française. Un peu plus tard, Heck ne s'occupa plus que de la littérature française.

Or, quel était le contenu concret du cours de la littérature française? Malheureusement, ce détail n'est pas clair, mais, nous pouvons supposer que c'est l'histoire de la littérature française, en particulier. Son livre de classe avait été lu en trois ans[18].

A propos du nom de ce livre, il est inconnu. Mais il ressemblait probablement au livre suivant "une histoire de la littérature" de René Doumic (1860-1937). Car, deuxième professeur de ce cours, Henri Humbertclaude (Chargé de cours), l'utilisa pour ses étudiants[19].

Le 11 novembre 1916 (5e année de Taïsho), ses anciens étudiants, ses collègues et un certain nombre d'amis fêterent le 25e anniversaire de son professorat à l'Université.

Voici un document inscrit sur ce sujet :

Monsieur le Professeur

Je suis très heureux de l'occasion qui m'est offerte, en ce jour de la célébration de vos vingt-cinq années d'enseignement de la langue et de la Littérature françaises à l'Université Impériale de Tokyo, de vous exprimer, comme représentant de vos anciens élèves et aussi de vos élèves actuels, nos sentiments de respect affectueux et de profond reconnaissance. Depuis vingt-cinq ans, nous vous avons trouvé constamment dans la même bonté et dans la même ardeur pour nous servir de modèle par votre conduite, pour nous enseigner, et pour nous amener à la perfection de nos études. Nous n'oublierons jamais de la vie, cher Monsieur le professeur, des témoignages de bonté et de sympathie que nous avons reçus et que nous espérons revoir encore de vous. Nous, vos élèves de Littérature française, nous sommes peu nombreux, il est vrai, mais nous espérons vous procurer une grande joie cependant et vous témoigner la reconnaissance la plus effective, en travaillant nous aussi, à votre suite, à la propagation de la langue et de la Littérature françaises, ainsi qu'à l'introduction de la civilisation française au Japon et à l'union amicale de la France et du Japon.

C'est d'un cœur sincère que nous vous présentons, en ce moment, nos plus vives félicitations, ainsi que nos meilleurs vœux de santé et de bonheur.

Nous vous prions, cher Monsieur le professeur, de les agréer et de nous croire toujours.

Vos élèves tout dévoués et très reconnaissants.

Le vicomte M. Tsuchiya et les autres.

(le 11 novembre 1916)

En 1921 (10ᵉ année de Taïsho), Heck quitta donc l'Université pour prendre la direction de l'Ecole de l'Etoile du Matin (Gyosei). L'année suivante, le 20 janvier 1922 (11ᵉ année de Taïsho), il reçut le titre de Professeur honoraire du Président de l'Université Impériale de Tokyo.

« A M. Emile Heck,

Commandeur du Trésor Sacré du Soleil Levant, Ancien professeur de la Faculté des Lettres de l'Université de Tokyo. En reconnaissance des précieux services que vous avez rendus à la cause de l'éducation et de l'enseignement au Japon pendant les trente année de votre professorat à la Faculté des Lettres de l'Université Impériale de Tokyo, le titre de Professeur émérite de l'Université Impériale de Tokyo vous a été conféré par l'Université.

Yoshinao KOZAI »[20].

Finalement, pour éclaircir les relations jusqu'à la fin entre l'Université Impériale de Tokyo et Emile-Louis Heck, nous ajoutons ici une lettre adressé au Président de cette université de l'Ecole de l'Etoile du Matin (H. Humbert-claude).

Tokyo, Akebono Gaku-en, le 2 juillet 1943

Monsieur le Président (......................)

J'ai la douleur de vous faire part de la mort de Monsieur Emile Heck, Chevalier de la Légion d'Honneur, Commandeur des Ordres Impériaux du

Soleil-Levant et du Trésor Sacré, Professeur Honoraire de l'Université Impériale de Tôkyô, Ancien Directeur de l'Etoile du Matin, décédé le 27 juin 1943, à Kiyose, Tôkyô Fuka.

Un service funèbre pour le repos de l'âme du défunt sera célébré dans la Cathédrale de Sekiguchi, le 10 juillet à 3 heures de l'après-midi.

Veuillez agréer, Monsieur le Président, l'expression de mes sentiments respectueux.

H. Humbertclaude
(Ex Chargé de cours à l'Université Impériale)

A Monsieur Uchida Shôzo, Président de l'Université Impériale de Tôkyô.

C. 本文の内容

エミール・エックが『新和佛』に寄せた手簡には，その特色として，小辞典としては単語数が豊富であること，さらには，フランス語訳のほとんどが精確なることを挙げている。

そこで，実際のところはどうなのであるのか，ここで検証してみることにしよう。

(p. 187)
Hanareya, 離家, n. Maison solitaire, isolée, f.
Hanarezashiki, 離座敷, n. Chambre écartée, isolée, f. pavillon détaché d'(ママ) corps de bâtiment, m.
Hanase-ru, 談得る, v. n. Pouvoir parler ; être d'une conversation agréable, instructive.
Hanashi, 話, n. Parole, conversation, f. entretien, m.

―― jôzu, ――上手, n. Qui parle bien.

Hanashi-au, 談合ふ, v. n. 1. Parler avec. 2. S'entendre avec.

Hanashibe, 花蕊, n. Pistil, m. et étamine de fleur, f.

Hanashi-guai, 話工合, n. 1. Manière de parler, f. 2. Appréciation d'après les paroles, f.

Hanashika, 落語家, n. Homme qui a pour profession de raconteur des histoires ou des contes amusants, m.

Hanashiru, 洟, n. Goutte d'eau sortie des narines, f.

Hanashi-zuki, 話好, n. Bavard, m. personne qui aime à parler, à causer, f.

Hanasu, 話す, v. a. 1. Raconter, dire.

Tegara wo ――, 手柄を――, Raconter ses exploits. v. n. Parler, raconter.

Tomodachi ni ――, 朋友に――, Parler à un camarade.

Hanasu 放す, 發す, v. a. 1. Lâcher, faire aller, rendre libre. 2. Décharger, tirer.

Te wo ――, 手を――, Lâcher la main.

Tori wo ――, 鳥を――, Lâcher, mettre en liberté les oiseaux.

Teppô wo ――, 鐵砲を――, Décharger le canon, ou le fusil.

Hanasuji, 鼻筋, n. Arête du nez, f.

Hanatachibana, 百兩金, n. (Bot.) Ardisia crispa.

Hanataka, 鼻高, n. 1. Haut nez, m. 2. Fierté, f. orgueil, m.

Hanatare, 鼻垂, n. 1. Personne qui a le nez morveux, f. 2. Personne incapable, f.

Hanatsu, 放つ, v. a. (voyez Hanatsu).

ここに掲載した事例は，たまたま平易というより，素直な「見出し語」に当たったので，これだけで特色は見出せまい。ただ確実に言えることは，と

ても実用的であり，仏語学修者にとっては，便利な小辞典であったに違いない，ということである。

（註）

(13) 筆者の架蔵本による。
(14) Emile Heck の呼称として，暁星学園の刊行物では，「…アンリー校長の辞任により，エミール・ヘックが就任」，とある。『暁星百年史』，p. 480。暁星学園発行，平成元年11月。
(15) 「見出しの邦語」（ローマ字）はゴシック体であるが，その見出し語だけを数えて，計算したものである。
(16) 拙稿，"Emile-Louis HECK —— Premier professeur de littérature française à l'Université Impériale de Tokyo, et Grand directeur de l'Etoile du Matin ——"。『一般教育部論集』第32号，pp. 53-67。創価大学総合文化部，2008年。
(17) TANAKA Sadao : Les débuts de l'étude du français au Japon. FRANCE TOSHO, Tokyo, 1983。pp. 127-148。
(18) Notes rassemblées par SUZUKI Shintaro : "Quelques notes barbouillées sans prétention par des professeurs de la Porte Rouge à l'occasion du quatre-vingtième anniversaire de l'Université de Tokyo". (En japonais, Akamon kyouju rakugaki cho —— Tokyo Daigaku 80 nen). Masu shobô. Tokyo, 1955。p. 74。
(19) Notes rassemblées par Ôtaka Yorio : "La littérature française et moi". (En japonais, Furansu bungaku to watashi). Heibon-sha, Tokyo, 1985。p. 210。
(20) Documents conservés par Gyosei Shudo-in, Tokyo. Nous remercions le R. P. Shimizu de nous l'avoir communiqué.

第七章 「佛和辞書」の邦語訳と,「和佛辞書」の仏語訳

第1節 佛和辞書(幕末明治期)の訳語の変遷

A. 佛和辞書一覧

我が国において,最初の仏語辞書が刊行されたのは,安政元年(1854)のことである。著者はよく知られているように,村上英俊であり,書名は『三語便覧』である。

『三語便覧』の構成は,「見出し」の邦語に対照させて,三カ国語(佛・英・蘭。後に蘭に替えて独)を配したものである。それゆえ,一見すると和仏辞書のような形をとっているが,同書の成立過程から考えれば,必ずしも首肯できない。なぜなら,この書は,オランダ出版の佛語入門書(第一章参照)を参考にして作られ,原典の仏語(蘭語)の単語に,英俊が邦語を当てたものが大部分だからである。

すなわち,見方を変えて言うならば,佛和辞書の一種といっても,過言ではあるまい。

本章では,『三語便覧』(『三語』と略す。第一章,第二章参照)を出発点として,下記に示す六つの辞書を通して,いかに訳語が変化していったのかを,辿ってみたい。そこには,我が国フランス学の黎明期における,苦心の跡が見られて,斯学研究の興味はつきない。

『佛語明要』(元治元年,1864。『明要』と略す。第四章参照)

『官許　佛和辭典』（明治4年，1871。『好樹堂』と略す。第五章，第2節参照）

『佛和辭典』（明治19年，1886。『桼山』と略す。第五章，第3節参照）

『佛和字彙』（明治26年，1893。『字彙』と略す。第五章，第4節参照）

『佛和會話大辭典』（明治38年，1905。『大辭典』と略す。第五章，第5節参照）

『増訂　新佛和辭典』（明治43年，1910。『新佛和』と略す。第五章，第6節参照）

なお，『佛語箋』（出版年不詳，ただし明治初期と推定される）に関しては，すでに述べてきたように，村上英俊の著作と類似点が多いので，本章では省略した。

B. 訳語の変遷

ここで，実際の例を述べることになるが，研究資料として，どのような種類の単語に焦点を合わせたらよいか，なかなか決めかねた。

しかしながら，試行錯誤の結果，やはり人間の性状に関する単語が，最も変化に富むことが，明らかとなった。

そこで，『三語便覧』の「徳不徳」の部から，単語を選んで中心の題材に据えた。それに他の辞書（の単語）を対比させた結果は，以下の通りとなる。

——なお，各辞書の単語間の区切りには，色々あって（，。．），記述上不便なので，（，）の記号で統一したことを，付記するものである。
——フランス語の単語の順序は，必ずしもアルファベの順ではなく，『三語便覧』の構成に従って，配置した。
——『大辭典』には，例文が数多く用いられているが，本章の主題通りに，単独の訳語のみを記載したことを，付記する。

affection

『三語』　　好嗜（スキ）
『明要』　　愛
『好樹堂』　寵愛
『泰山』　　恩愛
『字彙』　　感情，愛情，痛苦，病苦
『大辭典』　1．感ジ　2．愛情，情愛　3．疾病
『新佛和』　1．疾病　2．感動　3．愛情，親愛

ambition

『三語』　　驕（ヲゴリ）
『明要』　　久ク待ツ┓，高位ヲ欲フル┓
『好樹堂』　抜扈，大望
『泰山』　　抜扈，大望
『字彙』　　熱望，欲望，大志，非望，大望
『大辭典』　大望，功名心
『新佛和』　1．野心，大望　2．目的，計画

amitié

『三語』	交情（マジワリ）
『明要』	懇，好キ，恵，楽ミ，行儀ヨキ┐
『好樹堂』	友情，愛
『泰山』	友情，愛
『字彙』	友情，親愛，恩愛，和睦，愛セラルゝ者，恩恵，施興，親和（物）
『大辭典』	１．友誼，懇意，友情―友愛，親交，和親　２．愛
『新佛和』	１．懇親　２．友愛，友誼　３．親睦

ardeur

『三語』	情欲（インヨク）
『明要』	熱サ，情欲
『好樹堂』	勉勵，熱
『泰山』	勉勵，熱
『字彙』	猛熱，熱望，猛烈，鋭気，愛慕，戀愛，天使，活発，熱情
『大辭典』	１．ハゲシキ　２．熱心，非常ナ　３．ハリアイ，イキゴミ
『新佛和』	１．焼熱　２．勉勵　３．熱心，熱情

assiduité

『三語』	属精（セイダシ）
『明要』	出精
『好樹堂』	出精
『泰山』	出精
『字彙』	謹慎，緊密，勉強
『大辭典』	１．勤勉，勉学，精勤，几帳面　２．侍坐

『新佛和』　　１．勤勉，精勵　　２．注意深きこと

avarice

『三語』　　　慳吝（シワサ）
『明要』　　　吝嗇
『好樹堂』　　吝嗇，我欲
『泰山』　　　吝嗇，私欲
『字彙』　　　貪婪，吝嗇
『大辭典』　　吝嗇，貪欲，欲張
『新佛和』　　１．貪欲，貪婪，吝嗇　　２．節儉に過ぐること

aveuglement

『三語』　　　不學（モンモウ）
『明要』　　　文盲，無智
『好樹堂』　　盲目
『泰山』　　　盲目
『字彙』　　　盲目，攪乱，蒙昧，惑溺
『大辭典』　　盲目
『新佛和』　　１．盲目　　２．蒙昧　　３．無謀

bienséance

『三語』　　　相應（サウヲウ）
『明要』　　　似合，相應，都合
『好樹堂』　　適當，相應，都合ヨキ⌐
『泰山』　　　適當，相應，都合ヨキコト
『字彙』　　　容儀，礼式，正格（文学），便宜

『大辭典』　1．和順，適合　2．礼儀，作法
『新佛和』　1．礼式，正格　2．便宜

bienfaisance

『三語』　　仁恵（イツクシミ）
『明要』　　恵深キヿ
『好樹堂』　仁恵
『泰山』　　仁恵
『字彙』　　恵恤，善業，徳行
『大辭典』　慈善，慈恵──慈善事業
『新佛和』　1．慈善事業　2．仁恵

brutalité

『三語』　　非礼
『明要』　　不礼
『好樹堂』　獣心，押柄
『泰山』　　獣心，押柄，乱暴
『字彙』　　粗暴ナル性質，猛悪，暴戻，強欲，粗笨，粗暴ノ動作，刻薄ノ言語
『大辭典』　1．暴逆，猛悪　2．虐待　3．悪心
『新佛和』　1．獣行，粗暴ノ言行　2．残忍　3．虐待　4．野卑

candeur

『三語』　　廉直（レンチョク）
『明要』　　廉直
『好樹堂』　廉直

『泰山』　　廉直
『字彙』　　廉直，誠実
『大辭典』　淳朴，無邪気，悪気
『新佛和』　廉直，誠直

cruauté

『三語』　　猛悪（モウアク）
『明要』　　固陋，苛酷
『好樹堂』　残忍，堅硬
『泰山』　　残忍，堅硬
『字彙』　　残酷，凄惨，苛刻ノ事
『大辭典』　１．残酷，残虐，残忍，苛酷　２．猛悪
『新佛和』　１．残忍の情　２．残酷の行為　３．苛酷

désespoir

『三語』　　失望（ノゾミヲウシナヒ）
『明要』　　失望，気ノ毒，心配
『好樹堂』　失望，悲哀
『泰山』　　失望，悲哀
『字彙』　　失望，失望セシムル者，優逸ニシテ企及ス可ラサル者，必死，悲痛，憂憤，不愉快
『大辭典』　失望
『新佛和』　１．失望　２．妄断　３．悲痛

expérience

『三語』　　発明

『明要』	試ミ，発明
『好樹堂』	練熟，試験
『泰山』	練熟，試験
『字彙』	試験，経験
『大辭典』	1．試験　2．實験　3．化學
『新佛和』	1．試験　2．経験，実験　3．実験法

délicatesse

『三語』	選抜（エラミダシ）
『明要』	柔和，美味，伶利
『好樹堂』	精細，謹直，奇麗，美味
『泰山』	精細，謹直，奇麗，美味
『字彙』	脆弱，細捷，用意周匝ナルコト，憤激シ易キコト，柔惰 ── pl. 珍味，贅品[1]
『大辭典』	1．komaka na koto　2．優美　3．趣味　4．bimi 羨味，珍味　5．微弱, yawaki koto　6．困難　7．鋭敏　8．kanji-yasuki koto　9．kimuzukashiki koto
『新佛和』	1．脆弱，柔弱　2．繊細　3．巧便　4．精緻　5．雅趣　6．気六づかしきこと　7．慎重　8．廉恥心　9．困勤　10．美味

docilité

『三語』	穎敏（カシコサ）
『明要』	出精，伶利，領命
『好樹堂』	多才
『泰山』	多才

『字彙』　　教ヘ易キ⁊，教ユヘキ⁊，柔順，温和，制御シ易キ⁊
『大辭典』　從順，温和
『新佛和』　1．柔順，温和　2．手工を施し易きこと，軟きこと

flatterie

『三語』　　面從（ツイシヤウ）
『明要』　　追從，愛
『好樹堂』　追從云フ⁊
『泰山』　　追從云フ⁊
『字彙』　　撫摩スル⁊，諂諛
『大辭典』　hetsurai, kobi [hetsurai]，追從，ten-yu 諂諛
『新佛和』　1．媚ぶること，諂諛　2．過頌

fidélité

『三語』　　信誠（マコト）
『明要』　　忠実，信誠
『好樹堂』　信實，忠節
『泰山』　　信實，忠節
『字彙』　　忠實，精密，廉直
『大辭典』　1．忠，忠實；貞節，操　2．眞實　3．正確──辛抱；正直
『新佛和』　1．忠實　2．貞節，誠實　3．眞實　4．正確　5．精密
　　　　　　6．堅忍

foi

『三語』　　宗旨（シウシ）
『明要』　　信ジ，赦シ

第七章 「佛和辞書」の邦語訳と，「和佛辞書」の仏語訳　383

『好樹堂』　　信實，信用
『泰山』　　　信實，信用
『字彙』　　　信，確實，誠信，信用，握手形（徽），宗旨ノ固信，証拠，保証
『大辭典』　　忠實 ―― 操，貞節　2．Bonne ――，善意，眞心，誠意，3．証拠，証明　4．信用　5．信仰　6．教理
『新佛和』　　1．信用　2．證拠　3．信仰　4．教理，宗教　5．忠實，誠實，信實

franchise

『三語』　　　赤心（マゴコロ）
『明要』　　　自由
『好樹堂』　　免除（租税ナトノ），自由，廉直
『泰山』　　　免除（租税ナトノ），自由，廉直
『字彙』　　　自主，自由，免除，特許，罪人ノ庇蔭ノ権，同権ヲ有スル處，信實，免税
『大辭典』　　1．独立　2．免除　3．澹泊；正直，眞實
『新佛和』　　1．免税，免除　2．独立　3．淡泊　4．誠實　5．罪人

générosité

『三語』　　　寛仁（クワンジン）
『明要』　　　大度
『好樹堂』　　大膽ナル｢
『泰山』　　　大様ナル｢
『字彙』　　　寛仁，大度，大量，豪俠，仁慈 ―― pl. 贈物，利徳（時トシテハ単数ニ用ユ）

『大辭典』　1．寬大，大度　2．寬仁，慈仁，鷹揚　3．—— pl. 多分 no 恵
『新佛和』　1．寬大，大度　2．慈仁　3．豪俠—— pl. 施與物

gourmandise

『三語』　野鄙（イヤシキ）
『明要』　賤キ┐
『好樹堂』　貪食
『崉山』　貪食
『字彙』　饕餮，美食，他ヲ害シテ自ラ伸張スル┐（樹若クハ枝ノ）
『大辭典』　1．貪食　2．美食
『新佛和』　1．貪食　2．美食

honte

『三語』　恥辱（ハヂ）
『明要』　恥辱
『好樹堂』　恥辱
『崉山』　恥辱
『字彙』　凌辱，汚辱，差恥，不名誉
『大辭典』　1．恥　2．mottomo hazu/koto wo jiman 自慢 suru
『新佛和』　1．汚辱，恥辱

impatience

『三語』　不忍（シノビヅ）
『明要』　揵ラレヌ┐
『好樹堂』　短気，揵ヘラレヌ┐

『泰山』　　短気, 撓ヘラレヌ「
『字彙』　　無耐忍, 痛切, 熱心　── pl. 神経過敏, 痛苦
『大辭典』　１．不忍耐, 不勘忍　２．短気　３．sekkachi
『新佛和』　１．不忍耐, 短気　２．痛切―pl.〔医〕神経過敏

industrie

『三語』　　材智（チエ）
『明要』　　出精, 欺キ, 智巧
『好樹堂』　才智, 奇巧, 勉強, 事業
『泰山』　　工業, 才智, 奇巧, 勉強, 事業
『字彙』　　智巧, 精巧, 巧妙, 百工, 工技, 産業, 工芸
『大辭典』　１．巧　２．策　３．實業　４．農業　５．工業
『新佛和』　１．工技　２．方策, 計策　３．實業, 産業, 生業　４．工業
　　　　　　５．狡智

innocence

『三語』　　不辜（ツミノナイ）
『明要』　　無罪, アドケナサ
『好樹堂』　無罪, 道理ノ立テ居ル「
『泰山』　　無罪, 道理ノ立テ居ル「
『字彙』　　無害, 清浄, 無罪, 淡泊, 無邪気, 純樸
『大辭典』　１．無罪, tsumi no nai koto　境涯　２．清浄, 潔白　３．無
　　　　　　邪気, 悪気　４．無失
『新佛和』　１．無邪気　２．無罪　３．潔白　４．素朴, 於人よし

légèreté

『三語』	輕脱（カルハヅミ）
『明要』	輕サ，容易，輕ハヅミナル┐
『好樹堂』	輕薄，神速ナル┐，放蕩ナル┐
『桼山』	輕薄，神速ナル┐，放蕩ナル┐
『字彙』	輕キ┐，輕捷，自在ナル┐，輕易，輕跳，輕薄，変動シ易キ┐，不注意，輕忽，平易，小過
『大辭典』	1．karui koto, karusa　2．hayai koto　3．kigawari, kigaru　4．輕卒　5．輕微
『新佛和』	1．輕きこと　2．輕捷　3．輕佻，輕薄，浮薄　4．輕卒　5．些少　6．平易（文章の）　7．洒落

liberté

『三語』	自在（ジザイ）
『明要』	自由，物ニ恐レヌ┐
『好樹堂』	自由，容易
『桼山』	自由，容易
『字彙』	自主，自由，自由ノ権（理），不羈独立，磊落，開濶，宥免，賜蝦，輕快，親狎　―― pl. 免税
『大辭典』	1．自由　2．解放
『新佛和』	1．自由　2．解放　3．不羈独立　4．自主自由　5．無遠慮，親狎　6．古羅馬人の比喩的神霊　―― pl. 免税特権（自治邑等の）

moralité

『三語』	禮法（ギヤウギヨサ）

『明要』	作法
『好樹堂』	禮式
『泰山』	禮式, 德儀
『字彙』	道心, 教訓ノ微旨, 佛国古代教訓ノ詩, 善悪ノ弁別, 善悪（思想行為ノ）, 善良 —— pl. 古代ノ劇曲
『大辭典』	1．yoshi-ashi, 善悪　2．道心, 道念　3．教訓　4．行状
『新佛和』	1．教訓　2．道心, 道念　3．道徳　4．品行　5．勧善寓意喜劇（中古の）　6．善悪

orguil

『三語』	倨傲（ヲゝヘイ）
『明要』	傲慢, 髙ブリ
『好樹堂』	高慢, 押柄
『泰山』	高慢, 押柄
『字彙』	傲慢, 自尊ノ情, 自任ノ心, 倨傲, 虚飾, 華麗
『大辭典』	1．傲慢, 高慢　2．自尊
『新佛和』	1．傲慢　2．自尊心

pauvreté

『三語』	赤貧（ビンボウ）
『明要』	貧乏
『好樹堂』	困窮, 愚, 下賤
『泰山』	困窮, 愚, 下賤
『字彙』	貧, 困乏, 拙陋, 卑陋 —— pl. 鄙劣の言行
『大辭典』	貧〔窮〕, 貧困, 貧乏
『新佛和』	1．貧困, 貧婁　2．清貧　3．淺はかなること　4．淺薄

prodigalité

『三語』	枉費（ムダヅカヒ）
『明要』	（prodigalement, adv. 過分ニ費シテ），同上ノ┐
『好樹堂』	放逸
『泰山』	放逸
『字彙』	浪費，浪費スル┐ ── pl. 贅澤，放逸
『大辭典』	浪費
『新佛和』	浪費 ── pl. 1. 放蕩　2．冗費

promptitude

『三語』	好仕（ツトメズキ）
『明要』	（prompt, e, adj. 手早キ，速ナル），同上ノ┐
『好樹堂』	神速，性急，怒り
『泰山』	神速，性急，怒り
『字彙』	迅速，敏捷，性急，焦躁
『大辭典』	迅速；敏速
『新佛和』	1．敏捷　2．性急　3．迅速

sagacité

『三語』	秀才（スグレタル リコウ）
『明要』	材智，穎敏
『好樹堂』	鋭敏，材智
『泰山』	鋭敏，材智
『字彙』	嗅官ノ鋭キ┐，鋭敏
『大辭典』	鋭敏，恰悧

『新佛和』　　鋭敏，怜悧，聰慧

sobriété

『三語』　　節飲食（ノミクヒノホドヨサ）
『明要』　　下戸，裎好サ
『好樹堂』　賢コキ┐，節スル┐
『泰山』　　賢コキ┐，節スル┐
『字彙』　　飲食ヲ節スル┐，淡泊，謹愼
『大辭典』　１．節制，節食　２．簡古
『新佛和』　１．節食，節酒　２．節制　３．淡泊

vertu

『三語』　　徳（トク）
『明要』　　徳，力，丈夫
『好樹堂』　徳，貞節，正直，力
『泰山』　　徳，貞節，正直，力
『字彙』　　徳，勇気，仁慈，有徳者，貞節，効力
『大辭典』　１．徳；徳義，道徳，道義　２．効，効能
『新佛和』　１．〔古〕勇気　２．徳　３．徳義心　４．貞操，貞節　５．効力，効能

vice

『三語』　　不徳（フトク）
『明要』　　攴ノ缺，不十分，不徳
『好樹堂』　不徳，欠乏，過失，放蕩
『泰山』　　不徳，欠乏，過失，放蕩

『字彙』　　　弊，欠損，悪弊，不徳，邪行，放蕩，缺點，悪習，短處，悪癖，瑕疵，弊害，不徳者

『大辭典』　　１．缺點，短處　２．違法　３．悪　４．悪徳　５．放蕩，不行跡，不身持　６．副

『新佛和』　　１．短處，缺點，瑕瑛　２．不法，違法　３．不徳，悪徳　４．放逸　５．悪人

（註）

（１）　単語の数が多いので，一部省略をして記載した。

第２節　和佛辞書（明治期）の仏語訳の変遷
　　　　――日本固有のものを中心に――

A.　和佛辞書一覧

　筆者はすでに，我が国の幕末期における，和仏形式の辞書の存在に言及している。

　名前だけ挙げてみると，まず最初に『五方通語』（安政三年，1856。第三章参照）。ただ残念なことに，単語集の域を出ておらず，本節主題の「日本固有のもの」を仏訳するのは，やや無理がある。

　やはり年代的には，明治期になり，フランス人の来日も多く，日仏双方において，実用に役立つ和仏辞書の必要性が待たれた時期，ということになろう。

　さて，記述を進める都合上，現在出版されている和仏辞典の中から，どれ

か一冊を選び，基本的資料として利用させてもらわねばならない。そこで，いろいろ参考にさせて戴き，取捨選択した結果，以下の書籍に決めさせて戴いた。『現代和仏小辞典』（三宅徳嘉，高塚洋太郎，田島　宏，大賀正喜，山方達雄，共編。白水社，1994年）がそれであり，特に同書の付録2（703頁―713頁）を使用させて戴くことにした。

　なお，「見出しの邦語」については，明治期の和佛辞書のいずれにも，その単語があるものを原則とした。それゆえ，単語数としては，いくらか少ない数で報告することになったが，これだけの数でも，ある面では十分といえる。なぜなら，各辞書の特徴はそれなりに反映されており，同時に編者の仏語力も発揮されている，と考えられるからである。とにかく，我が国フランス学の黎明期における苦心の跡が見られて，はなはだ興味深い。

　次に本章で比較対照する明治期の和佛辞書を，出版順に記してみると，以下の通りである。ただし，『和佛辞書』（P. レー）は本章の主題とは合致しないので，省略したことを付記する。

『和佛辭書』（明治32年，1899。『和佛』と略す。第六章，第2節参照）

『和佛大辭典　全』（明治37年，1904。『大辭典』と略す。第六章，第3節参照）

『新和佛辭典』（明治40年，1907。『新和佛』と略す。第六章，第4節参照）

　B．仏語訳の変遷

　ここで，実際の例を述べることになるが，前述した如く，基本資料としては，『現代和仏小辞典』（『現代』と略す，以下同じ）から日本語を選び，そ

の単語に，明治期の和佛辞書（三冊）を対照させた。

　その際，参考として，『現代』の中で記されているフランス語訳も，邦語に併記させて戴いた。それにより，比較対照する焦点がより一層鮮明になるもの，と考えたからである。

——なお，「見出し」のローマ字，および日本語には，以下の三冊（明治期の和佛辞書）に合わせて，記号（，．）を加えた。
——さらに，『現代』においては，「日本語のままフランス語になりきった語はロマン体，その他はイタリック体」と区別しているが，本章ではあえてこの区別をしなかったことを，付記する。

① 『現代』　aburage, 油揚.
　　tôfu (m) frit.

——『和佛』　Abouraghé, 油揚, n.
　Espèce de pâte faite avec des haricots et frite ; friture de tôfou ;
——『大辭典』　abura-age, 油揚, s. (同書のAbréviationsによれば，substantifを示す。以下同じ)
　Fruiture à l'huile.
——『新和佛』　Aburagé, 油煎豆腐, n.
　Tôfu fri (voyez Tôfu).

② 『現代』　bushi, 武士.
　　samouraï (m); chevalier [guerrier] (m) japonais.

——『和佛』　Boushi, 武士, n.

Guerrier; chevalier ; soldat, m.

——『大辭典』　bushi, 武士, s.

Soldat, guerrier.

——『新和佛』　Bushi, 武士, n.

Guerrier, soldat, m.

③　『現代』　daimyô, 大名.

　　seigneur (m) féodal.

——『和佛』　Daïmyo, 大名, n.

Prince féodal ; seigneur suzérain, m.

——『大辭典』　daimyo, 大名, s.

Seigneur féodal, suzerain d'une principauté ayant un revenu d'au moins 10.000 *koku* de riz.

——『新和佛』　Daimyô, 大名, n.

Seigneur féodal, noble (maintenant appelés Kozoku), m.

④　『現代』　dango, だんご.

　　boulette faite avec de la pâte de riz.

——『和佛』　Dango, 団子, n.

Boulette de pâte de riz.

——『大辭典』　dango, 団子, s.

Gâteau en forme de boule fait avec de la farine de riz et des haricots appelés *azuki* et sucré.

——『新和佛』　Dango, 團子, n.

Gâteau pateux fait avec du riz, m.

⑤ 『現代』　ema, 絵馬.

　　tablette (f) votive de bois portaut l'image d'un cheval.

——『和佛』　Éma, 繪馬, n.

Ex-voto ; tableau votif, m. (sur ce tableau est représenté ordinairement l'image d'un cheval.)

——『大辭典』　ema, 繪馬, s.

Peintures représentant un cheval. On les suspend comme ex-voto dans les *miya*.

——『新和佛』　Ema, 繪馬, n.

Petit tableau offert comme ex-voto au temple d'Inari, m.

⑥ 『現代』　engawa, 縁側.

　　phancher en véranda monté sur pilotis qui donne accès au jardin.

——『和佛』　Éngawa, 椽端, n.

Véranda, f.

——『大辭典』　engawa, 椽側, s.

Véranda.

——『新和佛』　Engawa, 椽側, n.

Véranda, f, portique, m.

⑦ 『現代』　fûrin, 風鈴.

　　Clochette accrochée sous l'auvent et que la brise fait tinter agréablement pendant les chaleurs de l'été.

—— 『和佛』　Fourïn, 風鈴, n.

Clochette ; sonnette, f ; grelot, m.

—— 『大辭典』　furin, 風鈴, s.

Petite clochette suspendue sous le toit et que le vent fait sonner.

—— 『新和佛』　Fûrin, 風鈴, n.

Clochette que le vent fait sonner, f.

⑧　『現代』　furoshiki, 風呂敷.

　　carré d'étoffe servant à envelopper tout ce qu'on doit porter à la main.

—— 『和佛』　Fouroshiki, 風呂敷, n.

Toilette, f ; morceau d'étoffe qui sert à envelopper q. q. c. (この書籍の略字解によれば，quelque chose を表わしている)。

—— 『大辭典』　furoshiki, 風呂敷, s.

Pièce d'étoffe qui sert à envelopper les objets que l'on porte.

—— 『新和佛』　Furoshiki, 風呂敷, n.

Morceau d'étoffe servant à envelopper des objets et plus grand qu'un Fukusa, m.

⑨　『現代』　gojûnotô, 五重の塔.

　　pagode (f) à cinq toitures.

—— 『和佛』　Gojou-no-to, 五重塔, n.

Pagode à cinq étages.

――『大辭典』　gojû-no-tô, 五重塔, s.

Tour à cinq étages qui orne certaines temples bouddhiques.

――『新和佛』　Gojûno-to, 五重塔, n.

Pagode à cinq étages, f.

⑩　『現代』　haiku, 俳句.

bref poème en 17 syllabes disposées 5-7-5.

――『和佛』　Haïkaï, 俳諧, n.

Vers de 17 caractères.

――『大辭典』　haikai, 俳諧, s.

Courte poésie de 17 syllabes formant trois vers (5, 7, 5).

――『新和佛』　Haikai, 俳諧, n.

Sorte de poëme comptant 17 syllabes au lieu des 31 généralement employées, m.

⑪　『現代』　hanashika, 噺家.

diseur (m).

――『和佛』　Hanashika, 落語家, n.

Conférencier ; narrateur, m.

――『大辭典』　hanashika, 落語家, s.

Conteur, homme qui fait métier de raconter des histoires plaisantes et souvent grivoises.

――『新和佛』　Hanashika, 落語家, n.

Homme qui a pour profession de raconter des histoires ou des contes amusants, m.

⑫ 『現代』　hashi, 箸.

(une paire de) baguettes (f. pl) en bois souvent laqué ou en ivoire, utilisées, par les Japonais à la place d'une fourchette et d'un couteau.

――『和佛』　Hashi, 箸, n.

Bâtonnets, m. pl. (petites baguettes de bois, d'ivoire ou d'argent dont les Japonais se servent pour manger.)

――『大辭典』　hashi, 箸, s.

Bâtonnet :

――『新和佛』　Hashi, 箸, n.

Baguettes à manger, f.

⑬ 『現代』　hatomoto, 旗本.

vassal placé sous le drapeau du shogoun.

――『和佛』　Hatamoto, 旗下, n.

Garde *shogounale*, f.

――『大辭典』　hatamoto, 旗下, s.

Vassal direct du Shôgun.　　※ Troupes dépendant directement du Shôgun ; garde du Shôgun.

――『新和佛』　Hatamoto, 旗下, n.

1. Bas de l'étendard, m.
2. Sous les drapeaux.
3. Vassaux du **Shogun**, m.

⑭　『現代』　Kabuki (m), 歌舞伎.

forme d'art dramatique comprenant des danses, et des récitatifs.

──『和佛』　Kabouki, 歌舞伎, n.

Théâtre ; drame, m.

──『大辭典』　kabuki, 歌舞伎, s.

Représentation dramatique, pièce de théâtre :

──『新和佛』　Kabuki, 歌舞伎, n.

Pièce dramatique, f.

⑮　『現代』　koban, 小判.

ancienne monnaie d'or du Japon.

──『和佛』　Koban, 小判, n.

Ancienne monnaie d'or japonaise de la valeur d'un *rio*.

──『大辭典』　koban, 小判, s.

Ancienne monnaie d'or de forme elliptique valant un *yen*.

──『新和佛』　Koban, 小判, n.

Pièce d'or de forme oblongue (ancienne monnaie), f.

⑯　『現代』　Kônomono, 香の物.

légumes (m. pl.) salés ou fermentés dans le *nukamiso*.

──『和佛』　Kônomono, 香の物, n.

Epices ; épicerise, f. pl.

——『大辭典』 kô-no-mono. 香物, s.
Légumes conservés dans le sel.
——『新和佛』 Kô-no-mono. 香物, n. (voyez Kôkô).
Kôkô, 香香, n. Légume salé ou mariné, m. salaison, f.

⑰ 『現代』 maiko, 舞妓.
jeune *geisha* (f) de Gion pratiquant la danse traditionnelle japonaise.

——『和佛』 Maïko, 舞妓, n.
Danseuse, f.
——『大辭典』 maiko, 舞妓, s.
Jeune danseuse.
——『新和佛』 Maiko, 舞妓, n.
Jeune danseuse, f.

⑱ 『現代』 rônin, rôshi, 浪人, 浪士.
samouraï (m) sans maître.

——『和佛』 Ronïn, 浪人, n.
Vagabond, m.
——『大辭典』 rônin, 浪人, s.
Samurai privé de son revenu, qui vivait en vagabond.
——『新和佛』 Rônïn, 浪人, n.
Vagabond, m. on **Samuraï** sans maître.

⑲ 『現代』 sadô, 茶道.

théisme (m); art (m) du thé.

—— 『和佛』 Sadô, 茶道, n.

Manière de préparer le thé (en poudre).

—— 『大辭典』 sado, 茶道, (cha-no-yu), s.

Domestique de rang inférieur ;

—— 『新和佛』 Sadô, 茶道, n.

Art, m. étiquette de la préparation du thé, f.

⑳ 『現代』 sashimi, 刺身.

 poisson cru coupé en tranches.

—— 『和佛』 Sashimi, 刺肉, n.

Poisson cru (préparé en petites tranches), m.

—— 『大辭典』 sashimi, 刺身, 魚軒, s.

Poisson cru coupé en tranches minces :

—— 『新和佛』 Sashimi, 刺身, n.

Poisson cru coupé en petites tranches qu'on mange avec de la sauce.

㉑ 『現代』 shakuhachi, 尺八.

 sorte de flute (droite) à bec en bambou.

—— 『和佛』 Shakouhatchi, 尺八, n.

Espèce de clarinette.

—— 『大辭典』 shakuhachi, 尺八, s.

Flûte en bambou, ainsi nommée parce qu'elle a 1 *shaku* 8 *sun* de long.

――『新和佛』 Shaku-hachi, 尺八, n.
Espèce de flûte dont on joue par le bout, clarinette, f.

㉒ 『現代』 shôji, 障子.
    porte-fenêtre coulissante en treillis tendu de papier blanc.

――『和佛』 Shôji, 障子, n.
Cadre de bois recouvert de papier et glissant dans des rainures.
――『大辭典』 shôji, 障子, s.
Châssis en treillis garni de papier d'un côté et glissant dans une rainure :
――『新和佛』 Shôji, 障子, n.
Porte on cloison mobile en papier collé sur des lattes, f.

㉓ 『現代』 soba, 蕎麦.
    nouilles (f. pl) de sarrasin.

――『和佛』 Soba, 蕎麥, n.
Blé sarrashin ; sarrasin, m.
――『大辭典』 soba, 蕎麥, s.
Sarrasin, blé noir :
――『新和佛』 Soba, 蕎麥, n. (Bot.)
Sarrasin.

㉔ 『現代』 tabi, 足袋.
    chausson de toile forte.

—— 『和佛』　Tabi, 足袋, n.

Brodequin japonais, m ; bas ; chausson, m.

—— 『大辭典』　tabi, 足袋, s.

Sorte de chausson agrafé par côté et dans lequel le gros doigt est séparé des autres :

—— 『新和佛』　Tabi, 足袋, n.

Bas, m. chaussettes, f.

㉕　『現代』　tatami, 畳.

tapis de paille recouverte de jonc tressé.

—— 『和佛』　Tatami, 疊, n.

Natte, f.

—— 『大辭典』　tatami, 疊, s.

Natte, paillasson en paille de riz de 1m. 82 de long sur 0m. 91 de large et environ 0m. 05 d'épaisseur, recouvert d'un simple tissu de jonc (*goza*), ordinairement bordé d'étoffe des deux côtés longs et recouvrant le plancher des maisons japonaises :

—— 『新和佛』　Tatami, 疊, n.

Natte de plancher, f.

㉖　『現代』　tôfu, 豆腐.

pâte de soja.

—— 『和佛』　Tôfou, 豆腐, n.

Aliment préparé avec une purée légère de haricots que l'on fait cailler dans de la saumure (nourriture très vulgaire au Japon.)

——『大辭典』　tôfu, 豆腐, s.

Pâte de haricots détrempés dans l'eau et broyés sous une meule :

——『新和佛』　Tôfu, 豆腐, n.

Aliment fait avec des pois cuits, m.

㉗　『現代』　tôrô, 灯籠.
　　lanterne (f).

——『和佛』　Tôrô, 燈籠, n.

Lanterne fixe, f.

——『大辭典』　tôrô, 燈籠, s.

Lanterne mobile ou immobile en pierre, en bois, en métal :

——『新和佛』　Tôrô, 燈籠, n.

Lanterne à suspendre, ou lanterne fixe en pierre posée dans une cour comme ornement, f.

㉘　『現代』　yaku, 厄年.
　　âge (f) néfaste《âge de 42 ans pour les hommes et 33 ans pour les femmes selon la computation japonaise, présentant certains dangers et où il convient d'être circonspect》.

——『和佛』　Yakoudoshi, 厄年, n.

Age critique de la vie (on suppose que les 7e, 25e, 42e et 61e année sont critiques pour l'homme et les 7e, 8e, 19e, 33e, 42e et 61e année, pour la femme.)

──『大辭典』　yakudoshi, 厄年, s.

Époque, âge malheureux, funeste, savoir 25, 42 et 61 ans pour les hommes, et 19, 33, 37 pour les femmes :

──『新和佛』　Yakudoshi, 厄年, n.

Les périodes néfastes de l'existence qui arrivent à certains âges déterminés, f.

㉙　『現代』　yukata, 浴衣.

kimono léger de coton pour l'été.

──『和佛』　Youkata, 浴衣, n.

Vêtement d'été ; vêtement qu'on se met au sortir du bain ; peignoir, m.

──『大辭典』　yukata, 浴衣, s.

Habit de bain.　※ Habit léger pour l'été.

──『新和佛』　Yukata, 浴衣, n.

Léger vêtement de bain ou vêtement d'été, m.

㉚　『現代』　zabuton, 座蒲団.

coussin japonais sur lequel on s'assoit.

──『和佛』　Zabouton, 座蒲團, n.

Coussin (pour s'asseoir sur les nattes.), m.

──『大辭典』　zabuton, 座蒲團, s.

Petit coussion carré sur lequel on s'assied. f.

──『新和佛』　Zabuton, 座蒲團, n.

Coussin, matelas pour s'asseoir, m.

あとがき

　仏語辞書——これを，初めて手にしたのは，中学（暁星）へ入った年のことである。とても小さなものであった。思い出の品なのだが，現在，手元にはない。何度かの引越しで，紛失してしまったらしい。
　本の名前はかすかな記憶しかないが，おそらく，『標音仏和辞典』（山本直文編）であった，と思う。この petit（おちびちゃん）が本立てに納まると，結構さまになっていた。ときたまパラパラ捲ってみると，インキの匂いがして，新鮮だった。同時に，大人になった気分にもなり，ちょっぴり誇らしい。
　２年生に進級すると，仏作文の時間が増えて，担当はルネ・ガヴァルダ先生。授業は独特で，分かりやすく，子供心にも興味が持てた。先生の影響を大いに受けて，「和仏辞典」をさっそく購入。書名は，『和佛辞典』（丸山順太郎編）といった。
　残念なことに，先生の授業は，わずか一年で終わってしまったが，先生との思い出は，いまでも楽しく懐しい。
　なつかしいと言えば，もう一人のフランス人，テオドール・グットレーベン先生（なぜか，英語の担当であった）のお姿も，目に浮かぶ。
　いつの間にか，次第に，この辞書を開くことが多くなった。今風にいえば，仏作文のゲーム感覚といったところか。「丸山辞典」の中にある，「(醉拂ふ)，(千鳥足で歩く)，(ほろ醉)」等を引いているうちに，「ぐでんぐでんに酔っ払って歩くのは，何て言うんだ」との，へりくつに到達。劣等生の考えることは，何時もろくなことではない。
　最上級生になった，ある日のこと。グットレーベン先生が，グレーのコー

トに身をつつみ，ゆったりと散策しておられる。「先生，先生はフランス語もおできになりますか」。一瞬，とまどったご様子。それでも，「はい，お陰様で。それで…，何かね…？」とのお言葉。シドロモドロながら，疑問をお伝えしてみた。すると，「あ，○○○○散歩のことだね…」。

　そのときの結末は，不思議に覚えていないが，幼稚な仏語頭ながら，納得したのであろう。いやはや，今，思っても実に恥ずかしい限りである。

──仏語辞書の編纂といえば，特殊な辞書ではあるが，お手伝い程度ながら，経験がある。それは，『フランス語ことわざ辞典』のときだ。主戦投手は当然ながら，渡辺高明氏（当時，埼玉大学教授）。彼の研究態度は，その母校と同様，とにかく研究第一主義なのである。フランスの諺に関しても，まさに博覧強記。そして，一字一句おろそかにしない。さすがに，呑気者の私も襟を正した。

　その年の大晦日（渡辺氏宅），「田中さん，明日のことですけど，すこし遅くから始めましょうか。10時頃でどうですか。おせちは，こちらで用意しますので…」。

　これには参った。終始，このような状態で，追いまくられた仕事であったが，とても勉強になった。それに，楽しかった。渡辺教授には，現在でも有難いと思っている。

　さて，この書成るに当たって，パリ外国宣教会のピエル・ロランド師には，大変お世話になった。貴重な資料も提供して戴いた。ここに記し，謝意を表したい。

　さらに，図書館関係では，上田情報ライブラリー（清水忠幸館長），特に同館司書・小竹玲子氏には，東京大学総合図書館，並びに，東京大学駒場図書館所蔵の資料に関して，お力添えを戴いた。深く感謝するものである。

あとがき　407

　なお，本書の前編ともいえる，『幕末明治初期フランス学の研究』で使用させて戴いた，数々の資料（真田宝物館，静岡県立中央図書館葵文庫，千葉県立佐倉高等学校鹿山文庫，等々）については，本書でも役立たせて戴いた。厚くお礼申し上げる次第である。

　末尾になったが，昨今，この種の専門書の出版が困難な時期に，本書出版を快く承知して戴いた，国書刊行会と同社編集長・礒崎純一氏，並びに編集部の伊藤里和氏には，終始変わらぬ協力と励ましを戴いた。特に実務担当・伊藤氏の誠意ある提言には，おおいに助けられた。そして，中楚克紀氏には校正を熱心につとめて戴いた。深謝の気持を表しつつ筆を擱きたい。

　　　　　　　　　　　　　　　　　　　　　　　　　　著者しるす

索　引

あ

葵文庫　→静岡県立中央図書館葵文庫，静岡県立中央図書館葵文庫所蔵本
阿部漸　311
アリヴェー，アルチュール（＝アリヴェー，ヂャン〔ジャン〕・バプチスト〔バチスト・アルテュール〕）　336-343
アルファベ（Alphabet）順　205, 278, 286, 376
安懐堂　246

い

和泉屋吉兵衛　124, 125
井上源時朝　127
今井孝治　336
入江文郎の留学生名簿　301
伊呂波引き　19

う

上田駿一郎　360, 363
宇田川榕庵　4
梅原亀吉　325

え

英語資料　26, 76, 77
『英和對譯袖珍辭書』（＝『英和袖珍』）　255, 256
エック，エミール（＝ヘック，エミール）
　口絵4, 360, 362-371, 373

『江戸』　345
『江戸幕府旧蔵洋書目録』　174, 241, 247

お

大倉印刷所　312
大倉書店　311-313, 360, 363
大倉保五郎　312, 363
大槻玄幹　24, 25
岡田誠一（＝岡田好樹）　243, 246, 254, 263, 264, 285
岡田屋嘉七　124, 125
岡山師範　300
奥平昌高（＝棠亭）　19
織田信義　336
小野藤太　302, 303, 310

か

開新堂　325
「開成所人名録」　335
『改正増補　英和對譯袖珍辭書』（＝『改正英和』）　255, 256, 259, 260　→『英和對譯袖珍辭書』
『改正増補蛮語箋』（＝『蛮語』）　20, 21, 24, 25, 94, 96-108, 129, 158, 159, 167, 223-232, 241
『改正増補　和譯英辭書』（＝『薩摩辭書』）　255-257, 259, 260, 264
学堂　246
『家塾開業願』　117
粕川信親　311
加太邦憲　345
加藤雷洲　iii, 222, 223, 241, 242

索　引　409

仮名文字表記　21, 24
河井源藏　265
『官許　佛和辭典』（＝『好樹堂』）　243-266, 278, 285, 286, 288, 375-389
関係代名辞　245
冠辞　245
間投辞　246
寛裕舎　325

き

帰動辞　246
教授手伝並出役　335
暁星学園　口絵4, 373
『暁星百年史』　373
教文館　303

け

形容辞　245
言語資料　24
原字略字解　312, 322

こ

広運館　246
古河藩　6, 11
古河歴史博物館　iii, 6-9, 13, 28
古河歴史博物館紀要　8
古河歴史博物館所蔵本（＝古河本）　6-9, 12, 43, 75, 94　→《佛語入門書》
国立国会図書館所蔵本　16, 326
『五方通語』（＝『五方』）　107, 125-168, 170, 179, 200, 223-226, 228-231, 242, 390

さ

済美館　243, 246, 300, 301

作新館大関文庫所蔵本　124
佐久間象山　4, 11
『雑字類編』（＝『雑字』）　94, 97, 99-102, 107, 128-136
真田宝物館　1, 3, 11, 15, 17, 20-25, 117-119, 124, 125, 128, 160, 203
真田宝物館所蔵本　14, 17-20, 78, 127, 129, 158, 159, 174
真田幸貫　10
佐野尚　311
三カ国語対照辞典　1
『三國會話』　117
『三語便覧』（＝『三語』）　i-iii, 1-126, 129, 159, 170, 179, 200, 222-225, 235-242, 374-389
『三語便覧』（安政元年，1854）　1
『三語便覧』（安政三年版）　124
『三語便覧』（安政四年版）　124
『三語便覧』（改訂版）　116-122, 222, 241
『三語便覧』の初版本　122-125
三才社　303, 351

し

指示代名辞　245
時習堂　246
私塾型中学校・校主の履歴（洋学系）　301
静岡学問所　336
静岡県立中央図書館葵文庫　11, 17, 119, 172, 247
静岡県立中央図書館葵文庫所蔵本　17, 118, 174, 223, 247, 249
實名辞　245
自動辞　246
柴野栗山　128
司法省法学校　345
下曽根金三郎　11
熟語編　171, 203, 205, 221

象先堂　246
女性實名辞　245
使令法　204
信州松代藩　4
壬申戸籍　117
人代名辞　245
『新和佛辞典』（＝『新和佛』）　360-373,
　　391-404

す

須（湏）原屋伊八　124, 127, 205
スフラーカキュンスト　11-13

せ

『西音発徴』　24, 25, 108, 110
「政典」（安政三丙辰十月造）　4, 15, 17
接續辞　246
前置辞　246

そ

『増訂　新佛和辭典』（＝『新佛和』）　311-
　　322, 375-390

た

第一高等学校　336, 342
大学南校　300, 301
大得業生（助教）　301
第七高等学校造士館　310
代名辞　245
髙橋新吉　255, 264
髙橋泰山　264, 265, 278
『鷹見家歴史資料目録』　7, 8
鷹見泉石（＝十郎左衛門）　iii, 6, 11
『鷹見泉石日記』　11, 13

達理堂　4, 246, 301, 335
達理堂蔵（藏）　1, 127, 170, 203
他動辞　246
田中旭　336
田中弘義　323, 325
単語配列の順序　278, 286
男女性實名辞　245
男性實名辞　245

て

定過去　204
訂正　佛和辭林　佛學塾蔵板　293
訂正　佛和辭林　丸善商社　293
寺内正毅　336, 338
天主公教会　303

と

土井利位　11
宕陰塩谷世弘　127
東京外国語学校　342, 343, 345
東京学士会院　4
東京大学駒場図書館所蔵本　315
東京大学総合図書館所蔵本　247, 249, 259,
　　294, 300, 320
東京帝国大学佛蘭西文学科　i
東京法學校　343, 345
動詞の活用形（変化形）　204
動詞の変化表　171
道布萃爾麻（＝「道布」）　21-23, 94-98,
　　100, 102-105
ドゥーフ・ハルマ　→道布萃爾麻
〈独蘭・蘭独辞書〉　118
富田彦次郎　265
度量衡法　171, 204

索　引　411

な

中江篤介　286, 288, 293, 294, 300, 301, 321
中川藤四郎　303
中澤文三郎　311
中西屋邦太　325
中西屋書店　303

に

『日佛文化』　241
日仏文化交流　ii, 304
日本イギリス対譯詞書　15
日本フランス学史研究　ii

の

野村（邨）泰亨　286, 288, 311, 312, 321

は

パリ外国宣教会　i, 303, 342
パリ外国宣教会本部　口絵2, 口絵3, ii, 326
パリ外国宣教会本部所蔵の資料　310, 336, 345, 359
ハルマ辞書　7
「蕃書記年取調帳」　4, 5, 11, 12, 118
「晩翠慶歴」　301

ひ

平井義十郎（希昌）　300, 301
廣瀬安七　325

ふ

福音印刷合資會社　350
武具方　4, 12, 13

副辞　246
附属法過去　204
附属法現在　204
《佛英小辞典》（＝《佛英》）　247-254, 256, 264, 285
佛學研究會藏版　286
仏学塾　i, 4, 246, 300, 301, 335
仏語学習　4
仏語辞書　i, ii, 1, 222, 223, 278, 288, 303, 304, 374
仏語辞書史　i, 351
仏語書　4, 6
『佛語箋』（＝『佛語』）　iii, 222-242, 288, 375
《佛語入門書》（＝《佛語》）　6, 8-14, 19, 26-48, 50, 51, 54, 55, 57-62, 64-67, 69-72, 74-76, 94, 159, 163, 165-167, 374
『佛語明要』（＝『明要』）　i, 125, 169-221, 238, 242, 285, 374, 376-389
物主代名辞　246
〈佛蘭辞書〉　170, 171
《佛蘭辞書》（＝《佛蘭》）　7, 172-179, 200, 201, 203-221
『佛和會話大辭典』　302-310, 312, 375-390
『佛和字彙』（＝『字彙』）　286-302, 321, 375-390
仏和辞書　i, 243, 300, 304, 326
「佛和辞書」（ABC 配列）　170
佛和辞書　iii, 170, 179, 201, 222-322, 374-390
『佛和辭典』（＝『泰山』）　264-286, 288, 375-389
『佛和辭林』（＝『辭林』）　292-302, 321
佛和辭林　佛學塾藏板　293
フランス学者　i, 3
仏蘭西学舎（＝仏学塾）　i, 4, 246, 300, 301, 335
フランス語辞書　ii, 44, 358

フランス語伝習　336
フランス人　i, 24, 263, 301, 303, 326, 390
『佛蘭西答屈智幾』　11
佛蘭西文学科　i, 363
フランス文法書　11
文明堂　325

へ

米国長老派宣教会印刷所　243
丙類（第一外国語フランス語）　310

ほ

望洋堂蔵板　222
堀越亀之助　255
堀達之助　255, 256
翻刻人　265

ま

マキス・ノスレール　303, 351
松井知時　360, 363
松代藩の蕃書（洋書）目録　10, 11
松代文庫　18
松村五郎　326
丸善株式会社　303, 336
丸善商社書店　293, 294, 325
丸屋書店　326

み

見出しの邦語　1, 19-21, 25, 26, 34, 58, 129, 136, 157, 224-235, 238, 343, 373, 391
箕作阮甫　20
箕作麟祥　301

む

村岡平吉　351
村上英俊　口絵1, i, 1, 2, 4-6, 9, 10, 12-14, 16, 21, 24, 43, 54, 75, 76, 78, 93, 107, 108, 117, 121, 125-127, 129, 157, 169-171, 179, 203, 205, 222, 238, 241, 246, 286, 301, 323-335, 374, 375
村上義茂　1, 3, 117, 125
村上松翁　117, 222
村上義徳　117

め

『明要附録』　171, 203-221
『明要附録　全』　→『明要附録』
メドヒュルスト　15

も

茂亭村上義茂　→村上義茂

や

約束法　204
山城屋佐兵衛　124, 125, 127, 205, 222
山本忠太郎　303
山本松次郎（晩翠）　301

ゆ

又新堂　246
有則軒　265, 325

よ

「洋学文庫目録」　6, 124, 125, 241
「洋書目録」　21, 24, 124, 125, 159, 174

洋装本　243, 255, 286, 302, 303, 343, 346
横浜仏語伝習所　i, 345
好樹堂　→岡田誠一

ら

ラゲ，エミール（＝ラゲ，エ）　口絵2, 302-308, 361
蘭学　i, 4, 6, 19, 24, 107
蘭学者　6, 107
蘭学塾　246
『蘭語譯撰』（＝『譯撰』）　19, 20, 94, 96-107, 128, 129, 132, 134-136, 158, 159, 161-165, 167
《蘭佛独英辞典》　118, 119
蘭和辞書　21, 107, 159, 179

り

陸軍士官学校教官　300
立教學院活版部　303

る

ルマレシャル，ジャン＝マリ＝ルイ（＝ルマレシャール／ルマレシャル）　口絵3, 346, 347, 351-358, 361

れ

レー，ピエル（＝レー，ジャン＝ピエル）　323-329, 336
レジョン＝ドヌール勲章　4

ろ

鹿山文庫所蔵本　18, 174

わ

早稲田大学図書館所蔵本（＝『三語便覧』）　124, 125
早稲田大学図書館所蔵本（＝早大本／Nouvelle méthode familière, 1832）　5-7, 9, 12, 43, 45, 47-49, 54, 58, 62, 65, 70-73
早稲田大学図書館所蔵本（＝『佛語箋』）　223
和仏辞書　325, 326, 330, 336, 374, 390
『和佛辭書』（P. レー）　323-336, 391
『和佛辭書』（A. アリヴェー）　336-345, 391-404
和佛辞書　iii, 323-374, 390-404
『和佛大辭典』　346-359, 391-404
『和佛大辭典　全』　→『和佛大辭典』
和蘭辞書　19

A

American Presbyterian Mission Press　255
ARRIVET, Arthur Jean-Baptiste　→アリヴェー，アルチュール

H

HECK, Emile Louis　→エック，エミール
HUMBERTCLAUDE, H.　371

K

KOZAI Yoshinao　370

L

l'Ecole du Matin（Gyosei）　367
LEMARÉCHAL, Jean　→ルマレシャル，ジャン＝マリ＝ルイ

Le vicomte M. Tsuchiya　370

NUGENT, Th.　247, 248

N

R

Nouvelle méthode familière　→《佛語入門書》

RAGUET, Émile　→ラゲ，エミール
REY, Jean-Pierre　→レー，ピエル

欧文書名一覧
(本書掲載順。書名の後に初出掲載頁を示した)

Le grand dictionnaire François & Flamand, Tiré de l'usage & des meilleurs auteurs, par François Halma. Sixieme Edition, revue avec soin, corrigée, & considérablement augmentée. In's Hage en Te Leiden, 1781. (→ p. 7)

Eléments de géographie, par demandes & réponses, verbeterd door J. W. L. F. Ippel. Te Amsterdam, 1819. (→ p. 8)

L'exercice Pueril, ou la vrave instruction à bien apprendre la langue Francoise. Dernière Edition, revuë & augmentée de nouvelles Conjugaisons & Dialogues. Amsterdam, 1701. (→ p. 8)

Nouvelle Méthode FAMILIÈRE, à l'usage de ceux qui veulent apprendre la langue française, par Charles Cazelles, d'abord corrigée et augmentée par J. Van Bemmelen, de son vivant maître de pension à leide, revue et corrigée par H. Scheerder. Seizième édition, à Zalt-Bommel, Chez J. Noman et Fils, 1834. (→ p. 8)

Groot Woordenboek der Nederduytsche en Engelsche Taalen, door W. Sewel. Het Tweede Deel. T'Amsterdam, 1708. (→ p. 14)

A Large Dictionary English and Dutch, in two Parts : To which is added a Grammar, for both Languages. the First part. W. Sewel. T'Amsterdam, 1708. (→ p. 14)

An English and Japanese and Japanese and English Vocabulary. Compiled from native works, by W. H. Medhurst. Batavia, 1830. (→ p. 15)

Groot Nederduitsch en Fransch woorden-boek, door P. MARIN, 1728. (→ p. 16)

Nieuw hand-woordenboek, der Nederduitsche en Fransche talen. Agron, P. en Landré, G. N, 1828. (→ p. 18)

Nieuw volledig Nederduitsch-Hogduitsch Woordenboek. Tweede deel. Amsterdam, 1851. (→ p. 118)

Nieuw-woordenboek der Nederduitsche, Fransche, Hoogduitsche en Engelsche talen, 1854. (→ p. 119)

Nieuw Nederduitsch-Latijnsch Woordenboek, door H. FRIESEMAN. (→ p. 158)

Lexicon latino-belgicum, J. P. Jungst, 1806. (→ p. 159)

Nieuw hand-woordenboek der Fransche en Nederduitsche talen, door G. N. Landré en P. Agron, 1823. (→ p. 171)

Nouveau ; Dictionnaire français-japonais renfermant les principaux mots composés et un grand nombre de locutions. Changhai : Imprimerie de la mission presbytérienne américaine, 1871. (→ p. 243)

Nouveau Dictionnaire de Poche français-anglais et anglais-français. (→ p. 247)

Dictionnaire universel français-japonais. Tokyo, 1887. (→ p. 293)

Dictionnaire universel du français-japonais, publié par Futsugakudjuku. 2 éd. Tokyo, 1891. (→ p. 293)

Dictionnaire universel du français-japonais, publié par Maruzen Shôsha. 3 éd. Tokyo, Z. P. Maruya, 1892. (→ p. 293)

Petit Larive & Fleury dictionnaire français encyclopédique à l'usage des Adultes et des Gens du Monde par MM. Larive & Fleury. (→ p. 315)

Petit Dictionnaire Universel ou abrégé du dictionnaire français de É. Littré de l'academie française augmenté d'une partie mythologique, historique, biographique et géographique Par A. Beaujean ancien professeur au lycée louis-le-grand inspecteur de l'académie de Paris Septième édition Paris Librairie Hachette et Cie, 1883. (→ p. 320)

Dictionnaire Japonais-Français des mots usuels de la langue japonaise par Pierre Rey M. A. et Hiroyoshi Tanaka, Tôkyô, 1888. (→ p. 323)

Dictionnaire Japonais-Français des mots les plus usités de la langue japonaise par N. OTA, A. TANAKA et T. IMAI, revu en entire, corrigé et complété par Arthur Arrivet, professeur au lycée de Tôkyô officier de l'instruction publique. (→ p. 336)

Dictionnaire Japonais-Français par J. M. Lemaréchal, M. A. de la société des missions-étrangères de Paris. (→ p. 346)

Nouveau dictionnaire Japonais-Français par T. Matsui, Bungakushi et S. Ueda, Bungakushi. (→ p. 360)

著者略歴
田中貞夫（たなか・さだお）
1939年　　東京都生まれ
1980年　　パリ第三大学にて博士号取得
1987年　　芸術文化勲章（フランス）受章

日本フランス学研究，日仏文化交流史，日本フランス語教育史専攻
創価大学，慶應義塾大学，法政大学，亜細亜大学，早稲田大学等で教壇（フランス語）に立つ

主要著書
1977年　　『フランス語ことわざ辞典』，共著，白水社
1983年　　《Les débuts de l'étude du français au Japon》，フランス図書
1988年　　『幕末明治初期フランス学の研究』，国書刊行会
1995年　　『フランスことわざ名言辞典』，共著，白水社
1998年　　《L'Ecole de l'Etoile du Matin──un échange culturel franco-japonais》，風響社
2005年　　『旧制高等学校フランス語教育史』，旧制高等学校記念館

幕末明治期　フランス語辞書の研究

2012年7月24日初版第1刷発行

著者　田中貞夫

発行者　佐藤今朝夫
発行所　株式会社国書刊行会
〒174-0056　東京都板橋区志村1-13-15
TEL. 03-5970-7421　FAX. 03-5970-7427
http://www.kokusho.co.jp

印刷所　株式会社シナノパブリッシングプレス
製本所　有限会社青木製本

ISBN978-4-336-05506-4　C3085
乱丁本・落丁本はお取り替え致します。